"十三五"职业教育国家规划教材

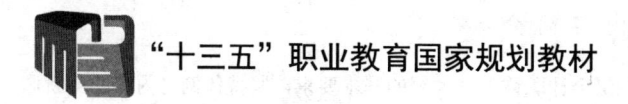

高等职业教育教材·财会专业

新编财务管理
（第 3 版）

吕晓荣　何美玲　饶水林　主　编

陈艳梅　何小丽　王　睿　刘祖岑　副主编

电子工业出版社

Publishing House of Electronics Industry

北京·BEIJING

内 容 简 介

本书依据财经类高职高专培养目标和全国中级会计职称考试大纲的基本要求，坚持体例与内容的创新，吸收现代财务思想理念，精心选取苹果、阿里巴巴等现代卓越企业的财务状况作为引导案例，每学习情境都有例题、思考与练习及实务训练。本书包括 10 个学习情境：总论、资产估值基础、筹资管理、资金成本和资本结构、项目投资管理、证券投资、营运资金、利润分配管理、财务预算与控制和企业财务分析。

本书既可作为高职高专院校财经管理类学生的教材，也可作为全国中级会计师职称技术资格考试的参考教材。

未经许可，不得以任何方式复制或抄袭本书之部分或全部内容。
版权所有，侵权必究。

图书在版编目（CIP）数据

新编财务管理 / 吕晓荣，何美玲，饶水林主编. --3 版. --北京：电子工业出版社，2017.1
ISBN 978-7-121-30845-1

Ⅰ. ①新… Ⅱ. ①吕…②何…③饶… Ⅲ. ①财务管理－高等职业教育-教材 Ⅳ. ①F275

中国版本图书馆 CIP 数据核字（2017）第 007510 号

策划编辑：贾瑞敏　张思博
责任编辑：贾瑞敏　　　　　　　　特约编辑：胡伟卷　苗丽敏
印　　刷：三河市良远印务有限公司
装　　订：三河市良远印务有限公司
出版发行：电子工业出版社
　　　　　北京市海淀区万寿路 173 信箱　邮编 100036
开　　本：787×1 092　1/16　印张：14　字数：350 千字
版　　次：2008 年 8 月第 1 版
　　　　　2017 年 1 月第 3 版
印　　次：2021 年 8 月第 2 次印刷
册　　数：1 000 册　　　定价：35.00 元

凡所购买电子工业出版社图书有缺损问题，请向购买书店调换。若书店售缺，请与本社发行部联系，联系及邮购电话：(010)88254888，88258888。
质量投诉请发邮件至 zlts@phei.com.cn，盗版侵权举报请发邮件至 dbqq@phei.com.cn。
本书咨询联系方式：电话 010-62017651；邮箱 fservice@vip.163.com；QQ 群 427695338；微信 DZFW18310186571。

前　言

随着全球经济环境日趋复杂化，企业的财务管理也越发完善、成熟和先进，企业对财务管理人员的要求也在日益提高。为了完善教材的内容体系，提升教学的质量，符合社会高速发展的需求，帮助学生更快地适应实际工作，我们组织编写了一套完全参照基础理论够用、实践内容适用的教学要求，旨在重点培养学生财务分析与管理方面能力的财经教材。

本书自2008年问世以来，承蒙广大读者热情支持，累计印刷了8次。为满足财务管理发展的需要，本书对引导案例进行了部分修订，更新了部分计算题的时间和数据，并依据会计资格考试的变化调整了部分章节，以更好地满足读者需要。

本书吸收了财务管理理论和实践的最新成果，解析了当今中外成功企业的财务管理经验和案例，加强了趣味性与科学性的结合，实现了理论性与实践性的统一，为学习者设计了一个较为科学的知识体系。

本书大胆采用了全新的体例格式，将知识与实践紧密地结合在一起。全书各学习情境内容均由"学习目标""引导案例""背景资料""例题""思考与练习"和"实务训练"组成，具有重点突出、理论与实践紧密相联、学习与复习相得益彰的特点。

全书内容紧凑、精练，难易适度，不但充分体现了高职高专教育特色，还注重了教材内容的系统性、实用性和先进性，符合国家技术资格考试要求。此外，本书还配备了课后习题自测系统和丰富的教学资源，可以帮助学校提升教学质量，改善教学形式，寓教于乐，让学生在更轻松的环境下掌握所学知识。

本书由黑龙江职业学院吕晓荣、罗定职业技术学院何美玲、广东机电职业技术学院饶水林担任主编；由黑龙江职业学院陈艳梅，海口经济学院何小丽、王睿，铜仁职业技术学院刘祖岑担任副主编。具体分工如下：吕晓荣编写学习情境1、2及附录，何美玲编写学习情境3、4，饶水林编写学习情境5、6，陈艳梅编写学习情境7，何小丽编写学习情境8，王睿编写学习情境9，刘祖岑编写学习情境10。由吕晓荣进行统稿和定稿工作。

本书在编写的过程中参阅了很多财务管理方面的图书，借鉴了不少财务管理方面的案例，也得到了很多老师的大力帮助，在此一并表示感谢！

由于作者水平有限，书中难免有疏漏之处，恳请专家和读者给予批评指正！

编　者

说明：本书配套教学资源包括教学大纲、电子教案、习题答案和课件，请需要的教师填写书后所附教学资源取表，向出版社索取。

目 录

学习情境 1　总论　/1

情境任务 1.1　财务管理目标认知　/3
  1.1.1　企业财务管理目标理论　/3
  1.1.2　利益冲突的协调　/6

情境任务 1.2　财务管理环节认知　/8
  1.2.1　财务预测　/8
  1.2.2　财务决策　/9
  1.2.3　财务计划　/9
  1.2.4　财务控制　/10
  1.2.5　财务分析　/10

情境 1.3　财务管理体制认知　/11
  1.3.1　企业财务管理体制的一般模式　/11
  1.3.2　企业财务管理体制的设计原则　/12
  1.3.3　集权与分权相结合型财务管理体制的一般内容　/13

情境任务 1.4　财务管理环境认知　/15
  1.4.1　财务管理的外部环境　/16
  1.4.2　财务管理的内部环境　/18

思考与练习　/19
实务训练　/20

学习情境 2　资产估值基础　/22

情境任务 2.1　资金时间价值认知　/23
  2.1.1　资金时间价值的概念　/23
  2.1.2　资金时间价值的计算　/23

情境任务 2.2　风险价值观念认知　/31
  2.2.1　风险的概念及分类　/31
  2.2.2　风险的衡量　/31
  2.2.3　风险报酬的计算　/33

思考与练习　/35
实务训练　/36

学习情境 3　筹资管理　/38

情境任务 3.1　筹资管理认知　/39
  3.1.1　筹资渠道和筹资方式　/39
  3.1.2　筹资的分类　/41
  3.1.3　筹资管理的原则　/41
  3.1.4　资金需要量预测　/42

情境任务 3.2　股权筹资认知　/47
  3.2.1　吸收直接投资　/47
  3.2.2　发行普通股股票　/48
  3.2.3　留存收益　/51

情境任务 3.3　债务筹资认知　/52
  3.3.1　银行借款　/52
  3.3.2　发行公司债券　/55
  3.3.3　融资租赁　/60
  3.3.4　衍生工具筹资　/61

思考与练习　/62
实务训练　/63

学习情境 4　资金成本和资本结构　/65

情境任务 4.1　资金成本认知　/66
  4.1.1　资金成本的概念与作用　/66
  4.1.2　个别资金成本的计算　/67
  4.1.3　综合资金成本的计算　/70
  4.1.4　边际资金成本的计算　/71

情境任务 4.2　杠杆原理认知　/72
  4.2.1　杠杆原理的相关概念　/73
  4.2.2　经营杠杆与经营风险　/74
  4.2.3　财务杠杆与财务风险　/75
  4.2.4　复合杠杆与复合风险　/77

情境任务4.3　资本结构认知　/79
　　4.3.1　资本结构的含义和
　　　　　作用　/79
　　4.3.2　最优资本结构的确定　/79
思考与练习　/82
实务训练　/84

学习情境5　项目投资管理　/85

情境任务5.1　项目投资认知　/86
　　5.1.1　项目投资概述　/86
　　5.1.2　项目投资的特点　/87
　　5.1.3　项目投资的一般程序　/88
情境任务5.2　项目投资的财务决策
　　　　　　评价依据　/89
　　5.2.1　现金流量的概念与
　　　　　作用　/89
　　5.2.2　现金流量的内容　/90
　　5.2.3　项目投资净现金流量的
　　　　　简化计算方法　/91
情境任务5.3　项目投资决策评价指标
　　　　　　及其运用　/95
　　5.3.1　项目投资决策评价
　　　　　指标　/95
　　5.3.2　项目投资决策评价指标的
　　　　　运用　/103
思考与练习　/106
实务训练　/108

学习情境6　证券投资　/109

情境任务6.1　证券投资概述　/110
　　6.1.1　证券的分类　/110
　　6.1.2　证券投资的风险与
　　　　　报酬　/111
　　6.1.3　证券信用评级　/113
情境任务6.2　证券投资管理　/115
　　6.2.1　债券投资　/115
　　6.2.2　股票投资　/117
　　6.2.3　证券投资决策分析　/119
　　6.2.4　证券投资组合分析　/122

思考与练习　/124
实务训练　/125

学习情境7　营运资金　/126

情境任务7.1　现金管理　/127
　　7.1.1　企业持有现金的原因与
　　　　　成本　/127
　　7.1.2　最佳现金持有量的
　　　　　确定　/128
　　7.1.3　现金的日常管理　/131
情境任务7.2　应收账款管理　/132
　　7.2.1　应收账款的功能与
　　　　　成本　/132
　　7.2.2　信用政策的确定　/133
　　7.2.3　应收账款日常的
　　　　　管理　/140
情境任务7.3　存货管理　/141
　　7.3.1　存货的功能与成本　/141
　　7.3.2　存货的经济采购
　　　　　批量　/143
　　7.3.3　存货日常控制　/144
思考与练习　/146
实务训练　/148

学习情境8　利润分配管理　/149

情境任务8.1　企业利润预测　/150
　　8.1.1　本量利分析法　/150
　　8.1.2　相关比率法　/152
　　8.1.3　因素测算法　/153
情境任务8.2　利润分配政策　/154
　　8.2.1　确定利润分配政策应考虑
　　　　　的因素　/154
　　8.2.2　利润分配政策的评价与
　　　　　选择　/156
　　8.2.3　股份制企业的股利
　　　　　形式　/158
情境任务8.3　利润分配程序　/160
　　8.3.1　企业利润分配的一般
　　　　　程序　/160

8.3.2　股利发放程序　/161

　思考与练习　/162

　实务训练　/164

学习情境9　财务预算与控制　/165

　情境任务9.1　财务预算　/166

　　9.1.1　财务预算的含义及编制方法　/166

　　9.1.2　财务预算的编制　/170

　情境任务9.2　财务控制　/179

　　9.2.1　财务控制的含义与种类　/179

　　9.2.2　责任控制　/181

　思考与练习　/183

　实务训练　/184

学习情境10　企业财务分析　/186

　情境任务10.1　财务分析概述　/187

　　10.1.1　财务分析的概念和内容　/187

　　10.1.2　财务分析的常用方法　/188

　情境任务10.2　基本财务比率分析　/190

　　10.2.1　偿债能力分析　/191

　　10.2.2　营运能力分析　/194

　　10.2.3　盈利能力分析　/197

　　10.2.4　发展能力分析　/199

　　10.2.5　上市股份公司相关比率分析　/200

　情境任务10.3　综合财务分析　/203

　　10.3.1　杜邦财务分析　/203

　　10.3.2　综合财务分析　/204

　思考与练习　/205

　实务训练　/207

附录A　复利终值系数表　/208

附录B　复利现值系数表　/209

附录C　年金终值系数表　/210

附录D　年金现值系数表　/211

参考文献　/212

学习情境 1

总论

学习目标

通过本学习情境的学习,掌握财务管理目标各种观点的含义、优缺点及其相互关系;理解股东与经营者、债权人、利益相关者之间的冲突及其协调;了解企业财务管理的体制与环境。

引导案例

苹果第四财季财报:净利润同比增 31%

据新浪科技消息,北京时间 2015 年 10 月 28 日凌晨,苹果公司发布了 2015 财年第四财季业绩(2015 年第三季度)。报告显示,苹果公司第四财季营收为 515.01 亿美元,比去年同期的 421.23 亿美元增长 22%;净利润为 111.24 亿美元,比去年同期的 84.67 亿美元增长 31%。其中,大中华区营收为 125.18 亿美元,比去年同期的 62.92 亿美元增长 99%。

苹果公司第四财季每股收益和营收均超出华尔街分析师此前预期。受此影响,苹果公司盘后股价上涨近 2%。

苹果公司董事会宣布,将向公司的普通股股东派发每股 0.52 美元的现金股息,这笔股息将于 2015 年 11 月 12 日向截至 2015 年 11 月 9 日营业时间结束的在册股东发放。

详细业绩

截至 2015 年 9 月 26 日的第四财季,苹果公司的净利润为 111.24 亿美元,比去年同期增长 31%;每股摊薄收益 1.96 美元,高于去年同期。2014 财年第四财季,苹果公司的净利润为 84.67 亿美元,每股摊薄收益 1.42 美元。

苹果公司第四财季运营利润为 146.23 亿美元,高于去年同期的 111.65 亿美元。

苹果公司第四财季营收为 515.01 亿美元,比去年同期的 421.23 亿美元增长 22%,其中国际销售额所占比例为62%。

苹果公司第四财季毛利率为39.9%，高于去年同期的38%。

苹果公司第四财季每股收益和营收均超出华尔街分析师此前预期。汤森路透调查显示，分析师此前预计苹果公司第四财季每股收益为1.88美元，营收为511亿美元。

产品销量

苹果公司第四财季共售出570.9万台Mac，比去年同期的552万台增长3%；共售出4 804.6万部iPhone，比去年同期的3 927.2万部增长22%；共售出988.3万台iPad，比去年同期的1 231.6万台下降20%。

按地区划分

苹果公司第四财季美洲部门营收为217.73亿美元，比去年同期的197.50亿美元增长10%。

欧洲部门营收为105.77亿美元，比去年同期的103.50亿美元增长2%。

大中华区营收为125.18亿美元，比去年同期的62.92亿美元增长99%。

日本部门营收为39.29亿美元，比去年同期的35.95亿美元增长9%。

亚太其他地区营收为27.04亿美元，比去年同期的21.36亿美元增长27%。

按产品划分

苹果公司第四财季来自于Mac的营收为68.82亿美元，比去年同期的66.25亿美元增长4%。

来自于iPhone的营收为322.09亿美元，比去年同期的236.78亿美元增长36%。

来自于iPad的营收为42.76亿美元，比去年同期的53.16亿美元下降20%；

来自于服务的营收为50.86亿美元，比去年同期的46.08亿美元增长10%；

来自于其他产品的营收为30.48亿美元，比去年同期的18.96亿美元增长61%。

业绩预期

苹果公司对2016财年第一财季业绩作出了如下预期。

营收为755亿～775亿美元。

毛利率为39%～40%。

运营支出为63亿～64亿美元。

其他收入（支出）为4亿美元。

税率为26.2%。

苹果公司第一季度营收预期区间的中值为765亿美元，不及分析师此前预期。汤森路透调查显示，分析师平均预期苹果公司第四季度营收为771.4亿美元，毛利率为39.8%。

资本回报计划

苹果公司董事会宣布，将向公司的普通股股东派发每股0.52美元的现金股息，这笔股息将于2015年11月12日向截至2015年11月9日营业时间结束的在册股东发放。

高管点评

苹果公司首席执行官蒂姆·库克（Tim Cook）称："2015财年是苹果公司有史以来最为成功的一年，营收增长28%，达到了近2 340亿美元。这种持续的成功是我们承诺生产世界上最好的、最有创新性的产品所带来的结果，同时也证明了公司团队的巨大执行力。我们正在走向假期购物季节，而我们的产品组合则是史上最强大的，其中包括 iPhone 6S 和 iPhone 6S Plus、Apple Watch 及其扩大后的外壳和表带组合及新款 iPad Pro 等，而全新的苹果电视机顶盒也将从本周开始出货。"

苹果公司首席财务官卢卡斯·麦斯特里（Luca Maestri）表示："苹果公司创纪录的业务表现推动每股收益实现了38%的增长，并在第四财季中取得了135亿美元的运营现金流。我们在这一季度中通过股票回购计划和派发股息的方式向投资者返还了170亿美元现金，在总额为2 000亿美元的资本返还计划中完成了1 430亿美元以上的现金返还量。"

股价变动

当日，苹果公司股价在纳斯达克常规交易中下跌0.73美元，报收于114.55美元，跌幅为0.63%。

在随后截至美国东部时间16:54（北京时间10月28日4:54）为止的盘后交易中，苹果公司股价上涨1.95美元，至116.50美元，涨幅为1.70%。过去52周，苹果公司股价的最高价为134.54美元，最低价为92.00美元。

资料来源：同花顺财经，http://stock.10jqka.com.cn/usstock/20151028/c585406219.shtml。

情境任务 1.1　财务管理目标认知

财务管理的目标取决于企业的目标，企业的目标是创造价值。一般而言，企业财务管理的目标是为企业创造价值服务。鉴于财务主要是从价值方面对企业的商品或服务提供过程实施管理，因而财务管理可为企业的价值创造发挥重要作用。

1.1.1　企业财务管理目标理论

企业财务管理目标有如下几种具有代表性的理论。

1. 利润最大化

利润最大化就是假定企业财务管理以实现利润最大化为目标。

以利润最大化作为财务管理目标，其主要原因有三：一是人类从事生产经营活动的目的是创造更多的剩余产品，在市场经济条件下，剩余产品的多少可以用利润这个指标来衡量；二是在自由竞争的资本市场中，资本的使用权最终属于获利最多的企业；三是只有每个企业都最大限度地创造利润，整个社会的财富才可能实现最大化，从而带来社会的进步和发展。

利润最大化目标的主要优点是，在企业追求利润最大化时，就必须讲求经济核算，加强管理，改进技术，提高劳动生产率，降低产品成本。这些措施都有利于企业资源的合理配置，有利于企业整体经济效益的提高。

但是，以利润最大化作为财务管理目标存在以下缺陷。

（1）利润最大化目标没有考虑货币时间价值

例如，在投资决策中，对未来年度的收益仅以利润来衡量，而忽视现金流入的时间，会导致错误的选择。

（2）利润最大化反映创造的利润与投入的资本之间的关系

利润最大化无法在不同时期、不同规模企业之间以利润额大小来比较、评价企业的经济效益。例如，同样获得50万元的利润，一个企业投入资本200万元，另一个企业投入180万元，哪一个更符合企业的目标？如果不与投入的资本额相联系，就难以作出正确的判断。

（3）利润最大化没有考虑风险

在市场经济条件下，利润一般与风险并存，高收益一般会与高风险相伴。如果盲目追求利润最大化，忽视风险因素，可能导致企业陷入严重危机。

（4）利润最大化容易导致企业的短期行为

在会计上，利润是某一会计期间计算的收入与费用的差额，如果企业只追求实现当前的最大利润，而忽视了企业的长期战略发展，那么可能使企业作出错误决策。

2. 股东财富最大化

股东财富最大化是指企业财务管理以实现股东财富最大化为目标。在上市公司中，股东财富是由其所拥有的股票数量和股票市场价格两方面决定的。在股票数量一定时，股票价格达到最高，股东财富也就达到最大。

与利润最大化相比，股东财富最大化的主要优点如下。

① 考虑了风险因素，因为股价通常会对风险作出较敏感的反应。

② 在一定程度上能避免企业的短期行为，因为不仅目前的利润会影响股票价格，其未来的利润同样会对股价产生重要影响。

③ 对上市公司而言，股东财富最大化目标比较容易量化，便于考核和奖惩。

以股东财富最大化作为财务管理目标也存在以下缺点。

① 通常只适用于上市公司，非上市公司难以应用，因为非上市公司无法像上市公司一样随时准确地获得公司股价。

② 股价受众多因素影响，特别是企业外部的因素，有些还可能是非正常因素。股价不能完全准确反映企业财务管理状况，如有的上市公司处于破产边缘，但由于可能存在某些机会，其股票市价可能还在走高。

③ 它更多地强调股东利益，而对其他相关者的利益重视不够。

3. 企业价值最大化

企业价值最大化是指企业财务管理以实现企业价值最大化为目标。企业价值可以理解为企业所有者权益的市场价值，或者是企业所能创造的预计未来现金流量的折现值。未来现金流量这一概念，包含了资金的时间价值和风险价值两个方面的因素。因为未来现金流量的预测包含了不确定性和风险因素，而现金流量的现值是以资金的时间价值为基础对现金流量进行折现计算得出的。

以企业价值最大化作为财务管理目标，其基本思想是将企业长期稳定的发展和持续的获利能力放在首位，强调在实现企业价值增长中对有关利益的满足。要求企业采用最优的财务政策，充分考虑资金的时间价值和风险与报酬的关系，在保证企业长期稳定发展的基础上使企业总价值达到最大。

以企业价值最大化作为财务管理目标，具有以下优点。

① 考虑了取得报酬的时间，并用时间价值的原理进行了计量。

② 考虑了风险与报酬的关系。

③ 将企业长期、稳定的发展和持续的获利能力放在首位，能克服企业在追求利润上的短期行为，因为不仅目前利润会影响企业的价值，预期未来的利润对企业价值也会产生重大影响。

④ 用价值代替价格，能够克服过多受外界市场因素的干扰，有效规避企业的短期行为。

当然，以企业价值最大化作为财务管理目标也有一些不足之处。例如，股价会受到多种因素的影响，即期市场上股票的价格并不是完全由企业未来的获利能力所决定的；对非上市企业来说，如何准确计量其价值在实践中有许多困难；企业的相关利益者并不完全认同企业价值最大就会满足其利益，等等。但是，现代财务主流理论还是将其作为财务管理的最优目标。

4. 相关者利益最大化

在现代企业是多边契约关系总和的前提下，要确立科学的财务管理目标，首先就要考虑哪些利益关系会对企业的发展产生影响。在市场经济中，企业的理财主体更加细化和多元化。股东作为企业所有者，在企业中承担着最大的权利、义务、风险和报酬，但是债权人、员工、企业经营者、客户、供应商和政府也为企业承担着风险。例如，随着举债经营的企业越来越多，举债比例和规模也不断扩大，使得债权人的风险大大增加；在社会分工细化的今天，由于简单劳动越来越少，复杂劳动越来越多，使得职工的再就业风险不断增加；在现代企业制度下，企业经理人受所有者委托，作为代理人管理和经营企业，在激烈的市场竞争和复杂多变的形势下，代理人所承担的责任越来越大，风险也随之加大；随着市场竞争和经济全球化的影响，企业与客户及企业与供应商之间不再是简单的买卖关系，更多情况下是长期的伙伴关系，处于一条供应链上，并共同参与同其他供应链的竞争，因而也与企业共同承担一部分风险；政府不管是作为出资人，还是作为监管机构，都与企业各方的利益密切相关。

综上所述，企业的利益相关者既包括股东，还包括债权人、企业经营者、客户、供应商、员工和政府等。因此，在确定企业财务管理目标时，不能忽视这些相关利益群体的利益。

相关者利益最大化目标的具体内容包括以下几个方面。

① 强调风险与报酬的均衡，将风险限制在企业可以承受的范围内。

② 强调股东的首要地位，并强调企业与股东之间的协调关系。

③ 强调对代理人，即企业经营者的监督和控制，建立有效的激励机制以保证企业战略目标的顺利实施。

④ 关心本企业普通职工的利益，创造优美和谐的工作环境，提供合理的福利待遇，使职工长期努力为企业工作。

⑤ 不断加深与债权人的关系，培养可靠的资金供应者。

⑥ 关心客户的长期利益，以便保持销售收入的长期稳定增长。

⑦ 加强与供应商的协作，共同面对市场竞争，并注重企业形象的宣传，遵守承诺，讲究信誉。

⑧ 保持与政府部门的良好关系。

以相关者利益最大化作为财务管理目标，具有以下优点。

① 有利于企业长期稳定发展。这一目标注重企业在发展过程中考虑并满足各利益相关者的利益。在追求长期稳定发展的过程中，站在企业的角度进行投资研究，从而避免站在股东的角度进行投资可能导致的一系列问题。

② 有利于实现企业经济效益和社会效益的统一，体现合作共赢的价值理念。由于兼顾了企业、股东、政府、客户等方面的利益，企业就不仅是一个单纯谋利的组织，还承担了一定的社会责任。企业在寻求其自身发展和利益最大化过程中，由于客户及其他利益相关者的利益，就会依法经营、依法管理，正确处理各种财务关系，自觉维护和确保国家、集体和社会公众的合法权益。

③ 这一目标本身是一个多元化、多层次的目标体系，较好地兼顾了各利益主体的利益。这一目标可使企业各利益主体相互作用、相互协调，并在使企业利益、股东利益达到最大化的同时，也使其他利益相关者的利益达到最大化。也就是将企业财富这块"蛋糕"做到最大化的同时，保证每个利益主体所得的"蛋糕"更多。

④ 体现了前瞻性和现实性的统一。例如，企业作为利益相关者之一，有其一套评价指标，如未来企业报酬贴现值；股东的评价指标可以使用股票市价；债权人可以寻求风险最小、利息最大；员工可以确保工资福利；政府可考虑社会效益等。不同的利益相关者有各自的指标，只要合理合法、互利互惠、相互协调，就可以实现所有相关者利益最大化。

因此，相关者利益最大化是企业财务管理最理想的目标。

1.1.2 利益冲突的协调

将企业价值最大化目标作为企业财务管理目标的首要任务就是要协调相关利益群体的关系，化解他们之间的利益冲突。化解利益冲突要把握的原则是：力求企业相关利益者的利益分配均衡，也就是减少由各相关利益群体之间的利益冲突所导致的企业总体收益和价值下降，使利益分配在数量上和时间上达到动态的协调平衡。

1. 所有者与经营者的矛盾与协调

在现代企业中，所有者一般比较分散，经营者一般不拥有占支配地位的股权，他们只是所有者的代理人，所有者期望经营者代表他们的利益工作，实现所有者财富最大化，而经营者则有其自身的利益考虑。对经营者来讲，他们所得到的利益来自于所有者。在西方，这种所有者支付给经营者的利益被称为享受成本。但问题的关键不是享受成本的多少，而是在增加享受成本的同时，是否更多地提高了企业价值。因而，经营者和所有者的主要矛盾就是经营者希望在提高企业价值和股东财富最大的同时，能更多地增加享受成本，而所有者和股东则希望以较小的享受成本支出带来更高的企业价值或股东财富。为了解决这一矛盾，应采取让经营者的报酬与绩效相联系的方法，并辅之以一定的监督措施。

（1）解聘

这是一种通过所有者约束经营者的方法。所有者对经营者予以监督，如果经营者未能使企业价值达到最大，就解聘经营者，经营者担心被解聘而被迫实现财务管理目标。

（2）接收

这是一种通过市场约束经营者的办法。如果经营者经营决策失误、经营不力，未能采取一切有效措施使企业价值提高，该公司就可能被其他公司强行接收或吞并，相应经营者也会被解聘。为此，经营者为了避免这种接收，必须采取一切措施提高股东财富和企业价值。

（3）激励

激励即将经营者的报酬与其绩效挂钩，以使经营者自觉采取能提高股东财富和企业价值的措施。激励通常有两种方式。一是"股票股权"方式。它允许经营者以固定的价格购买一定数量的公司股票，当股票的市场价格高于其固定价格时，经营者所得的报酬就会增多。经营者为了获取更大的股票涨价益处，就必然主动采取能够提高股价的行动。二是"绩效股"形式。它是公司运用每股收益、资产收益率等指标来评价经营者的业绩，视其业绩大小给予经营者不等的股票作为报酬。如果公司的经营业绩未能达到规定目标，经营者也将部分丧失原先持有的"绩效股"。这种方式使经营者不仅为了多得"绩效股"而不断采取措施提高公司的经营业绩，而且为了使每股市价最大化，也会采取各种措施使股票市价稳定上升，从而增加股东财富和企业价值。

2. 所有者与债权人的矛盾及其协调

所有者的财务目标可能与债权人期望实现的目标发生矛盾。首先，所有者可能要求经营者改变举债资金的原定用途，将其用于风险更高的项目，这会增大偿债的风险，债权人的负债价值也必然会实际降低。如果高风险的项目一旦成功，额外的利润就会被所有者独享；但如果失败，债权人却要与所有者共同负担由此而造成的损失。这对债权人来说，风险与收益是不对称的。其次，所有者或股东可能未征得现有债权人的同意，而要求经营者发行新债券或举借新债，致使旧债券或老债券的价值降低。

为了协调所有者与债权人的上述矛盾，通常可采用以下方式。

① 限制性借债，即在借款合同中加入某些限制性条款，如规定借款的用途、借款的担保条款和借款的信用条件等。

② 收回借款或停止借款，即当债权人发现公司有侵蚀其债权价值的意图时，采取收回债权和不给予公司增加放款的方式，从而保护自身权益。

情境任务 1.2　财务管理环节认知

财务管理环节是指财务管理工作的各个阶段，它包括财务管理的各种业务手段。财务管理的基本环节有财务预测、财务决策、财务计划、财务控制和财务分析。这些管理环节互相配合、紧密联系，形成周而复始的财务管理循环过程，构成完整的财务管理工作体系。

1.2.1　财务预测

财务预测是根据财务活动的历史资料，考虑现实的要求和条件，对企业未来的财务活动和财务成果作出科学的预计和测算。现代财务管理必须具备预测这个"望远镜"，以便把握未来、明确方向。财务预测环节的作用在于：测算各项生产经营方案的经济效益，为决策提供可靠的依据；预计财务收支的发展变化情况，以确定经营目标；测定各项定额和标准，为编制计划、分解计划指标服务。财务预测环节是在前一个财务管理循环的基础上进行的，运用已取得的规律性的认识指导未来。它既是两个管理循环的联结点，又是财务决策环节的必要前提。

财务预测环节包括以下工作步骤。

1. 明确预测目标

为了达到预期的效果，必须根据管理决策的需要，明确预测的具体目标，如资金需要量、现金流量、目标利润和期间费用等，从而确定预测的范围。

2. 搜集整理资料

根据预测目标，广泛搜集与预测目标相关的各种资料信息，包括内部和外部资料、财务与生产技术资料、计划与统计资料等，并对这些资料归类、汇总，使资料符合预测的需要。

3. 建立预测模型

根据影响预测目标的各因素之间的相互关系，选择相应的财务预测模型。在财务预测模型的设计图上，假设前提一般包括销售收入、销售成本、销售费用、管理费用和其他（如其他应收账款）等。通过模型的自动计算就会得出存货、应收账款、应付账款、银行存款、债务和预提费用等。最后的结果是得出 3 个报表：资产负债表、损益表和现金流量表。如果公司需要对关键业绩指标进行预测，也可以在该预测模型中进行设计，一般可以添加以下内容。

① 关键业绩指标（KPI，关注财务指标）。

② 管理决策模型，如成本决策、保本点预测、信用分析、流动资金预测和企业经济增长预测等。

③ 预算比较。通过计划预测数据和实际执行数据的比较，确认差异及差异原因。

④ 确定财务预测结果。利用财务预测模型将加工整理的资料进行定量分析，并结合专家意见进行定性分析。

1.2.2 财务决策

财务决策是根据企业经营战略的要求和国家宏观经济政策的要求，从提高企业经济效益的理财目标出发，在若干个可以选择的财务活动方案中，选择一个最优方案的过程。在市场经济条件下，财务管理的核心是财务决策。在财务预测基础上所进行的财务决策，是编制财务计划、进行财务控制的基础。决策的成功是最大的成功，决策的失误是最大的失误，决策关系着企业的兴衰成败。

财务决策环节包括以下几个工作步骤。

1. 确定决策目标

根据企业经营目标，以预测数据为基础，确定财务决策所要解决的问题，如筹资决策、投资决策和股利分配决策等。

2. 拟定备选方案

根据决策目标，提出各种备选的行动方案。例如，筹资时有发行股票、发行债券或借款等不同的方案。

3. 选出最优方案

提出备选方案后，根据一定的评价标准，采用科学的评价方法，经过分析性论证和对比研究，评定出各方案的优劣或经济价值，作出最优方案的选择。

1.2.3 财务计划

财务计划是运用科学技术手段和数学方法，对目标进行综合平衡，制定主要计划指标，拟定增产节约措施，协调各项计划指标的过程。它是落实企业奋斗目标和保证措施的必要环节。财务计划是以财务决策确定的方案和财务预测提供的信息为基础来编制的。它是财务预测和财务决策的具体化、系统化，又是控制财务收支活动、分析生产经营成果的依据。企业财务计划主要包括资金筹集计划、固定资产投资与折旧计划、流动资产占用与周转计划、对外投资计划、利润与利润分配计划。除了各项计划表格以外，还要附列财务计划说明书。

财务计划的编制方式主要包括：固定计划，即按计划期内某一固定的经营水平编制的财务计划；弹性计划，即按计划期内若干经营水平编制的具有伸缩性的财务计划；滚动计划，即用不断延续的方式，使计划期始终保持一定长度的财务计划；零基计划，即对计划期内的指标不是从原有基础出发，而是以零为起点，考虑各项指标应达到的水平而编制的财务计划。

1.2.4 财务控制

财务控制是指对企业的资金投入及收益过程和结果进行衡量与校正，目的是确保企业目标及为达到此目标所制定的财务计划得以实现。现代财务理论认为企业理财的目标及它所反映的企业目标是股东财富最大化（在一定条件下也就是企业价值最大化）。财务控制的总体目标是在确保法律法规和规章制度贯彻执行的基础上，优化企业整体资源综合配置效益，厘定资本保值和增值的委托责任目标与其他各项绩效考核标准，以此对企业的财务活动施加影响或调节，以便实现计划所规定的财务目标。财务控制是企业理财活动的关键环节，也是确保实现理财目标的根本保证，所以财务控制将服务于企业的理财目标。

财务控制必须以确保单位经营的效率性和效果性、资产的安全性、经济信息和财务报告的可靠性为目的。财务控制的作用主要有三方面：一是有助于实现企业经营方针和目标，这既是工作中的实时监控手段，也是评价标准；二是保护单位各项资产的安全和完整，防止资产流失；三是保证业务经营信息和财务会计资料的真实性和完整性。

财务控制要适应管理定量化的需要，抓好这几项工作：指定控制标准，分解落实责任；确定执行差异，及时消除差异；评价单位业绩，搞好考核奖惩。

1.2.5 财务分析

财务分析是以会计核算和报表资料及其他相关资料为依据，采用一系列专门的分析技术和方法，对企业等经济组织过去和现在的有关筹资活动、投资活动、经营活动和分配活动的盈利能力、营运能力、偿债能力和增长能力状况等进行分析与评价的经济管理活动。它是为企业的投资者、债权人、经营者及其他关心企业的组织或个人了解企业过去、评价企业现状、预测企业未来作出正确决策提供准确的信息或依据的经济应用学科。

财务分析的方法与分析工具众多，具体应用应根据分析者的目的而定。最常用到的还是围绕财务指标进行单指标、多指标综合分析，再借用一些参照值（如预算、目标等），运用一些分析方法（如比率、趋势、结构和因素等）进行分析，然后通过直观、人性化的格式（如报表、图文报告等）展现给用户。

进行财务分析的一般程序是：搜集资料，掌握情况；指标对比，揭露矛盾；因素分析，明确责任；提出措施，改进工作。

情境 1.3　财务管理体制认知

财务管理体制是指划分企业财务管理方面的权、责、利关系的一种制度，是财务关系的具体表现形式。一般来说，它包括企业投资者与经营者之间的财务管理体制和企业内部的财务管理体制两个层次。企业集团财务管理体制是明确集团中各财务层级财务权限、责任和利益的制度，其核心问题是如何配置财务管理权限，其中又以分配母公司与子公司之间的财权为主要内容。它属于企业财务管理工作的"上层建筑"，对其"经济基础"企业集团的理财活动起着推动、促进和导向作用。

1.3.1　企业财务管理体制的一般模式

财务管理体制按其集权化的程度，可分为集权制财务管理体制、分权制财务管理体制和混合制财务管理体制。

1. 集权制财务管理体制

所谓集权制，是指重大财务决策权都集中在母公司，母公司对子公司采取严格控制和统一管理方式的财务管理体制。

集权制的优点在于：①由集团最高管理层统一决策，有利于规范各成员企业的行动，促使集团整体政策目标的贯彻与实现；②最大限度地发挥企业集团的各项资源的复合优势，集中力量，达到企业集团的整体目标；③有利于发挥母公司财务专家的作用，降低子公司财务风险和经营风险；④有利于统一调度集团资金，保证资金头寸，降低资金成本。

但集权制的缺点也很明显：①集权制首先要求最高决策管理层必须具有极高的素质与能力，同时必须能够高效率地汇集各方面详尽的信息资料，否则可能导致主观臆断，出现重大的决策错误；②财务管理权限高度集中于母公司，容易挫伤子公司的积极性，抑制子公司的灵活性和创造性；③可能由于信息传递时间长，延误决策时机，缺乏对市场的应变能力与灵活性。

2. 分权制财务管理体制

分权制是指大部分的重大决策权集中在子公司，母公司对子公司以间接管理方式为主的财务管理体制。

分权制的优点是：①可以调动子公司各层次管理者的积极性；②市场信息反应灵敏，决策快捷，易于捕捉商业机会，增加创利机会；③使最高层管理人员将有限的时间和精力集中于企业最重要的战略决策问题上。

分权制的缺点主要有：①难以统一指挥和协调，有的子公司因追求自身利益而忽视甚至损害公司整体利益；②弱化母公司财务调控功能，不能及时发现子公司面临的风险和重大问题；③难以有效约束经营者，从而造成子公司"内部控制人"问题。

3. 混合制财务管理体制

混合制即适度的集权与适度的分权相结合的财务管理体制。适度的集权与分权相结合既能发挥母公司财务调控职能，激发子公司的积极性和创造性，又能有效控制经营者及子公司风险。因此，适度的集权与分权相结合的混合制是很多企业集团财务管理体制所追求的目标。但是如何把握其中的"度"，则是一大难题。

由于企业内部财务管理体制是构建企业财务运行机制的基础和前提，因而如何合理选择企业内部财务管理体制就显得很重要。新《企业财务通则》第八条要求："企业实行资本权属清晰、财务关系明确、符合法人治理结构要求的财务管理体制。企业应当按照国家有关规定建立有效的内部财务管理级次。"

1.3.2　企业财务管理体制的设计原则

一个企业如何选择适应自身需要的财务管理体制，如何在不同的发展阶段更新财务管理模式，在企业管理中占据重要地位。从企业的角度出发，其财务管理体制的设定或变更应当遵循以下4项原则。

1. 与现代企业制度的要求相适应的原则

现代企业制度是一种产权制度。它是以产权为依托，对各种经济主体在产权关系中的权利、责任、义务进行合理有效的组织、调节的制度安排。它具有"产权清晰、责任明确、政企分开、管理科学"的特征。

企业内部相互间关系的处理应以产权制度安排为基本依据。企业作为各所属单位的股东，根据产权关系享有作为终极股东的基本权利，特别是对所属单位的收益权、管理者的选择权、重大事项的决策权等。但是，企业各所属单位往往不是企业的分支机构或分公司，其经营权是其行使民事责任的基本保障，它以自己的经营与资产对其盈亏负责。

企业与各所属单位之间的产权关系确认了两个不同主体的存在，这是现代企业制度特别是现代企业产权制度的根本要求。在西方，在处理母子公司关系时，法律明确要求保护子公司权益，其制度安排大致为：①确定与规定董事的诚信义务与法律责任，实现对子公司的保护；②保护子公司不受母公司不利指示的损害，从而保护子公司权益；③规定子公司有权起诉母公司，从而保护自身权益。

按照现代企业制度的要求，企业财务管理体制必须以产权管理为核心，以财务管理为主线，以财务制度为依据，体现现代企业制度特别是现代企业产权制度管理的思想。

2. 明确企业对各所属单位管理中的决策权、执行权与监督权三者分立原则

现代企业要做到管理科学，必须首先要求从决策与管理程序上做到科学、民主，因此，决策权、执行权与监督权三权分立的制度必不可少。这一管理原则的作用就在于加强决策的科学性与民主性，强化决策执行的刚性和可考核性，强化监督的独立性和公正性，从而形成良性循环。

3. 明确财务综合管理和分层管理思想的原则

现代企业制度要求管理是一种综合管理、战略管理，因此，企业财务管理不是也不可能是企业总部财务部门的财务管理，当然也不是各所属单位财务部门的财务管理，它是一种战略管理。这种管理要求：①从企业整体角度对企业的财务战略进行定位；②对企业的财务管理行为进行统一规范，做到高层的决策结果能被低层战略经营单位完全执行；③以制度管理代替个人的行为管理，从而保证企业管理的连续性；④以现代企业财务分层管理思想指导具体的管理实践（股东大会、董事会、经理人员、财务经理及财务部门各自的管理内容与管理体系）。

4. 与企业组织体制相对应的原则

企业组织体制大体上有 U 形组织、H 形组织和 M 形组织 3 种形式。

U 形组织仅存在于产品简单、规模较小的企业，实行管理层级的集中控制。H 形组织实质上是企业集团的组织形式，子公司具有法人资格，分公司则是相对独立的利润中心。由于在竞争日益激烈的市场环境中不能显示其长期效益和整体活力，因此在 20 世纪 70 年代后它在大型企业的主导地位逐渐被 M 形结构所代替。

M 形结构由 3 个相互关联的层次组成。第一层是由董事会和经理班子组成的总部，它是企业的最高决策层，主要职能是战略规划和关系协调。第二层是由职能和支持、服务部门组成的。其中，计划部是公司战略研究和执行部门，财务是由中央控制的，负责整个企业的资金筹措、运作和税务安排。第三层是围绕企业的主导或核心业务，互相依存又相互独立的各所属单位，每个所属单位又是一个 U 形结构。可见，M 形结构集权程度较高，突出整体优化，具有较强的战略研究、实施功能和内部关系协调能力。它是目前国际上大的企业管理体制的主流形式。M 形的具体形式有事业部制、矩阵制、多维结构等。M 形组织在业务经营管理下放权限的同时，更加强化财务部门的职能作用，起到了指挥资本运营的作用。

1.3.3 集权与分权相结合型财务管理体制的一般内容

基于中国企业的实践，集权与分权相结合型财务管理体制的核心内容是企业总部应做到制度统一、资金集中、信息集成和人员委派，具体包括以下 11 项内容。

1. 集中制度制定权

企业总部根据国家法律、法规和《企业会计准则》《企业财务通则》的要求，结合企

自身的实际情况和发展战略、管理需要，制定统一的财务管理制度，在全企业范围内统一实行。各所属单位只有制度执行权，而无制度制定和解释权，但各所属单位可以根据自身需要制定实施细则和补充规定。

2. 集中筹资、融资权

资金筹集是集团公司资金运作的起点，为了降低集团的内部筹资风险，寻求最低的筹资成本，可以考虑由集团公司统一筹集资金，各事业部有偿使用。如需银行贷款，可由集团公司总部统一办理贷款总额，各事业部再分别办理贷款手续，并按规定由各事业部自行支付利息费用；如需发行短期商业票据，集团公司也应充分考虑集团内资金占用情况，并注意到期日存足款项，不要因为票据到期不能兑现而影响公司信誉；如需利用海外力量筹集外资，应统一由母公司根据国家现行政策办理相关手续，并严格审查贷款合同条款，注意汇率及利率变动因素，防止出现损失。为了保证资金合理使用，建议集团公司及时对事业部现金使用状况进行追踪审查。例如，可以让各事业部按规定时间向集团总部报送现金流量表，通过该表动态地描述各事业部的营业活动、现金流量等指标增减状况，同时也便于集团总部及时分析各事业部资金存量的合理状况，并及时予以调配。

3. 集中投资权

企业对外投资必须遵守的原则为效益性、分散风险性、安全性、整体性及合理性。无论企业总部还是各所属单位的对外投资都必须经过立项、可行性研究、论证和决策的过程，其间除专业人员外，必须有财务人员参加。财务人员应会同有关专业人员，通过仔细调查了解，开展可行性分析，预测今后若干年内市场变化趋势及可能发生风险的概率、投资该项目的建设期、投资回收期和投资回报率等，写出财务报告，报送领导参考。

为了保证投资效益的实现，分散及减少投资风险，企业内对外投资可实行限额管理，超过限额的投资其决策权属企业总部。被投资项目一经批准确立，财务部门应协助有关部门对项目进行跟踪管理，对出现的与可行性报告的偏差，应及时报送有关部门予以纠正；对投资收益不能达到预期目的的项目应及时清理解决，并应追究有关人员的责任；同时应完善投资管理。企业可根据自身特点建立一套具有可操作性的财务考核指标体系，规避财务风险。

4. 集中用资担保权

企业总部应加强资金使用安全性的管理，对大额资金拨付要严格监督，建立审批手续，并严格执行。这是因为各所属单位的财务状况关系到企业所投资本的保值和增值问题，同时若各所属单位因资金受阻导致获利能力下降，会降低企业的投资回报率。因此，各所属单位用于经营项目的资金，要按照经营规划范围使用，用于资本项目上的资金支付，应履行企业规定的报批手续。

5. 集中固定资产购置权

各所属单位需要购置固定资产必须说明理由，提出申请报企业总部审批，经批准后方可购置。各所属单位资金不得自行用于资本性支出。

6. 集中财务机构设置权

各所属单位财务机构设置必须报企业总部批准，财务人员由企业总部统一招聘，财务负责人或财务主管人员由企业总部统一委派。

7. 集中收益分配权

企业内部应统一收益分配制度，各所属单位应客观、真实、及时地反映其财务状况及经营成果。各所属单位收益的分配，属于法律、法规明确规定的部分按规定分配，剩余部分由企业总部本着长远利益与现实利益相结合的原则，确定分留比例。各所属单位留存的收益原则上可自行分配，但应报企业总部备案。

8. 分散经营自主权

各所属单位负责人主持本企业的生产经营管理工作，组织实施年度经营计划，决定生产和销售，研究和考虑市场周围的环境，了解和注意同行业的经营情况和战略措施，按规定时间向企业总部汇报生产管理工作情况。对突发的重大事件，要及时向企业总部汇报。

9. 分散人员管理权

各所属单位负责人有权任免下属管理人员，有权决定员工的聘用与辞退，企业总部原则上不应干预，但其财务主管人员的任免应报经企业总部批准或由企业总部统一委派。一般财务人员必须获得"上岗证"，才能从事财会工作。

10. 分散业务定价权

各所属单位所经营的业务均不相同，因此，业务的定价应由各所属单位经营部门自行拟定，但必须遵守加速资金流转、保证经营质量、提高经济效益的原则。

11. 分散费用开支审批权

可以实施"宏观控制、微观搞活"的策略。各所属单位在经营中必然发生各种费用，企业总部没必要进行集中管理，各所属单位在遵守财务制度的原则下，由其负责人批准各种合理的用于企业经营管理的费用开支。

情境任务 1.4　财务管理环境认知

财务管理环境又称为理财环境，是指对企业财务活动及财务管理产生影响和作用的企业内外部条件或因素。它处在财务管理系统之外，但与财务管理系统有着直接或间接的联系，是非财务事件制约企业实现财务管理目标的客观条件。研究财务管理环境，可以使我们正确、全面认识财务管理发展的规律，正确认识财务管理实践活动的环境特征，并密切注意影响财务管理的各种环境及其变化。

1.4.1 财务管理的外部环境

财务管理的外部环境是指影响企业理财的各项宏观经济因素，如经济发展周期、通货膨胀和政府的经济政策等。企业经营的结果在很大程度上取决于外部经济状况，在社会经济条件较好时，大多数企业都会兴旺发达；在社会经济条件较差时，许多企业会出现困难局面，有的企业可能还要发生亏损，甚至破产。

1. 经济发展周期

经济发展的周期性波动对企业理财有重大影响。在繁荣阶段，市场需求旺盛，销售大幅度上升，企业为了扩大生产经营，就要增加投资，增添机器设备、存货和劳动力，这就要求企业应迅速地筹集到所需资金；在衰退阶段，整个宏观环境的不景气，很有可能导致企业处于紧缩状态，产量和销售量下降，存货积压，投资锐减，现金流转不畅，有时出现资金紧缺，有时又出现资金闲置。因此，企业理财者要对周期性波动进行预测和分析，适时调整理财策略。

经济发展的周期性变化一般经历 4 个阶段：经济复苏期、经济繁荣期、经济衰退期和经济萧条期。在不同的经济发展时期，企业应采取不同的财务管理策略，具体如表 1.1 所示。

表 1.1 经济发展的周期性变化中企业相应的财务策略

经济复苏期	经济繁荣期	经济衰退期	经济萧条期
1. 增加厂房设备 2. 增加存货 3. 开发新产品 4. 增加雇员 5. 拟定进入战略 6. 寻找适当的资金来源	1. 扩充厂房设备 2. 继续增加存货 3. 制定并实施扩张战略 4. 增加雇员 5. 制定适宜的筹资策略	1. 停止扩张 2. 处置不用或闲置的设备 3. 减少存货 4. 调整产品结构和资本结构 5. 适当减员增效	1. 保持市场份额 2. 缩减不必要的支出和管理费用 3. 削减存货 4. 实施减员增效 5. 制定并实施退出战略

2. 通货膨胀

通货膨胀引起价格的不断上升，不但对消费者极其不利，对企业理财活动的影响更为严重。通货膨胀会引起资金占用的迅速增加，还会引起利息率的上升，增加企业的筹资数额和筹资成本；通货膨胀时期有价证券的价值不断下降，给筹资带来相当大的困难；通货膨胀还会引起利润虚增，造成企业资本流失。企业虽然对控制通货膨胀无能为力，但对通货膨胀应有所预测，从而采取相应的措施，如提前购买设备和存货等以减少损失。

3. 金融环境

金融环境是指影响企业进行财务活动的金融因素，其内容包括金融市场、金融机构、金融工具和利率等。可以说，金融环境是影响财务管理的诸多因素中最为直接和最为特殊的一个方面。

金融市场的基本构成要素有交易对象、交易主体、交易工具和交易价格。金融市场的交易对象是货币资金，它的交易大多情况只是发生货币使用权的转移。金融市场的交易主体一般有资金供给者、资金需求者和金融机构，资金需求者（包括金融机构）提供金融工具，资金供给者（包括金融机构）提供资金，由金融机构提供服务，在交易场所进行资金交易。这种交易大大减少了金融工具持有者的风险。

金融机构在金融市场上既创造金融工具，又推进资金流转。资金供给者和资金需求者之间进行直接交易（直接融资）时，金融机构往往只起中介作用，不承担交易风险。但在间接融资时，金融机构不仅要提供服务，而且还要承担交易风险。金融机构主要由银行类金融机构和非银行类金融机构组成（也有综合类金融机构）。银行类金融机构包括中央银行、政策性银行和商业银行等；非银行类金融机构包括保险企业、证券企业、信托企业、财务企业和租赁企业等。在我国，中央银行是中国人民银行，它是金融管理体系的核心。政策性银行包括国家开发银行、中国农业发展银行和中国进出口银行，它们是以贯彻国家产业政策为目的，办理政策性贷款的金融机构。商业银行按产权关系和组织形式分为国有商业银行、股份制商业银行和合作制商业银行。国有商业银行有中国工商银行、中国农业银行、中国建设银行和中国银行；股份制商业银行有交通银行、中信实业银行、华夏银行、中国光大银行、招商银行、中国民生银行、深圳发展银行、兴业银行和上海浦东发展银行等；合作制商业银行有城市合作银行和农村信用社等。商业银行以营利为目的，以经营存贷款业务和办理结算业务为主，是我国金融机构中的主体。非银行类金融机构在从事其主要业务的同时，也可以通过多种不同的形式为企业的筹资和投资等财务活动提供必要的服务。

金融工具是证明债权关系或所有者关系的合法凭证，主要包括商业汇票、商业本票、银行汇票、银行本票、银行支票、信用证、债券和股票等。股票是金融工具中的所有权凭证，股票投资者拥有被投资企业的所有权，享有股东的权利和义务。其他金融工具是债权凭证，也称信用工具，表明债权人的权利和债务人的义务。金融工具的基本特征有期限性、流动性、风险性和收益性等。

利率也称利息率，是资金价格的一般表现形态。资金作为一种特殊的商品，其融通实质上是资源通过利率这个价格标准实行配置，因此，利率在资源配置及企业财务决策中起着重要作用。一般而言，资金的利率由纯利率、通货膨胀补偿和风险报酬构成，其中风险报酬又包含违约风险报酬、期限性风险报酬和流动性风险报酬。纯利率是指没有风险和通货膨胀情况下的均衡点利率，由资金的供求关系决定。通货膨胀补偿是指由于通货膨胀会使货币的实际购买力受损，资金供给者为补偿损失而要求提高的利率。违约风险报酬是指为了弥补因债务人无法按时还本付息而带来的风险，由债权人要求提高的利率；期限性风险报酬是指为了弥补与更长期限相应的更多的不确定性而导致的风险，由资金供给者要求提高的利率；流动性风险报酬是指为了弥补金融工具变现能力的不确定性而导致的风险，由资金供给者要求提高的利率。

4. 政府的经济政策

政府对企业的宏观调控主要是通过一系列经济政策来实行的。有关国民经济的发展规划、国家的产业政策、经济体制改革的措施和政府的行政法规等经济政策，对企业的理财活动有重大的影响。

凡是属于国家鼓励和扶持发展的地区和行业，企业理财很可能得到某些政策上的优惠；相反，企业理财将会受到一定的限制。因此，企业在进行理财决策时，要认真研究政府的政策导向，趋利除弊。

1.4.2 财务管理的内部环境

理财的微观经济环境是指影响企业理财的各项微观经济因素，主要包括企业所处的市场环境、采购环境和人员环境等。

1. 采购环境

采购环境会影响企业物资供应的稳定性和采购价格，从而影响企业存货资金的占用。企业如果处于稳定的采购环境中，可少储备存货，减少存货占用的资金；如果处于波动的采购环境中，则必须增加存货的保险储备，从而增加存货占用的资金。在采购价格上涨的情况下，企业应尽量提前进货，以防物价进一步上涨而遭受损失，这就要求企业在存货上投入较多的资金；反之，在采购价格下降的情况下，企业应随用随购，减少库存，以减少存货占用的资金。

2. 人员环境

企业理财实际上处理的是人与人之间的经济关系，人员环境对企业理财的影响是相当大的。这里所说的人员环境不仅指对企业理财有影响的自然人，也指法人，还包括由人所构成的社会。

背景资料

财务学理论与诺贝尔经济学奖

在金融市场和金融观念日益向人们的日常生活渗透的过程中，财务理论的发展和完善对这一过程起着推波助澜的作用。反过来，提出著名财务理论的财务学家也得到了人们的尊敬。这一点也反映在诺贝尔经济学奖得主中财务学家的数量上。

1985年，弗兰科•莫迪利安尼因为提出储蓄的生命周期假设而获得诺贝尔经济学奖。这一假设在研究家庭和企业储蓄中得到了广泛应用。1990年的诺贝尔经济学奖由哈里•马科维茨、威兼•夏普和默顿•米勒三人分享。马科维茨提出了投资的均值——方差分析方法，奠定了投资组合理论的基础；夏普提出了资本资产定价模型，使用单一因素为金融市场上的各种证券提供了一种直观和通用的估价方法；米勒与莫迪利安尼共同提出了企业资本结构的无关性定理，并进一步提出企业股利政策的无关性定理，这两个定理构成现代财务理论分析企业融资问题的一个基准。

1997年的诺贝尔经济学奖由迈伦•斯科尔斯和罗伯特•默顿分享。斯科尔斯提出了著名的布莱克-斯科尔斯期权定价公式，该公式则已成为金融机构涉及金融新产品的思想方法；默顿对布莱克-斯科尔斯公式所依赖的假设条件作了进一步放宽，在许多方面对其作了推广。

资料来源：张先治．财务学概论[M]．沈阳：东北财经大学出版社，2006：36．

思考与练习

一、单项选择题

1．现代财务主流理论将（　　）作为财务管理的最优目标。
   A．企业价值最大化　　　　　　B．利润最大化
   C．股东财富最大化　　　　　　D．相关者利益最大化
2．下列各项中，能够用于协调企业所有者与企业债权人矛盾的方法是（　　）。
   A．解聘　　　B．监督　　　C．激励　　　D．停止借款
3．金融市场的交易对象是（　　），它的交易大多只是发生货币使用权的转移。
   A．货币资金　　B．资产　　　C．负债　　　D．所有者权益
4．（　　）报酬是指为了弥补因债务人无法按时还本付息而带来的风险，由债权人要求提高的利率。
   A．违约风险　　B．期限性风险　C．流动性风险　D．通货膨胀风险
5．资金市场包括（　　）。
   A．货币市场　　B．外汇市场　　C．黄金市场　　D．物资市场

二、多项选择题

1．下列关于财务目标的说法不正确的有（　　）。
   A．主张股东财富最大化的意思是说只考虑股东的利益
   B．股东财富最大化就是股价最大化或企业价值最大化
   C．股东财富的增加可以用股东权益的市场价值来衡量
   D．权益的市场增加额是企业为股东创造的价值
2．利润最大化存在的缺点有（　　）。
   A．容易导致企业的短期行为
   B．没有考虑风险
   C．没有考虑货币时间价值
   D．反映创造的利润与投入的资本之间的关系
3．金融环境是指影响企业财务活动的金融因素，其内容包括（　　）等。
   A．金融市场　　B．金融机构　　C．金融工具　　D．利率
4．理财的外部环境是指影响企业理财的各项宏观经济因素，如（　　）等。
   A．经济发展周期　　　　　　　B．通货膨胀
   C．政府的经济政策　　　　　　D．企业职工

5. 资本利润率目标存在的缺陷有（　　　　）。
  A. 容易导致企业的短期行为
  B. 没有考虑风险
  C. 目标没有考虑货币时间价值
  D. 反映创造的利润与投入的资本之间的关系

三、判断题

1. 通货膨胀会引起资金占有的迅速增加，会引起利息率的上升，增加企业的筹资数额和筹资成本。（　　）

2. 利率也称为利息率，是资金价格的一般表现形态。资金作为一种特殊的商品，其融通实质上是资源通过利率和供求关系实行配置。（　　）

3. 纯利率是指没有风险和通货膨胀情况下的均衡点利率，由资金的供求关系决定。（　　）

4. 通货膨胀补偿是为了弥补金融工具变现能力的不确定性而导致的风险，由资金供给者要求提高的利率。（　　）

5. 违约风险报酬是指为了弥补因债务人无法按时还本付息而带来的风险，由债权人要求提高的利率。（　　）

四、简答题

1. 简述财务体制的一般模式及设计原则。
2. 简述财务管理的基本环节。

在线测试

实务训练

实训目标：以 2015 年 12 月"宝能举牌万科"的股权之争为例，分析财务管理目标及相关利益群体的矛盾冲突与协调。

实训任务：

1. 采用角色扮演法：将学生分为若干小组，分别扮演所有者（华润集团、宝能系、安邦系等大股东）、普通投资者（二级市场小股东）、独立董事、经营者（职业经理人：王石，董事会主席；郁亮，总裁；公司其他高管）、债权人（银行等）、企业员工（万科员工）、政府相关部门（证监会、银监会、保监会）等。

2. 组织讨论：分析"宝能举牌万科"的目的、过程及结果。从各自代表的利益出发，确定合理的财务管理目标，模拟利益冲突，通过现场辩论，提出解决利益冲突的思路与方法。

考核评价： 学生查找资料，做成PPT展示观点，包括自评与互评，教师点评。

学习情境 2

资产估值基础

学习目标

通过本学习情境的学习，掌握资金时间价值的计算，尤其是关于复利现值和年金现值的计算；掌握标准差、标准离差率、风险报酬率的计算。

引导案例

据称在 1626 年，新荷兰（今美国纽约州）的总督 Peter Minuit 用价值 60 荷兰盾的小饰物从美国土著人那里购买了曼哈顿——荷兰西印度公司在北美洲的殖民地。1667 年，荷兰人被迫用它来交换苏里南（这可能是迄今为止最失败的不动产交易）。这次购买看起来十分便宜，但荷兰人是否从交易中获益了呢？专家指出，根据当时的汇率，这 60 荷兰盾价值 24 美元。如果美国土著人将这些小饰物在公平市场上出售，并将收回的这 24 美元以 5% 的收益进行投资（无税）。那么，在 375 年后的现在，这笔资金就会超过 20 亿美元。毫无疑问，现在曼哈顿的价值肯定不止 20 亿美元。因此，在 5% 收益率的情况下，美国土著人在交易中遭受损失。但是，如果以 10% 的收益率进行投资，现在，这笔钱就会变成：

$$24(1+r)^T = 1.1^{375} \cong 72 千万亿（美元）$$

这是一个惊人的数目。事实上，当今世上所有不动产的价值总和还不到 72 千万亿美元。但是，在历史上没有人能找到一个持续 375 年且年收益率超过 10% 的投资项目。

情境任务 2.1 资金时间价值认知

2.1.1 资金时间价值的概念

资金时间价值是指在不存在风险和通货膨胀的前提下,一定量的资金在不同时点上的价值量的差额。资金之所以具有时间价值,是因为资金所有者放弃现在使用资金的使用权,将其用于投资。资金时间价值可以用绝对数表示,也可以用相对数表示,即以利息额或利息率来表示。一般的利息率除了包括资金时间价值以外,还包括风险价值和通货膨胀因素。作为资金时间价值表现形式的利息率应是无风险、无通货膨胀条件下的社会平均资金利润率。

2.1.2 资金时间价值的计算

资金时间价值的计算涉及两个重要概念,即现值和终值。现值又称本金,是指资金现在的价值,也是未来某一时点上的一定量资金折算到现在时点上的价值或现时收付款的价值;终值又称将来值,是指现在一定量资金在未来某一时点上的价值量,通常称本利和。计算资金时间价值的方法有单利法和复利法两种。下面就分别按这两种方法来讨论有关资金时间价值的计算。

1. 单利的计算

单利是指只对本金计算利息,而利息部分不再计息的一种计息方式。

(1)单利利息的计算

单利利息的计算公式为:

$$I = P \cdot i \cdot n$$

式中,I 为利息;P 为本金,又称期初金额或现值;i 为利率,通常指每年利息与本金之比;n 为计息期间,常以年为单位。

例 2.1 某人在银行以活期存款的方式存入 10 000 元,储蓄利率为 2.5%,则两年的利息为:

$$I = 10\,000 \times 2.5\% \times 2 = 500(元)$$

(2)单利终值的计算

终值即本金与利息之和。如果用符号 F 表示终值,则计算公式为:

$$F = P + I$$
$$= P + P \cdot i \cdot n$$
$$= P(1 + i \cdot n)$$

例 2.2 某人在银行以活期存款的方式存入 10 000 元，储蓄利率为 2.5%，则两年后的本利和为多少？

解：
$$F = 10\,000 \times (1 + 2 \times 2.5\%) = 10\,500(元)$$

（3）单利现值的计算

如果根据终值来确定其现值，即某一项未来价值相当于现在的价值是多少，则是在已知利息率和终值的情况下，计算现值的过程。其计算公式为：

$$P = \frac{F}{1 + i \cdot n}$$

例 2.3 某企业 3 年后拟从银行取出 30 000 元，银行存款年利息率为 5%，则该企业现在应存入银行的款项为多少？

解：
$$P = \frac{30\,000}{1 + 5\% \times 3}$$
$$= 26\,086.96(元)$$

2. 复利的计算

复利法就是逐期将利息并入本金再计算下一期利息的方式，俗称利滚利。相邻两次计息的时间间隔为计息期，如年、月、日等。除非特别指明，计息期一般以年为单位。

（1）复利终值的计算

复利终值是指一定量的本金按复利计算若干期后的本利和。其计算公式为：

$$F = P(1 + i)^n$$

式中，$(1+i)^n$ 被称为复利终值系数，用符号 $(F/P, i, n)$ 表示，如 $(F/P, 8\%, 3)$ 表示利率为 8% 的 3 年期复利终值系数。因此，复利终值公式也可以表示为：

$$F = P \cdot (F/P, i, n)$$

复利终值系数可以直接查阅"复利终值系数表"获得（见附录 A）。

例 2.4 某人现有资金 1 000 元存入银行，年存款利率为 3%，8 年后可取出多少元？

解：
$$F = 1\,000 \times (F/P, 3\%, 8)$$

查复利终值系数表，(F/P,3%,8)=1.266 8

$$F=1\,000\times1.266\,8$$
$$=1\,266.8（元）$$

即该人8年后可取出1 266.8元。

（2）复利现值的计算

复利现值是复利终值的对称概念，是指未来一定时间的特定资金按复利计算的现在价值，或者说是为取得将来一定本利和，现在所需要的本金。复利现值的计算是复利终值的逆运算，计算公式为：

$$P=\frac{F}{(1+i)^n}$$

式中，$\frac{1}{(1+i)^n}$被称为复利现值系数，用符号(P/F,i,n)表示。因此，复利现值公式也可以表示为：

$$P=F\cdot(P/F,i,n)$$

(P/F,i,n)可以直接查阅复利现值系数表获得（见附录B）。

例2.5 某人要想在5年后得到1 000元，银行存款利率为3%。问现在应存入多少钱？

解：
$$P=F\cdot(P/F,3\%,5)$$

查复利现值系数表，(P/F,3%,5)=0.862 6

$$P=1\,000\times0.862\,6$$
$$=862.6（元）$$

则该人现在应存入862.6元。

（3）名义利率与实际利率

复利的计息期可以是年、季、月或日。当利息在1年内复利几次时，给出的年利率就叫名义利率；每年只复利一次的年利率为实际利率。

例2.6 某人现在存入银行1 000元，投资4年，年利率为6%，每半年复利1次，则：

$$每半年利率=6\%\div2=3\%$$
$$复利次数=4\times2=8（次）$$
$$F=1\,000\times(1+3\%)^8=1\,000\times1.266\,8=1\,266.8（元）$$
$$I=1\,266.8-1\,000=266.8（元）$$

3. 年金

年金是指一定期间内每期等额收付的系列款项,通常用符号 A 表示。例如,折旧、等额零存整取、保险费、养老金的发放、分期支付工程款等通常表现为年金形式。

年金是同复利相联系的,年金的终值、现值都是以复利的终值、现值为基础进行计算的。普通年金以外的各种形式的年金,都是普通年金的转换形式。年金按其收付款的次数和时间可分为普通年金、预付年金、递延年金、永续年金。

（1）普通年金的终值和现值

① 普通年金终值的计算。普通年金,也称为后付年金,终值是指一定时期内每期期末等额收付款项的复利终值之和。如果我们用 A 表示每年收付的等额款项,i 表示利率,n 表示期数,F 表示普通年金终值,则普通年金终值 F 利用复利终值推导计算的过程可用图 2.1 来加以说明。

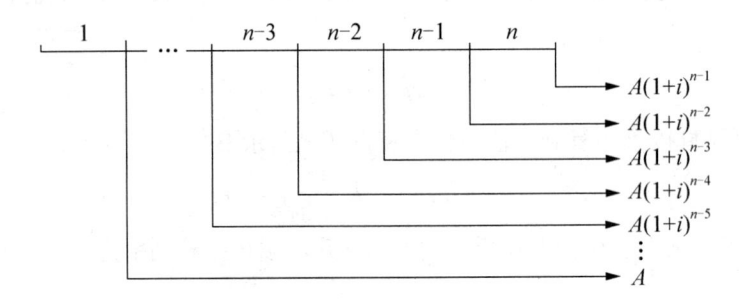

图 2.1　普通年金终值的计算

普通年金终值的计算公式为:

$$F=A+A(1+i)+A(1+i)^2+A(1+i)^3+\cdots+A(1+i)^{n-1}$$

上式化简后得:

$$F=A\frac{(1+i)^n-1}{i}$$

$$=A(F/A,i,n)$$

式中,$\frac{(1+i)^n-1}{i}$ 称为普通年金终值系数,记作 $(F/A,i,n)$。可以查普通年金终值系数表（见附录 C）求得该值。

上式中,如果已知终值 F,求年金 A,这就是偿债基金,即为使年金终值达到既定金额每年应支付的年金数额。

例 2.7　某人用零存整取的方式存款,每年年末存入银行 3 000 元,存款利率为 10%。问 5 年后该人存款的本利和为多少？

解：　　　　　　　　　　$F=A(F/A,i,n)$
　　　　　　　　　　　　$=3\,000\times(F/A,10\%,5)$
查表得：　　　　　　　$(F/A,10\%,5)=6.105$
则　　　　　　　　　　$F=3\,000\times6.105=18\,315（元）$

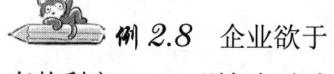

例 2.8　企业欲于 5 年后偿还 20 000 元债务，现在起每年等额存入银行一笔存款，存款利率 10%，则每年应存多少元？

解：　　　　　　　　　　$A=F/(F/A,i,n)$
　　　　　　　　　　　　$=20\,000/(F/A,10\%,5)$
查表得：　　　　　　　$(F/A,10\%,5)=6.105$
　　　　　　　　　　　　$A=20\,000/6.105$
　　　　　　　　　　　　$=3\,276（元）$

每年应存入 3 276 元。

② 普通年金现值的计算。普通年金现值，是指为在每期期末取得相等金额的款项，现在需要投入的金额。这里用复利现值推导计算过程加以说明。设 P 表示普通年金现值，如图 2.2 所示。

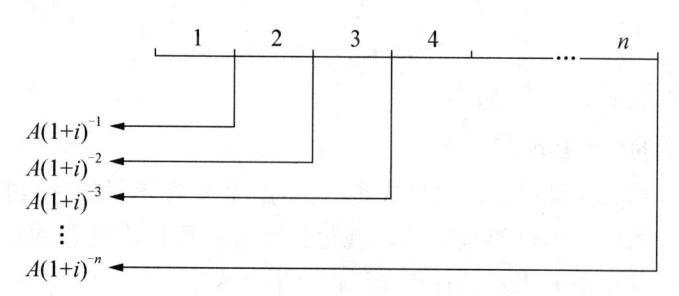

图 2.2　普通年金现值的计算

普通年金现值的一般计算公式为：
$$P=A(1+i)^{-1}+A(1+i)^{-2}+A(1+i)^{-3}+\cdots+A(1+i)^{-n}$$

上式化简后得：
$$P=A\frac{1-(1+i)^{-n}}{i}$$
$$=A(P/A,i,n)$$

式中，$\frac{1-(1+i)^{-n}}{i}$ 称为普通年金现值系数，记作 $(P/A,i,n)$。可以查普通年金现值系数表（见附录 D）求得该值。

上式中，如果已知现值 P 求年金 A，即为年资本回收额，是指在给定的年限内等额回收初始投资成本或清偿所欠债务的价值指标。

例 2.9 某企业投资一个项目，每年年末需投入 100 万元，年复利率为 10%，则 5 年内应投入资金总额的现值为多少？

解：
$$P=A(P/A,i,n)$$
$$=100\times(P/A,10\%,5)$$
$$=100\times 3.791$$
$$=379.1（万元）$$

例 2.10 某人目前存入银行 10 万元，银行利率 10%，10 年内每年年末可以等额取得多少元？

解：
$$A=P/(P/A,i,n)$$
$$=100\,000/(P/A,10\%,10)$$

查表得：
$$(P/A,10\%,10)=6.145$$
$$A=100\,000/6.145$$
$$=16\,273（元）$$

每年年末可以等额取出 16 273 元。

（2）预付年金的终值和现值

预付年金，也称为先付年金，它与普通年金的区别仅在于付款时间的不同：预付年金是在每期期初收付款项。预付年金终值、现值计算公式可以借助普通年金终值、现值的计算公式来推导。如果用 P 表示预付年金现值，用 F 表示预付年金终值，则预付年金终值的计算公式为：

$$F=A(F/A,i,n)(1+i)$$
$$=A[(F/A,i,n+1)-1]$$

预付年金现值的计算公式为：

$$P=A(P/A,i,n)(1+i)$$
$$=A[(P/A,i,n-1)+1]$$

例 2.11 某企业决定 5 年内于每年年初都存入银行 50 万元，银行存款利率为 10%，则该企业在第 5 年末能一次取出本利和多少钱？

解：　　　　　　　$F=A(F/A,i,n)(1+i)$

　　　　　　　　　$=50×(F/A,10\%,5)(1+10\%)$

　　　　　　　　　$=50×6.105×1.1$

　　　　　　　　　$=50×6.7155$

　　　　　　　　　$=335.775$（万元）

（3）递延年金

递延年金是普通年金的特殊形式，凡不是从第 1 期开始的年金都是递延年金。m 为递延期数，n 为年金期数，i 为利率。递延年金的形式如图 2.3 所示。

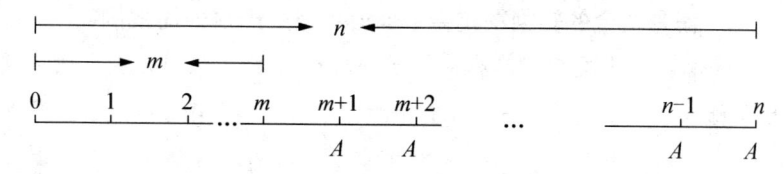

图 2.3　递延年金形式

从图 2.3 中可以看出，前 m 期没有收付款发生，为递延期数，而后面 $n-m$ 期为每期末发生收入或支出等额款项的年金项数。

由图 2.3 可知，递延年金的终值大小与递延期无关，故计算方法和普通年金终值相同。如果用 F 表示递延年金终值，则 $F=A(F/A,i,n)$；如果用 P 表示递延年金现值，则递延年金现值计算有以下两种方法。

方法 1：　$P=A(P/A,i,n-m)(P/F,i,m)$

方法 2：　$P=A(P/A,i,n)-A(P/A,i,m)$

例 2.12　某人今年年初存入一笔款项，存满 3 年后每年末取出 800 元，至第 5 年末取完，银行存款利率为 6%，则此人应在今年年初在银行存入多少元？

解：　　　　　　　$P=800×[(P/A,6\%,5)-(P/A,6\%,3)]$

　　　　　　　　　$=800×(4.212-2.673)$

　　　　　　　　　$=1231.2$（元）

或　　　　　　　　$P=800(P/A,6\%,2)(P/F,6\%,3)$

　　　　　　　　　$=800×1.833×0.840$

　　　　　　　　　$=1231.78$（元）

（4）永续年金

永续年金是指无限期等额收付的特种年金。永续年金无终止时间，故无终值；永续年金现值的计算公式也是通过普通年金现值的计算推导出来的。用 P 表示永续年金现值，则：

$$P=\frac{A}{i}$$

例 2.13 某人欲在学校建立一项永久性奖学金,计划每年从银行提取 100 000 元作为奖学金,利率为 10%,则现在至少应向银行存入的款项为多少?

$$P=\frac{A}{i}=100\,000/10\%=1\,000\,000(元)$$

背景资料

博彩资金的转换决定——singer 资产理财公司案例

1987 年,罗莎琳德·塞茨费尔德赢得了一项总价值超过 130 万美元的大奖。这样,在以后 20 年中每年她都会收到 65 276.79 美元的分期付款。1995 年,塞茨费尔德女士接到了位于佛罗里达州西部棕榈市的 singer 资产理财公司的一位销售人员打来的电话,称该公司愿立即给她 140 000 美元,以获得今后 9 年其博彩奖支票的一半款项[现在的 140 000 美元换算以后,9 年共 293 745.15(32 638.39×9)美元的分期付款]。singer 公司是一个资金经纪公司,它的职员的主要工作就是跟踪类似塞茨费尔德女士这样的博彩大奖的获得者。公司知道有许多人会急于将他们获得奖项的部分甚至全部马上变现成一笔大钱。singer 公司是年营业收入高达 7 亿美元的资金经纪行业中的一员。目前它和 woodbridge sterling 资本公司两家就占据了行业中 80%的业务。类似 singer 这样的公司将它们收购的这种获得未来现金流的权利再转售给一些机构投资者,诸如美国太阳公司或是约翰·汉考克共同生命保险公司。本案例中,购买这项权利的是金融升级服务集团(EFSG)。它是一家从事纽约州的市政债券的再保险公司。singer 公司已谈好将它领取塞茨费尔德一半资金的权利以 196 000 美元的价格卖给 EFSG 公司。如果塞茨费尔德答应公司的报价,公司就能马上赚取 56 000 美元。最终塞茨费尔德接受报价,交易达成。

为何 singer 公司能安排这笔交易并立即获得 56 000 美元的利润?答案就是机构投资者和个人在不同时期有不同的消费偏好。塞茨费尔德女士一家正处在财务困难时期,迫切需要一笔现金。她不想等 9 年才能全部获得她的资金。另一方面,EFSG 公司有多余的现金,乐意投资 196 000 美元以期在以后 9 年中获得塞茨费尔德女士资金的一半,或者说是在以后 9 年中每年获得 32 638.39 美元。EFSG 公司用来贴现未来收入适用的贴现率为 8.96%。换言之,这一贴现率使 196 000 美元的现值与以后 9 年每年收到 32 638.39 美元的现值相同。而塞茨费尔德女士所使用的贴现率是 18.1%,这反映了她回避领取延迟现金流的倾向。

资料来源:吴世农. 公司理财[M]. 北京:机械工业出版社,2006:70.

情境任务 2.2　风险价值观念认知

2.2.1　风险的概念及分类

1. 风险的概念

企业财务管理的每个环节都面临风险。风险是对企业目标产生负面影响的事件发生的可能性。从财务管理角度而言，风险就是企业在各项财务活动过程中，由于各种难以预料或无法控制的因素存在，使企业的实际收益与预计收益发生背离，从而蒙受经济损失的可能性。从投资者角度来看，任何财务决策都应尽可能地规避风险，以减少损失，增加收益。

2. 风险的分类

（1）企业特有风险

企业特有风险是指只影响到个别企业的一些因素，一旦发生可能给企业带来经济损失。它是由某个企业的特有事件造成的，如工人罢工、新产品开发失败、生产工艺落后或管理不善等。这些因素或事件的发生在本质上是随机的，因而这类风险可以通过多元化投资组合来分散或消除，因此又称为可分散风险或非系统风险。企业特有风险又可分为经营风险和财务风险。

① 经营风险。这是指企业因经营方面的原因导致企业未来收入的不确定性。导致经营风险的原因是多方面的，有企业内部原因，也有企业外部原因。

② 财务风险。这是指企业借入资金经营导致企业财务成果的不确定性。其主要原因在于企业投资利润率与借入资金利息率之间差额的不确定。

（2）市场风险

市场风险是指由于某些因素的发生会影响到所有的企业，从而给企业带来经济损失的可能性，如战争、通货膨胀、经济衰退、国家财政政策或税收政策等。市场风险对任何企业来说都是不可避免的，这类风险不能通过多元化投资组合来分散或消除。因此，市场风险又叫不可分散风险或系统风险。

2.2.2　风险的衡量

风险是不可避免的，直接或间接地影响着企业的财务活动和经营活动，因此，正视风险并将风险程度予以量化，进行较为准确的衡量，便成为企业理财中的一项重要工作。风险与概率直接相关，并由此同期望值、标准离差和标准离差率等发生联系。对风险进行衡量时应着重考虑以下几方面因素。

1. 概率分布

在现实生活中，某一事件在完全相同的条件下可能发生也可能不发生，既可能出现这种结果又可能出现那种结果，我们称这类事件为随机事件。概率就是用百分数或小数来表示随机事件发生可能性及出现某种结果可能性大小的数值。用 K 表示随机事件，K_i 表示随机事件的第 i 种结果，P_i 为出现该种结果的相应概率。如果 K_i 出现，则为 $P_i=1$；如果 K_i 不出现，则 $P_i=0$；同时，所有可能结果出现的概率之和必定为 1，因此，概率必须符合下列两个要求。

① $0 \leqslant P_i \leqslant 1$

② $K = \sum_{i=1}^{n} K_i P_i$

式中，K 为期望报酬率；K_i 为第 i 种可能结果的报酬率；P_i 为第 i 种可能结果的概率；n 为可能结果的个数。

例 2.14 某企业各种经济情况下的报酬率及其概率分布情况如表 2.1 所示。试计算该企业的期望报酬率。

表 2.1 某企业股票报酬率的概率分布

经济情况	该种经济情况发生的概率	报 酬 率
繁荣	0.3	30%
一般	0.4	20%
衰退	0.3	10%

根据期望报酬率公式计算该企业的期望报酬率如下。

$$K = 30\% \times 0.30 + 20\% \times 0.40 + 10\% \times 0.30$$
$$= 20\%$$

2. 标准离差

标准离差也叫均方差，是方差的平方根，是各种可能的报酬率偏离期望报酬率的综合差异，是反映离散程度的一种量度，常以符号 σ 表示。标准离差计算公式为：

$$\sigma = \sqrt{\sum_{i=1}^{n} (K_i - K)^2 \cdot P_i}$$

例 2.15 承例 2.14，该企业的标准离差为：

$$\sigma = \sqrt{(30\%-20\%)^2 \times 0.3 + (20\%-20\%)^2 \times 0.4 + (10\%-20\%)^2 \times 0.30}$$
$$= 7.75\%$$

标准离差以绝对数衡量决策方案的风险。在期望值相同的情况下，标准离差越大，风险越大；反之，标准离差越小，风险越小。

3. 标准离差率

标准离差是一个反映随机变量离散程度的相对指标，只能用来比较期望报酬率相同的各项投资的风险程度，而不能用来比较期望报酬率不同的各项投资的风险程度。对于期望报酬率不相同的各项投资的风险程度，应使用标准离差率进行评价。标准离差率是标准离差同期望值之比，通常用符号 V 表示。其计算公式为：

$$V = \frac{\sigma}{K}$$

标准离差率越大，风险越大；反之，标准离差率越小，风险越小。

例 2.16 承例 2.15，该企业的标准离差率为：

$$V = \frac{7.75\%}{20\%}$$

$$= 38.75\%$$

通过上述方法将决策方案的风险加以量化后，决策者便可据此作出决策。对于单个方案，决策者可根据其标准离差（率）的大小，将其同设定的可接受的此项指标最高限值对比，看前者是否低于后者，然后作出取舍。对于多个方案择优而定，决策者的行动准则应是选择低风险高收益的方案，即选择标准离差最低、期望收益最高的方案。然而高收益往往伴有高风险，低收益方案其风险程度往往也较低。究竟选择何种方案，就要权衡期望收益与风险，而且还要视决策者对风险的态度而定。对风险比较反感的人可能会选择期望收益较低同时风险也较低的方案，喜欢冒险的人则可能选择风险高但同时收益也高的方案。

2.2.3 风险报酬的计算

资金时间价值是投资者在无风险条件下进行投资所要求的报酬率。这是以确定的报酬率为计算依据的，也就是以确定能取得的报酬为条件的。但是，企业财务活动和经营管理活动总是处于或大或小的风险之中，任何经济预测的准确性都是相对的，预测的时间越短，不确定的程度就越低。因此，为了简化决策分析工作，在短期财务决策中一般不考虑风险因素，而在长期财务决策中，则不得不考虑风险因素，计量风险程度。在存在风险的情况下，诱使投资者冒险进行投资的原因是他所要求的报酬率超过资金时间价值（即无风险报酬率）的那部分额外报酬率，即风险报酬率。如果不考虑通货膨胀，投资者进行风险投资所要求或期望的投资报酬率便是资金时间价值（无风险报酬率）与风险报酬率之和，即：

期望投资报酬率=资金时间价值(或无风险报酬率)+风险报酬率

投资的风险价值同资金的时间价值一样，也有两种表现形式：一种是绝对数，即风险报酬额，是指由于冒险进行投资而取得的额外报酬；另一种是相对数，即风险报酬率，是指额外报酬占原投资额的百分率。

通常，把国家发行的公债或国库券的利率称为无风险报酬率。至于其他各种投资，由于或多或少都要冒一定程度的风险，因此它们的投资报酬率是无风险报酬率与风险报酬率之和。根据概率分析法计算出的标准离差率，同时再借助一个风险价值系数可求出风险报酬率。

$$R_R = b \cdot V$$

式中，R_R 为风险报酬率；V 为标准离差率；b 为风险价值系数。

如果用 R_F 表示无风险报酬率，用 K 表示投资总报酬率，则投资总报酬率可表示为：

$$K = R_F + R_R$$

例 2.17 承例 2.16，如果该企业的风险价值系数为 6%，无风险报酬率为 8%，则它的风险报酬率和投资总报酬率分别是多少？

解：

风险报酬率 $R_R = b \cdot V = 38.75\% \times 6\% = 2.33\%$

投资总报酬率 $K = 2.33\% + 8\% = 10.33\%$

由此可以看出，如果事先不确定风险价值系数就无法将标准离差率转换为风险报酬率。确定风险价值系数的方法，一般有以下 4 种。

① 根据相关投资项目的总投资收益率和标准离差率，以及同期的无风险收益率的历史资料进行分析确定。

例 2.18 某企业拟进行一项投资，根据同类投资项目的有关资料预测投资报酬率为 18%，无风险报酬率为 10%。如果该投资项目测得的标准离差率为 50%，试确定该类投资项目的风险报酬系数。

解：

风险报酬率 $R_R = 18\% - 10\% = 8\%$

根据 $R_R = b \cdot V$

$b = R_R / V = 8\% / 50\% = 0.16$

确定了该类投资项目的风险报酬系数后，只要将该投资项目测得的标准离差率乘以风险报酬系数，即可求得该投资项目的风险报酬率。

② 根据相关数据进行统计回归分析。

③ 由企业主管人员会同有关专家定性评议确定。实际上风险报酬系数的确定在很大程度上取决于投资者对待风险的态度。一般来说，敢于承担风险的投资者往往把风险报酬系数定得低些；不敢承担风险，比较稳健的投资者常常把风险报酬系数定得高些。

④ 由专业咨询企业按不同行业定期发布，供投资者参考使用。国家有关部门也可以组织专家确定，如财政部、中国人民银行等组织专家，根据各行业的条件和其他因素，确定各行业的风险价值系数，由国家有关部门定期公布，作为向投资者提供的参数。

学习情境 2　资产估值基础

思考与练习

一、单项选择题

1. （　　）又称本金，是指资金现在的价值，也是未来某一时点上的一定量资金折算到现在时点上的价值或现时收付款的价值。
   A．终值　　　　B．现值　　　　C．年金　　　　D．复利

2. （　　）又称将来值，是指现在一定量资金在未来某一时点上的价值量，通常称为本利和。
   A．现值　　　　B．终值　　　　C．年金　　　　D．复利

3. （　　）是指一定期间内每期等额收付的系列款项。
   A．现值　　　　B．年金　　　　C．终值　　　　D．复利

4. （　　）是各种可能的报酬率偏离期望报酬率的综合差异，是反映离散程度的一种量度。
   A．标准离差率　　B．标准离差　　C．风险价值系数　　D．风险报酬

5. （　　）是由于某些因素的发生会影响到所有的企业，从而给企业带来经济损失的可能性。
   A．战争　　　　B．市场风险　　C．特有风险　　D．税收政策

二、多项选择题

1. 作为资金时间价值表现形式的利息率应是（　　）条件下的社会平均资金利润率。
   A．无风险　　　B．无通货膨胀　　C．银行存款　　D．有风险

2. 下面通常表现为年金形式的有（　　）。
   A．折旧　　　　　　　　　　B．等额零存整取
   C．保险费　　　　　　　　　D．分期支付工程款

3. 年金按其收付款的次数和时间可分为（　　）。
   A．普通年金　　B．预付年金　　C．递延年金　　D．永续年金

4. 如果不考虑通货膨胀，投资者进行风险投资所要求或期望的投资报酬率便是（　　）之和。
   A．资金时间价值　　　　　　B．风险报酬率
   C．利润　　　　　　　　　　D．资产

5. 企业特有风险可分为（　　）。
   A．经营风险　　B．财务风险　　C．市场风险　　D．利率风险

35

三、判断题

1．作为资金时间价值表现形式的利息率应是无风险、无通货膨胀条件下的社会平均资金利润率。（   ）

2．标准离差以绝对数衡量决策方案的风险，标准离差越大，风险越大；反之，标准离差越小，风险越小。（   ）

3．标准离差是一个反映随机变量离散程度的相对指标，只能用来比较期望报酬率相同的各项投资的风险程度，而不能用来比较期望报酬率不同的各项投资的风险程度。（   ）

4．对于期望报酬率不相同的各项投资的风险程度，应使用标准离差进行评价。（   ）

5．通常，把国家发行的公债或国库券的利率称为无风险报酬率。（   ）

四、简答题

1．如何计算和衡量企业面临的风险？

2．简述年金的概念和分类。

五、计算题

1．小王是位热心于公益事业的人，自2015年12月底开始，他每年都要向一位失学儿童捐款。小王向这位失学儿童每年捐款1 000元，帮助这位失学儿童从小学一年级至完成九年义务教育。假设每年定期存款利率都是2%，则小王9年所捐的款在2023年底相当于多少钱？

2．某企业有A、B两个投资项目，计划投资额均为1 000万元，其收益（净现值）的概率分布如表2.2所示。

表2.2 收益概率分布   万元

市场状况	概　率	A项目净现值	B项目净现值
好	0.2	200	300
一般	0.6	100	100
差	0.2	50	−50

要求：

（1）分别计算A、B两个项目净现值的期望值。

（2）分别计算A、B两个项目期望值的标准离差。

（3）判断A、B两个投资项目的优劣。

实务训练

北方昌达公司2016年陷入经营困境，原有柠檬饮料因市场竞争激烈、消费者喜好产生变化等开始滞销。为了改变产品结构，开拓新的市场领域，拟开发以下两种新产品。

1. 开发洁清纯净水

面对全国范围内的节水运动及限制供应，尤其是北方十年九旱的特殊环境，开发部认为洁清纯净水将进入百姓的日常生活，市场前景看好。有关预测资料如表 2.3 所示。

表 2.3　纯净水资料

市场销路	概率/（%）	预计年利润/万元
好	60	150
一般	20	60
差	20	-10

2. 开发消渴啤酒

北方人有豪爽、好客、畅饮的性格，亲朋好友聚会的机会日益增多；北方气温大幅度升高，并且气候干燥；北方人的收入明显增多，生活水平日益提高。开发部据此提出开发消渴啤酒的方案，有关市场预测资料如表 2.4 所示。

表 2.4　啤酒资料

市场销路	概率/（%）	预计年利润/万元
好	50	180
一般	20	85
差	30	-25

请思考以下两个问题。

（1）对两个产品开发方案的收益与风险予以计量。

（2）进行方案评价。

学习情境 3

筹资管理

学习目标

通过本学习情境的学习,了解企业筹资渠道、筹资方式及筹资的基本原则;掌握资金需要量预测的基本方法;知晓企业自有资金筹资与负债资金筹资方式的运用;明确各种筹资方式的优缺点。

引导案例

世界新闻巨头默多克出生于澳大利亚,之后加入美国国籍,其企业遍布全球,总部设在澳大利亚。该企业是一个每年有 60 亿美元营业收入的报业王国,它控制了澳大利亚 70% 的新闻业、英国 45% 的报业和美国的部分电视网络。默多克和其他商业巨头一样从资金生产上大量筹资,各种债务高达 24 亿美元,债务几乎遍布全世界,包括美国、英国、瑞士、荷兰、中国香港等国家和地区。因为企业的规模和业绩,各家银行也愿意给它贷款,在默多克的财务机构中共有 146 家债主。因为负债比重高,债权人多,企业的财务风险很高,只要有管理上的失误或遭受意外,就可能使整个企业陷入困境。1990 年西方经济衰退时,默多克的企业因一笔 1 000 万美元的小债务,引发了危机。虽然最后化险为夷,但负债给企业带来的风险不可忽视。

美国的一家小银行贷给默多克的企业 1 000 万美元的短期贷款,默多克认为凭借企业的信誉与实力完全可以到期付息展期,延长贷款期限。但是这家银行因为一些传言认为默多克的企业支付能力出现了问题,不愿意继续放贷,要求企业到期必须偿还现金。接到消息后的默多克的企业认为可以筹集到 1 000 万美元的现金来偿还借款。它在澳大利亚资金市场上享有短期筹资的特权,金额高达上亿美元。但是,澳大利亚市场因为日本资金的抽回而冻结了默多克企业的筹资特权。默多克的企业又到美国去贷款,也遭到了拒绝。1 000 万美元贷款还贷期临近，如果到期还不了这笔贷款，就会面临连锁反应，各个债权人都会来讨债。这样一来，企业就会面临危机，被24亿美元的债务压垮。

默多克的企业最后找自己最大的债权人花旗银行借款，因为花旗银行对其投入资金最多，一旦默多克的企业破产，花旗银行的损失最大。花旗银行对企业资产负债情况全面评估后认为其发展前景看好，决定对其贷款帮助它渡过难关。具体方案是由花旗银行出面，说服所有的贷款银行都不退出贷款团，以免因为一家银行的退出引起连锁反应，由花旗银行对那家小银行施加压力，使其继续放贷到期贷款。

默多克的企业因此渡过了难关，但其支付能力的问题也被暴露出来了。由于得到146家银行不退出贷款的保证，才有充分的时间改善支付能力，逐步摆脱困境。

由此可见，筹资是企业非常重要的环节，那么企业可以选择哪些筹资方式筹集资金呢？各种筹资方式有什么优缺点呢？

情境任务 3.1　筹资管理认知

企业筹资是指企业为了满足其经营活动、投资活动和其他需要，运用一定的筹资方式，筹措和获取所需资金的一种行为。

3.1.1　筹资渠道和筹资方式

1. 筹资渠道

筹资渠道是指企业筹集资金的方向与通道，体现了企业资金的来源与流量。目前，我国企业筹集资金的主要渠道如下。

（1）国家资金

国家资金是指国家对企业的直接投资，是国有企业主要的资金来源渠道。在国有企业的资金来源中，其资本金大部分是由国家拨款形成的，另外，还有国家对企业的"税前还贷"或减免各种税款形成的。企业从国家取得的资金不管是何种方式形成的，从产权关系上看，它们都是国家投入的资金，产权归国家所有。

（2）银行信贷资金

银行对企业的各种贷款，是我国企业最主要的资金来源。我国银行分为商业银行和政策性银行两种。商业银行是以营利为目的、从事信贷资金投放的金融机构，它主要为企业提供各种贷款，如中国银行、中国工商银行、中国建设银行和中国农业银行等；政策性银行是为特定企业提供政策性贷款的银行，如进出口信贷银行、国家开发银行、中国农业发展银行等。

（3）其他金融机构资金

其他金融机构也可以为企业提供一定的资金来源。其他金融机构主要包括保险企业、信托投资企业、证券企业和租赁企业等。它们可以为企业及个人提供各种金融服务，包括信贷资金的投放、物资的融通及为企业承销证券等金融服务。

（4）民间资金

民间资金是企业职工和城乡居民手中暂时不用的资金，作为"游离"于银行及非银行金融机构之外的资金。民间资金可以用于企业进行投资，形成民间资金来源渠道，成为企业重要的资金来源。

（5）企业自留资金

企业自留资金是指企业内部形成的资金，又称内部留存，包括计提的固定资产折旧、提取的盈余公积和未分配利润等。这些资金不需要企业通过一定的方式去筹集，而直接由企业内部自动生成或转移。

（6）其他企业资金

其他企业资金也能为企业提供一定的资金来源。企业生产经营中会形成一部分暂时闲置的资金，并为实现特定的目的而进行企业间相互投资。另外，企业间的购销业务可以通过商业信用方式来完成。购销业务形成企业间的债权债务关系，形成债务人对债权人的短期信用资金占用。这样，企业可以通过其他企业对本企业的投资及商业信用而取得资金。

2. 筹资方式

筹资方式是指企业筹集资金所采取的具体方法和形式，即如何取得资金。目前我国企业的筹资方式主要有以下几种。

（1）吸收直接投资

吸收直接投资是指直接从投资者处取得货币资金或财产物资作为资本金，用于企业的生产经营活动。吸收直接投资不以股票为媒介，是非股份制企业等筹集自有资金的基本方式。

（2）发行股票

发行股票是股份制企业通过发行股票筹措权益性资本的一种筹资方式。

（3）从银行借款

银行借款是指企业根据借款合同的规定，从银行及非银行的金融机构借入的需要还本付息的款项，是企业筹措短期及长期负债资金的主要方式。

（4）发行企业债券

债券是企业为了筹集债务性资本而发行的一种有价证券。发行企业承诺在一定期限内，向债券持有人还本付息。

（5）商业信用

商业信用是指企业商品交易中由于延期付款或延期交货而形成的借贷关系。它是企业筹措短期资金的主要方式。我国商业信用形式多样、使用广泛，常见的有应付票据、应付账款和预收账款等。

（6）融资租赁

融资租赁又称资本租赁，是由租赁企业按照承租企业的要求融资购买设备，并在契约或合同规定的较长期限内提供给承租企业使用的信用性业务。融资租赁是现代租赁的主要类型之一。融资租赁集融资与融物于一身，具有借贷性质，是承租企业筹集长期债务性资本的一种方式。

（7）留存收益

留存收益是企业按规定从税后利润中提取的盈余公积及企业的未分配利润。利用留存收益筹资是企业将留存收益转化为投资的过程，是企业筹集权益资本的一种重要方式。

3.1.2 筹资的分类

企业筹资可以按不同的标准进行分类。

1. 股权筹资、债务筹资及其他筹资

① 股权资本是企业依法长期拥有且能够自主调配运用的资本。

② 债务资本是企业按合同取得的在规定期限内需要清偿的债务，是企业通过向金融机构借款、发行债券和融资租赁等方式取得的资金。

③ 衍生工具筹资是以股权或债权为基础产生的新的融资方式，如我国上市公司目前最常见的可转换债券融资和认股权证融资等。

2. 直接筹资与间接筹资

直接筹资是企业直接与资金供应者协商筹集资金；间接筹资是企业从银行和非银行金融机构筹集资金。

3. 内部筹资与外部筹资

内部筹资是指企业通过利润留存而形成的筹资来源；外部筹资是指企业从外部筹措资金而形成的筹资来源。

4. 长期筹资与短期筹资

长期筹资是指企业筹集资金的使用期限在1年以上的筹资活动；短期筹资是指企业筹集资金的使用期限在1年以内的资金筹集活动。

3.1.3 筹资管理的原则

1. 遵循国家法律法规，合法筹措资金

企业的筹资行为和筹资活动必须遵循国家的相关法律法规，依法履行法律法规和投资合同约定的责任，合法合规筹资，依法进行信息披露，维护各方的合法权益。

2. 分析生产经营情况，正确预测资金需要量

企业筹集资金时，首先要合理预测、确定资金的需要量。筹资规模与资金需要量应当匹配一致。

3. 合理安排筹资时间，适时取得资金

企业筹集资金还需要合理预测、确定资金需要的时间。要根据资金需求的具体情况，合理安排资金的筹集时间，适时获取所需资金，使筹资与用资在时间上相衔接。

4. 了解各种筹资渠道，选择资金来源

企业应当在考虑筹资难易程度的基础上，对不同来源资金的成本进行分析，尽可能选择经济可行的筹资渠道与方式，力求降低筹资成本。

5. 研究各种筹资方式，优化资本结构

企业筹资要综合考虑股权资金与债务资金的关系、长期资金与短期资金的关系、内部筹资与外部筹资的关系，合理安排资本结构。

3.1.4 资金需要量预测

确定适当的筹资规模是企业筹资的基本原则，因此，在筹资之前，应当采用科学的方法预测资金需要量。资金需要量的预测可采用定性预测法、比率分析法和资金习性法。

1. 定性预测法

定性预测法是指利用直观的资料，依靠个人经验、主观分析和判断能力，对企业未来资金需要量作出预测的方法。其预测步骤如下。

① 由熟悉企业财务情况与生产经营情况的专家根据过去积累的经验分析判断，初步形成预测意见。

② 通过召开座谈会或发出调查表等形式，对以上初步预测进行修正和补充。

③ 经过几次修正，形成最终预测结果。

定性预测法比较实用，但不能定量地反映资金需要量有关因素之间的关系。例如，资金需要量与企业生产经营规模的关系——企业生产经营规模扩大，销售数量会增加，导致资金需要量增加，反之导致资金需要量减少。

2. 比率预测法

比率预测法是指根据财务比率与资金需要量之间的关系，预测未来资金需要量的方法。可以用于资金预测的比率有存货周转率、应收账款周转率及销售百分比等。现以销售百分比法为例介绍比率预测法。

销售百分比法是根据销售额与资产负债表中有关项目间的比例关系，预测各项目短期

资金需要量的方法。应用销售百分比法是以下列假设为前提的。

① 企业的部分资产和负债与销售额同比例变化。

② 企业各项资产负债与所有者权益结构已达到最优。

运用销售百分比法预测资金需要量的方法主要有以下步骤。

1) 预测销售额的增长率。

2) 确定随销售额变动而变动的资产负债项目。

3) 确定需要增加的资金数额。

4) 根据有关财务指标确定对外筹资数额。

销售百分比法的计算公式为：

$$对外筹集资金的数额 = \Delta S \times \frac{A}{S_1} - \Delta S \times \frac{B}{S_1} - S_2 \times P \times E$$

式中，S_1 为基期销售额；S_2 为预测期销售额；ΔS 为销售变动额；P 为销售净利率；E 为留存收益比率；A 为随销售变动的资产；B 为随销售变动的负债；$\frac{A}{S_1}$ 为变动资产项目占基期销售额的百分比；$\frac{B}{S_1}$ 为变动负债项目占基期销售额的百分比。

例 3.1 某企业 2016 年度资产负债表如表 3.1 所示。

表 3.1 资产负债表

2016 年 12 月 31 日   万元

资产	期末余额	负债与所有者权益	期末余额
现金	4 000	应付费用	8 000
应收账款	12 000	应付账款	4 000
存货	24 000	短期借款	20 000
固定资产净值	24 000	应付债券	8 000
		实收资本	16 000
		留存收益	8 000
资产合计	64 000	负债及所有者权益合计	64 000

假设该企业 2016 年销售收入为 80 000 万元，销售净利为 10%，股利支付率为 60%，增加销售不需增加固定资产投资。经预测，2017 年企业销售收入将提高到 96 000 万元，企业销售净利率和企业利润分配政策不变。

要求：利用销售百分比法预测企业外部融资额。

（1）预测销售额的增长率。

销售额增长率 = (96 000 - 80 000) ÷ 80 000 × 100% = 20%

（2）确定随销售额变动而变动的资产负债项目。

在该企业资产负债表中，资产方除固定资产之外都随销售量的增加而增加；负债与所有者权益方应付账款和应付费用随着销售的增加而增加，但实收资本、应付债券和短期借款不会自动增加。企业的利润如果不全部分配出去，留存收益也会增加。预计随销售增加的项目列示在表3.2中。

表3.2 销售百分比

资产	销售百分比/（%）	负债与所有者权益	销售百分比/（%）
现金	5	应付费用	10
应收账款	15	应付账款	5
存货	30	短期借款	不变动
固定资产净值	不变动	应付债券	不变动
		实收资本	不变动
		留存收益	不变动
合计	50	合计	15

表3.2中的各项目数字是以表3.1中有关数字除以销售收入求得。例如，应收账款销售百分比=12 000÷80 000×100%=15%。

（3）确定需要增加的资金数额。

从表3.2的计算可以看出，销售收入每增长100元，必须增加50元的资金占用，但同时增加15元的资金来源。因此，每增加100元的销售收入，企业还应取得35×[(50%-15%)×100]元的资金来源。该企业销售收入从80 000万元增加到96 000万元，增加了16 000万元，按照35%的比率预测将产生5 600万元的资金需求。

（4）根据有关财务指标确定对外筹资数额。

根据企业资料，企业净利润的60%将分配给投资者，则：

2016年留存利润=96 000×10%×(1-60%)=3 840（万元）

对外筹集资金的需要量=5 600-3 840=1 760（万元）

上述计算过程也可以通过公式计算如下。

对外筹集资金的数额=$\Delta S \times \dfrac{A}{S_1} - \Delta S \times \dfrac{B}{S_1} - S_2 \times P \times E$

=16 000×50%-16 000×15%-96 000×10%×(1-60%)

=1 760（万元）

3. 资金习性法

资金习性法是指根据资金变动同产销量变动之间的依存关系，预测企业资金需要量的方法。按照资金同产销量之间的依存关系，可以把资金区分为不变资金、变动资金和半变动资金。

① 不变资金是指在一定的产销量范围内，不受产销量变动的影响保持固定不变的那部分资金。它包括为维持营业而占用的最低数额的现金，原材料的保险储备占用的资金，必要的成品储备占用的资金，厂房、机器设备等固定资产占用的资金。

② 变动资金是指随产销量的变动而同比例变动的那部分资金。它一般包括直接构成产品实体的原材料等占用的资金。另外，在最低储备以外的现金、存货和应收账款等也具有变动资金的性质。

③ 半变动资金指虽然受产销量变化的影响，但不成比例变动的资金，如在一些辅助材料上占用的资金。半变动资金可采用一定的方法划分为不变资金和变动资金两部分。

资金习性法的基本预测模型为：

$$Y = a + bX$$

式中，Y 为资金占用量；a 为不变资金；b 为单位产销量所需变动资金；X 为一定时期的产销量。

用资金习性法预测资金需要量，主要有以下两种方法。

(1) 高低点法

高低点法是用最高产量与最低产量及其相对应的资金需要量，计算出不变资金 a 和单位变动资金 b，从而预测资金需要量的一种方法。其计算公式为：

$$单位产销量所需变动资金\ b = \frac{Y_H - Y_L}{X_H - X_L}$$

式中，Y_H 为最高销售期的资金需要量；Y_L 为最低销售期的资金需要量；X_H 为最高销售量；X_L 为最低销售量。

将 b 代入方程式求得 $a = Y_H - bX_H$ 或 $a = Y_L - bX_L$。

例 3.2 某企业历史产销量与资金需要量的资料如表 3.3 所示。如果 2016 年预计产量为 112 万件，则资金需要量是多少？

表 3.3 产销量与资金需要量统计

年　度	产量 X/万件	资金需要量 Y/万元
2012	96	80
2013	88	76
2014	80	72
2015	96	80
2016	104	84

根据所给的历史资料，得：

$$b = \frac{84 - 72}{104 - 80} = 0.5$$

$$a = 84 - 0.5 \times 104 = 32（万元）$$

根据计算得出企业预测模型为：$Y = 32 + 0.5X$

将 2016 年预计产量 112 万件代入模型，则 2016 年资金需要量为：

$$Y = 32 + 0.5 \times 112 = 88（万元）$$

高低点法计算简单，适用于企业资金变动趋势较稳定情况下的资金需要量预测。

（2）回归分析法

回归分析法是根据有关历史资料，运用最小二乘法原理，用回归方程求得资金需要量的方法。其回归方程为：

$$Y=a+bx$$

根据最小二乘法原理运算，整理可得：

$$a=\frac{\sum x^2 \sum y - \sum x \sum xy}{n\sum x^2 - (\sum x)^2}$$

$$b=\frac{n\sum xy - \sum x \sum y}{n\sum x^2 - (\sum x)^2}$$

式中，y 为某一期的资金占用量；x 为某一期的产销量。

例 3.3 某企业 2011—2016 年度销售量与资金需要量资料如表 3.4 所示。如果 2016 年预计销售量为 120 万件，则资金需要量是多少？

表 3.4 销售量与资金需要量

年 度	产量 x/万件	资金需要量 y/万元
2011	96	80
2012	88	76
2013	80	72
2014	96	80
2015	104	84
2016	112	88

（1）根据表 3.4 的资料计算出有关数据，如表 3.5 所示。

表 3.5 资金需要量回归分析计算

年 度	销售量 x/万件	资金需要量 y/万元	xy	x^2
2011	96	80	7 680	9 216
2012	88	76	6 688	7 744
2013	80	72	5 760	6 400
2014	96	80	7 680	9 216
2015	104	84	8 736	10 816
2016	112	88	9 856	12 544
$n=6$	$\sum x=576$	$\sum y=480$	$\sum xy=46\ 400$	$\sum x^2=55\ 936$

（2）将表 3.5 的数据代入公式，得：

$$a=32 \quad b=0.5$$

（3）将 $a=32$，$b=0.5$ 代入回归直线方程，求得：
$$y=32+0.5x$$
（4）2016年度预计销售量120万件，则资金需要量为：
$$y=32+0.5×120=92（万元）$$

情境任务 3.2　股权筹资认知

3.2.1　吸收直接投资

吸收直接投资，是指企业以协议等形式吸收国家、法人、个人和外商等的直接投入资金，形成企业资本金的一种筹资方式。吸收直接投资不以股票为媒介，它是非股份制企业筹措权益资本的一种基本方式。

1. 吸收直接投资中的出资方式

在采用吸收直接投资方式筹集资金时，投资可以用现金、机器设备、厂房、材料物资和无形资产等作价出资。出资方式主要有以下几种。

（1）以现金出资

现金投资是企业吸收直接投资最愿意采用的方式。企业有了现金，可获取其他物质资源，如购置资产、支付费用等。现金使用方式灵活方便。因此，企业一般都争取投资者以现金方式出资。

（2）以实物出资

实物投资是指投资者以房屋、建筑物和设备等固定资产及原材料、产品等流动资产作价投资。企业吸收的实物投资一般应符合这几个条件：确为企业科研、生产、经营所需；技术性能比较好；作价公平合理。

（3）以土地使用权出资

土地使用权是企业按有关法规和合同规定使用土地的权利。投资人可以用土地使用权投资。企业吸收土地使用权投资一般应符合这几个条件：交通、地理条件合适；确实是企业科研、销售、生产等活动所需要的；作价公平合理。

（4）以工业产权出资

工业产权出资是指投资人以专有技术、商标权和专利权等无形资产进行的投资。企业吸收工业产权出资一般应符合这几个条件：有助于企业研发出新的高科技产品；有助于企业生产出适销对路的高科技产品；有助于企业改善产品质量，提高生产效率；有助于企业降低各种消耗；作价公平合理。

2. 吸收直接投资的优缺点

（1）吸收直接出资的优点

① 吸收直接投资所筹集的资金属于企业的权益资金，有助于增强企业的信誉和借款能力。

② 吸收直接投资能够直接获得生产经营所需的先进设备和技术，使企业尽快形成生产经营能力。

③ 吸收直接投资可以按照企业的经营状况支付报酬，经营状况好就多支付，经营状况不好就少支付或不支付，支付方式比较灵活，从而降低企业的财务风险。

（2）吸收直接投资的缺点

① 吸收直接投资的资金成本较高。

② 吸收直接投资不采用证券作为媒介，产权关系不够明晰，不便于进行产权交易。

3.2.2 发行普通股股票

股票是股份有限企业为筹集权益资金而发行的有价证券，是持股人拥有企业股份的凭证。其中，普通股是股份制企业依法发行的具有平等权利、义务、股利不固定的股票。普通股具有股票最一般的特征，是股分制企业资本的最基本部分。

1. 普通股的种类

（1）按股票票面是否记名，分为记名股票和无记名股票

记名股票是指在股票票面上记载股东姓名或名称的股票。记名股票同时附有股权手册，股东必须同时持有股票与股权手册，才能领取股息和红利。记名股票的转让、继承除需交付股票外，还需按照法律规定办理严格的过户手续才能生效。无记名股票上不记载股东姓名和名称，也不将股东姓名和名称记入企业股东名册。其转让、继承无须办理过户手续，只要将股票交给受让人，转让即可生效，转移股权。

按照我国《企业法》的规定，企业向发行人、国家授权投资的机构和法人发行的股票，应当为记名股票；向社会公众发行的股票，可以为记名股票，也可以为无记名股票。

（2）按投资主体不同，分为国家股、法人股、外资股和个人股

① 国家股是指有权代表国家投资的部门或机构以国有资产向企业投资而形成的股份。

② 法人股是指企业依法以其可支配的财产向企业投资而形成的股份，或者具有法人资格的事业单位和社会团体以国家允许用于经营的资产向企业投入而形成的股份。

③ 外资股是指外国和我国港、澳、台地区的投资者，以外币购买的我国上市企业的境内上市股票和境外上市股票。

④ 个人股是指社会个人或本企业职工以个人合法财产投入企业而形成的股份。

（3）按发行对象和上市地区的不同，分成Ａ股、Ｂ股、Ｈ股和Ｎ股

目前我国内地上市交易的股票主要有Ａ股、Ｂ股。Ａ股是以人民币标明票面金额，并

以人民币认购和交易的股票；B股是以人民币标明票面金额，以外币认购和交易的股票。此外，还有H股和N股，H股是在香港上市的股票，N股是在纽约上市的股票。

2. 普通股股东的权利

普通股股票的持有者即为普通股股东，普通股股东一般具有以下权利：企业管理权、分享盈余权、优先认股权、出让股份权及剩余财产要求权。

3. 普通股的发行

我国股份制企业发行股票必须符合《证券法》和《上市企业证券发行管理办法》中规定的相关发行条件。发行方式有公募发行和私募发行，公募发行有自销方式和承销方式，承销具体分为报销和代销。

4. 股票上市

股票上市，是指股份有限企业公开发行的股票经批准在证券交易所进行挂牌交易。经批准在交易所上市交易的股票称为上市股票。

背景资料

股票发行注册制授权决定获通过

据新华社客户端消息，全国人大常委会于2015年12月27日下午表决通过《关于授权国务院在实施股票发行注册制改革中调整适用〈中华人民共和国证券法〉有关规定的决定》。根据决定，实行注册制，具体实施方案由国务院作出规定，报全国人民代表大会常务委员会备案。决定自2016年3月1日起施行，期限为2年。

资料来源：新华网，http://news.xinhuanet.com/fortune/2015-12/27/c_128571456.htm。

注册制将令资本市场发生五大变化

新华网于2015年12月28日刊文指出，全国人大常委会27日审议通过《关于授权国务院在实施股票发行注册制改革中调整适用〈中华人民共和国证券法〉有关规定的决定》，这标志着推进股票发行注册制改革有了明确的法律依据。

文章表示，注册制来了，资本市场将发生五大变化，包括IPO将更加高效、上市企业将失去"监管背书"、"打新"热潮将回落、"壳价值"将越来越低、违法将付出更高代价。

注册制来了，资本市场将发生哪些变化？投资者需怎样顺应这些变化？

IPO将更加高效

据证监会数据，目前有600多家拟上市公司"排队待审"，而符合沪深交易所上市标准的企业数量远大于此。

注册制改革将对企业发行上市的注册条件、注册机关、注册程序和审核要求作出相应调整，改变如今核准制，企业上市效率将得到大幅提升，一大批企业将在未来几年快速上市。

不过，不用过于担心市场扩容，因为这些企业不会一拥而上。证监会多次表示，新股发行的节奏与价格最终将放开,但改革是渐进的过程,价格和节奏不会一步放开。这为市场提供了缓冲空间。

上市企业将失去"监管背书"

在审核制下,人们往往认为,企业走到上市这一步,已历经监管层的层层审核把关,上市的企业就是好企业。但是,在注册制之下,这一切都变了。

证监会明确表示,注册制以信息披露为中心,股票发行时机、规模和价格等由市场参与各方自行决定,投资者对发行人的资产质量、投资价值自主判断并承担风险,监管部门重点对发行人信息披露的齐备性、一致性和可理解性进行监督,不再为企业上市"背书"。

这意味着,投资者需要自己睁大眼睛辨别企业的投资价值。只要企业没有违法违规,投资者投资失利也不能怪监管层把关不严了。

"打新"热潮将回落

动辄10多个涨停板的超高收益成为投资者热衷"打新"的不竭动力。有统计显示,截至11月底,2015年发行的192家公司网上中签率平均为0.53%,4、5月间发行的新股上市后平均涨幅超过600%。

注册制改革的核心在于理顺政府与市场的关系,最终放开发行价格的控制,市场将平衡股票供给与投资需求,不论新股老股,决定股票价格的终将是公司价值。

业内人士预计,伴随注册制改革的推进,新股"稀缺性"会降低,定价将更加市场化,新股上市后溢价水平也将出现回落,"打新"热潮或将成为过去。

"壳价值"将越来越低

当前的股票市场上,一些上市公司虽然业绩不佳,却因为具有上市公司的资格,依旧被热捧,成为稀缺的"壳资源"。这是因为,核准制下IPO周期长、成本高,急于上市融资的企业有时会借壳以实现快速上市,而借壳费用往往高达数亿元。

注册制改革将大幅降低企业上市融资的成本。同时,改革还将实施严格的退市制度,对欺诈发行和重大违法的上市公司实施强制退市,把"害群之马"坚决清除出市场。

业内人士预计,在注册制下,上市公司的资格不再像现在这样稀缺,"壳资源"也将会失去现在的高价。退市制度的完善,也会迫使许多仅具壳价值的上市公司离开市场。

违法将付出更高代价

内幕交易、操纵市场、欺诈发行……虽然监管层持续严厉打击资本市场的违法违规行为,但违法违规案件仍不断出现。深圳紫金港资本管理有限公司首席研究员陈绍霞认为,其中原因就在于违法成本太低,惩罚力度不够。

在注册制下,监管层的监管重点将从前端审批后移至事中事后环节,更多监管力量将放在稽查执法上。那些通过欺骗而在资本市场牟取暴利的违法违规者不能再抱有侥幸心理了。

证监会明确表示,注册制改革实施中将切实维护"三公"的市场秩序,严厉打击和惩处违法违规行为,全面加强对欺诈发行和信息披露虚假的惩罚力度,保护投资者的合法权益,让违法违规者付出更高代价。

资料来源:东方财富网,http://finance.eastmoney.com/news/1350,20151228579941643.html。

学习情境 3　筹资管理

5. 普通股筹资的优缺点

（1）普通股筹资的优点

① 没有固定股利负担。普通股股利不构成企业固定的股利负担，是否发放股利、什么时候发放股利及发放多少股利，主要取决于企业的获利能力和股利政策。

② 没有固定到期日，无须还本。企业发行普通股筹集的资金是永久性资金，也称权益资本或自有资金，只有企业清算时才需偿还。这对于保证企业对资本的最低需要，维持企业的长期稳定发展具有重要意义。

③ 普通股筹资的风险小。由于普通股筹资没有固定的股利负担，没有固定的到期日，无须还本，筹集的资金是永久性资金，不存在偿付风险，因此风险最小。

④ 普通股筹资有利于增强企业的信誉。普通股本与留存收益构成了企业偿还债务的基本条件，因此普通股筹资可以提高企业的信誉，从而提高企业的举债能力。

⑤ 筹资限制较少。企业发行优先股和债券，会有许多限制条件影响企业经营的灵活性，而发行普通股的限制较少。

（2）普通股筹资的缺点

① 普通股的资本成本较高。站在投资者的角度，投资普通股的风险较高，因此投资人要求投资报酬率也较高。对于筹资企业来说，普通股股利从税后利润中支付，而债券利息作为企业费用从税前支付，因而普通股股利不具有抵税作用。此外，普通股的发行费用一般也高于其他证券。

② 容易分散企业的控制权。当企业增资发行普通股时，新股东会加入投资，新股东的加入会稀释原有股东的参与权和控制权。

3.2.3　留存收益

1. 留存收益的来源

企业留存收益的来源主要有以下两方面。

（1）盈余公积

盈余公积，是指企业按规定从净利润中提取的企业积累金。企业制企业的盈余公积包括法定盈余公积和任意盈余公积。

（2）未分配利润

未分配利润是企业未限定用途的留存净利润。这部分利润没有分给企业的股东，也没有指定用途。

2. 留存收益筹资的优缺点

（1）留存收益筹资的优点

① 资金成本较普通股低。由于留存收益筹资不用考虑用资费用，因此资金成本较普通股低。

② 有利于提高企业的信誉。留存收益筹资使企业保持了较大的可支配的现金流，解决了企业经营发展的资金需要，同时也提高了企业筹集负债资金的能力。

③ 保持了企业普通股的控制权。使用留存收益筹资不用对外发行股票，增加的权益资本不会改变企业的股权结构，不会稀释原有股东的控制权。

（2）留存收益筹资的缺点

① 筹资的数额有限。由于企业的留存收益是有限的，因此其最大数额可能是企业本期税后利润与上期未分配利润之和。如果企业亏损，则不存在这一资金来源，而且留存收益的比例常受股东的限制。

② 资金使用受限制。留存收益中的某些项目的使用要受到国家有关规定的制约，如法定盈余公积等。

情境任务 3.3　债务筹资认知

3.3.1　银行借款

银行借款是企业负债资金的主要来源渠道之一。银行借款按期限可分为长期借款和短期借款。

1. 长期借款

长期借款是企业从银行和其他非银行金融机构借入的期限在 1 年以上的借款，一般用于购置固定资产和满足长期流动资金的需要。

（1）长期借款的种类

目前我国各种金融机构长期借款的种类主要有：按有无担保，分为信用贷款和抵押贷款；按用途，分为基本建设贷款、更新改造贷款、科技开发和新产品试制贷款等；按偿还方式，分为一次偿还借款和分期偿还借款。

（2）长期借款的程序

企业向金融机构借款，通常包括以下几个步骤。

1）企业提出申请。企业要向银行借款，首先应提出申请，填写包括借款金额、用途、偿还能力、偿还方式等内容的借款申请书，同时提供借款人的基本情况、上年度的财务报告等资料。

2）金融机构审批。银行接到借款申请后，要对企业的申请进行审查，以决定是否对企业提供贷款。首先，对借款人的信誉等级进行评估；然后，对贷款人进行调查；最后，进入贷款审批程序。

3）签订借款合同。借款合同是规定借贷双方权利和义务的契约，其内容有基本条款和限制条款。限制条款又有一般限制条款、例行限制条款和特殊限制条款之分。基本条款是借款合同必须具备的条款;限制条款是为了降低贷款机构的贷款风险而对借款企业提出的限制条件,不是借款合同的必备条款。

借款合同的基本条款包括:借款种类、借款用途、借款金额、借款利率、借款期限、还款资金来源及还款方式、保证条款、违约责任等。

借款合同的一般限制条款通常包括:对企业流动资金持有量的规定、对企业支付现金股利的限制、对企业资本性支出规模的限制、对企业借入其他长期债务的限制等。

借款合同的例行限制条款一般包括:企业定期向贷款机构报送财务报表、企业不准在正常情况下出售大量资产、企业要及时偿付到期债务、禁止企业贴现应收票据或转让应收账款、禁止以资产作其他承诺的担保或抵押等。

借款合同的特殊限制条款一般包括:贷款专款专用、要求企业主要领导购买人身保险、要求企业主要领导在合同有效期内担任领导职务等。

4)企业取得借款。双方签订合同后,贷款银行按合同规定的日期向企业发放贷款,企业便可以取得相应的资金。贷款人不按合同约定按期发放贷款的,应偿付违约金;借款人不按合同的约定用款的,也应偿付违约金。

5)企业偿还借款。企业取得借款后,应按借款合同的规定按时足额归还借款本息。如果企业不能按期归还借款,应在借款到期之前,向银行申请贷款展期,但能否展期,由贷款银行根据具体情况决定。

(3)长期借款筹资的优缺点

① 长期借款筹资的优点。借款成本较低。目前,我国银行借款的利息比发行债券的利息低。而且,借款筹资也比债券筹资少了发行费用。

筹资速度快。发行各种证券筹集长期资金所需时间一般较长,而向银行借款与发行债券相比,一般所需时间较短,可以迅速获取资金。

借款弹性大。企业可以同银行直接商谈确定借款时间、数量和利息等条款。在借款期间,如果企业的情况发生变化,可以同银行协商修改借款数量和条款。借款到期时,如果企业有正当理由,也可以延期偿还。

② 长期借款的缺点。限制条款较多。企业与银行签订的借款合同中一般都会有一些限制条款,这些条款可能会对企业的经营活动带来一定的限制与影响。

筹资数额有限。银行借款一般都有一定的上限,所以借款不如发行股票、债券等方式可一次筹集大量资金。

筹资风险较高。由于举借长期借款必须按期还本付息,在企业经营不好的情况下,会面临不能偿还借款的风险,严重时会导致企业破产。

2. 短期借款

短期借款是指企业从银行和其他非银行金融机构借入的期限在1年以内的借款。

(1)短期借款的种类

短期借款主要有生产周转借款、临时借款和结算借款等。按照国际通行做法,短期借款还可按偿还方式的不同,分为一次性偿还借款和分期偿还借款;按利息支付方法的不同,分为收款法借款、贴现法借款和加息法借款;按有无担保,分为抵押借款和信用借款。

（2）短期借款的信用条件

根据国际惯例，银行发放贷款时，一般会带有一些信用条款。其主要条款如下。

① 信贷额度。信贷额度即贷款限额，是借贷双方在协议中规定的允许借款人借款的最高限额。

② 周转信贷协定。周转信贷协定是指银行具有法律义务承诺向企业提供不超过某一最高限额的贷款协定。在协定的有效期内，只要企业借款总额未超过最高限额，银行必须满足企业任何时候提出的借款要求。企业享有周转协定，通常要对贷款限额的未使用部分付给银行一笔承诺费。

例 3.4 某企业与商业银行商定周转信贷额为 3 000 万元，承诺费率为 0.5%，借款年度内企业使用了 2 000 万元，余额为 1 000 万元。问企业应向银行支付承诺费金额为多少？

解：承诺费=1 000×0.5%=5（万元）

③ 补偿性余额。补偿性余额是银行要求借款人在银行中保持按贷款限额或实际借用额的一定百分比计算的最低存款余额。补偿性余额的要求提高了借款的实际利率，加重了企业的利息负担。存在补偿性余额条件下的实际利率计算公式为：

$$实际利率 = \frac{名义借款金额 \times 名义利率}{名义借款金额 \times (1-补偿性余额的比例)} \times 100\%$$

$$= \frac{名义利率}{1-补偿性余额比例} \times 100\%$$

例 3.5 某企业按年利率 9% 从银行借入资金 400 万元，银行要求企业保留 20% 的补偿性余额。问该笔借款的实际利率为多少？

解：补偿性余额贷款的实际利率 $= \dfrac{9\%}{1-20\%} \times 100\% = 11.25\%$

④ 借款抵押。银行向财务风险大、信誉度低的企业贷款时，往往需要抵押品担保。借款抵押品可以是债券、股票、厂房和存货等。

⑤ 偿还条件。无论何种借款，银行都会规定还款期限。企业到期无法偿还的，视为逾期贷款，银行要照章加收逾期罚息。

⑥ 以实际交易为贷款条件。当企业由于经营性临时资金需要向银行贷款时，银行以企业将要进行的实际交易为贷款基础，单独立项，单独审批，并确定贷款的相应条件和信用保证。

（3）短期借款利息的支付方式

① 利随本清法。利随本清法，又称收款法，是在借款到期时向银行支付利息的方法。采用这种方法，借款的名义利率等于其实际利率。

② 贴现法。贴现法，是银行向企业发放贷款时，先从本金中扣除利息部分，在贷款到

期时贷款企业再偿还全部本金的一种计息方法。贴现法的实际贷款利率公式为:

$$贴现贷款实际利率 = \frac{利息}{贷款金额 - 利息} \times 100\%$$

$$= \frac{名义利率}{1 - 名义利率} \times 100\%$$

例 3.6 某企业从银行取得借款 400 万元,期限为 1 年,名义利率为 10%,利息为 40 万元。按照贴现法付息,企业实际可动用的贷款为 360 万元。问该贷款的实际利率为多少?

解:

$$贴现贷款实际利率 = \frac{40}{400-40} \times 100\% \approx 11.11\%$$

或

$$= \frac{10\%}{1-10\%} \times 100\% \approx 11.11\%$$

(4)短期借款的优缺点

① 短期借款的优点。筹资速度快。企业获得短期借款所需时间要比长期借款短得多,因为银行发放长期贷款前,通常要对企业进行比较全面的调查分析,花费时间较长。

筹资弹性大。短期借款数额及借款时间弹性较大,企业可在需要资金时借入,在资金充裕时还款,可根据需要灵活安排。

② 短期借款的缺点。筹资风险大。短期借款的偿还期短,在筹资数额较大的情况下,如果企业资金调度不周,就有可能出现无力按期偿付本金和利息的情况,甚至被迫破产。

与其他短期筹资方式相比,资金成本较高,尤其是在补偿性余额和附加利率的情况下,实际利率通常高于名义利率。

3.3.2 发行公司债券

1. 债券的种类

(1)债券按是否记名,分为记名债券和无记名债券

① 记名债券是在债券票面上登有债权人姓名或名称,在发行企业的债权人名册上也登记债权人姓名或名称的债券。

② 无记名债券在债券上没有债权人姓名或名称,凭券还本付息。其流通方便,转让无须过户。

(2)按有无财产担保,分为信用债券和抵押债券

① 信用债券是无抵押品或担保人作担保,全凭企业信誉发行的债券。

② 抵押债券是指用一定抵押品作抵押而发行的债券。抵押债券按照抵押品的情况,分为不动产抵押债券、设备抵押债券和证券信托债券。

（3）按债券是否能够转换为股票，分为可转换债券和不可转换债券

① 可转换债券是可以转换成普通股的债券。可转换债券在规定时期内转换时，应按规定的价格或一定的比例转换为普通股。

② 不可转换债券是不能转换为普通股的债券。

（4）按计息标准是否固定，分为固定利率债券和浮动利率债券

① 固定利率债券是债券的利息率在债券的期限内保持固定。

② 浮动利率债券则是利息率随基本利率变动而变动的债券。

背景资料

债券发行的基本程序：

1）作出发行债券的决议。

2）提出发行债券的申请。

3）公告债券募集办法。

4）委托证券机构发售。

5）交付债券，收缴债券款，登记债券存根簿。

2. 债券的还本付息

（1）债券的偿还

债券的偿还时间按其实际发生与规定的到期日之间的关系，分为到期偿还、提前偿还与滞后偿还3类。

① 到期偿还。这是指当债券到期后予以偿还。它又包括分批偿还和一次偿还两种。

② 提前偿还。提前偿还又称提前赎回或收回，是指在债券尚未到期之前就予以偿还。只有在企业发行债券的契约中明确规定了有关允许提前偿还的条款，企业才可以进行此项操作。具有提前偿还条款的债券可使企业融资有较大的弹性。当企业资金有结余时，可提前赎回债券；当预测利率下降时，也可提前赎回债券，然后再以较低的利率来发行新债券。

赎回有3种形式，即强制性赎回、选择性赎回和通知性赎回。

强制性赎回，是指要保证企业拥有一定的现款来减少其固定负债，从而减少利息支出时，能够提前还债。强制性赎回有偿债基金和赎债基金两种形式。

——偿债基金主要是为分期偿还未到期的债券而设。它要求发行人在债券到期前陆续偿还债务，因而缩短了债务的有效期限，同时分散了还本付息的压力，这样，在某种程度上减少了违约的风险。但另一方面，在市场看好时（如市场价格高于面值），强制性赎回使投资人遭受损失，举债企业要给予补偿（通常的做法是提高赎回价格）。

——赎债基金同样是举债人为提前偿还债券而设立的基金，与偿债基金不同的是，赎债基金是债券持有人强制举债企业收回债券。赎债基金只能从二级市场上购回自己的债券，其主要任务是支持自己的债券在二级市场上的价格。

选择性赎回，是指举债企业有选择债券到期前赎回全部或部分债券的权利。选择性赎回的利息率略高于其他同类债券。

通知性赎回，是指举债企业在到期日前准备赎回债券时，要提前一段时间向债券持有人发出赎债通知，告知赎回债券的日期和条件。债券持有人有权将债券在通知赎回日期之前售回举债企业。债券持有人的这种权利称为提前售回优先权。

在通知性赎回中，债券持有人还有一种提前售回选择权，是指债券持有人有权选择在债券到期前某一个或某几个指定日期，按指定价格把债券售回举债企业。这同选择性赎回的选择主体正好相反。

③ 滞后偿还。债券在到期日之后偿还叫滞后偿还。这种偿还条款一般在发行时便订立，主要是给予持有人以延长持有债券的选择权。滞后偿还有转期和转换两种形式。

——转期。这是指将较早到期的债券换成到期日较晚的债券。这实际上是将债务的期限延长。常用的方法有两种：一是直接以新债券兑换旧债券；二是用发行新债券得到的资金来赎回旧债券。

——转换。这通常是指股份有限企业发行的债券可以按一定的条件转换成本企业的股票。

（2）债券的付息

债券的付息主要表现在利息率的确定、付息频率和付息方式 3 个方面。利息率的确定有固定利率和浮动利率两种形式。债券付息频率主要有按年付息、按半年付息、按季付息、按月付息和一次付息（利随本清、贴现发行）5 种。付息方式有两种：一种是现金、支票或汇款的方式；另一种是息票债券的方式。

3. 债券筹资的优缺点

（1）债券筹资的优点

① 资金成本较低。债券的发行费用比股票低，债券的利息允许在所得税前支付，发行企业可享受税收利益，因此，企业实际负担的债券成本一般低于股票成本。

② 可发挥财务杠杆效应。债券持有人一般只收取固定的利息，当企业盈利状况好时，更多的收益可用于分配给股东或用于企业经营，从而增加股东和企业的财富。

③ 保障控制权。债券持有人无权参与企业的管理决策，因此，企业发行债券不会像增发新股票那样可能会分散股东对企业的控制权。

（2）债券筹资的缺点

① 限制条件多。发行债券的限制条件一般要比长期借款、租赁筹资的限制条件多而且严格，限制了企业债券筹资方式的使用，从而可能会影响企业以后的筹资能力。

② 筹资数额有限。企业利用债券筹资一般受一定额度的限制。当企业的负债比率超过一定程度后，债券的成本会迅速上升，有时甚至会发行不出去。

③ 财务风险较高。债券有固定的到期日，并需定期支付利息，发行企业必须承担按期还本付息的义务。在企业经营不好时，也要向债券持有人还本付息，从而加大了企业的财务压力，有时甚至会导致破产。

背景资料

大众公用：2011 年公司债券 2016 年第一次付息公告

重要内容提示如下。

债权登记日：2016 年 1 月 5 日

债券付息日：2016 年 1 月 6 日

由上海大众公用事业（集团）股份有限公司（以下简称"本公司"）于 2012 年 1 月 6 日发行的上海大众公用事业（集团）股份有限公司 2011 年公司债券（以下简称"本期债券"）将于 2016 年 1 月 6 日开始支付自 2015 年 7 月 6 日至 2016 年 1 月 5 日期间（以下简称"本计息周期"）的利息。根据《上海大众公用事业（集团）股份有限公司 2011 年公司债券募集说明书》有关条款的规定，现将有关事宜公告如下。

一、本期债券基本情况

（一）发行人：上海大众公用事业（集团）股份有限公司

（二）债券名称：上海大众公用事业（集团）股份有限公司 2011 年公司债券

（三）债券简称：11 沪大众

（四）债券代码：122112

（五）发行总额：人民币 16 亿元

（六）债券期限和利率：本期债券为 6 年期浮动利率债券，票面利率为当期基准利率加上基本利差。每个计息周期所采用的基准利率为全国银行间同业拆借中心在上海银行间同业拆放利率网（http://www.shibor.org）上公布的 1 周 Shibor（1W）在当期起息日前 120 个工作日的算术平均值，第一个计息周期采用的基准利率为发行首日前 120 个工作日 1 周 Shibor（1W）的算术平均值，以后每个计息周期采用的基准利率为该计息周期起息日前 120 个工作日 1 周 Shibor（1W）的算术平均值。各期基准利率计算时，保留两位小数，第三位小数四舍五入。根据全国银行间同业拆借中心公布的 1 周 Shibor（1W），首期基准利率为发行首日（2012 年 1 月 6 日）前 120 个工作日 1 周 Shibor（1W）的算术平均值 4.03%，加上网下机构投资者询价确定的基本利差 2.95%，本期债券第一个计息期间的票面利率为 6.98%。根据《上海大众公用事业（集团）股份有限公司 2011 年公司债券第二个计息期间票面利率公告》，本期债券第二个计息期间为 2012 年 7 月 6 日至 2013 年 1 月 5 日，根据全国银行间同业拆借中心公布的 1 周 Shibor（1W），第二个计息期间基准利率为 2012 年 7 月 6 日前 120 个工作日 1 周 Shibor（1W）的算术平均值 3.61%。第二个计息期间的票面利率为 6.56%。

（七）利息支付金额：本期债券于每个付息日向投资者支付的利息金额为投资者截至利息登记日收市时所持有的本期债券票面总额×票面年利率×（该计息周期实际天数/该计息年

度实际天数)。

于兑付日向投资者支付的本息金额为投资者截至兑付登记日收市时所持有的本期债券最后一期利息及所持有的债券票面总额的本金。

(八)上市时间和地点:本期债券于2012年2月23日在上海证券交易所上市。

二、本期债券本次付息方案

根据《上海大众公用事业(集团)股份有限公司2011年公司债券第六个计息期间票面利率公告》,本期债券的票面利率为6.26%,每手"11沪大众"(面值人民币1000元)实际派发利息为人民币31.56元(含税)。

三、本期债券债权登记日和付息日

(一)债权登记日:2016年1月5日

(二)付息日:2016年1月6日

四、本期债券付息对象

本次付息对象为截至2016年1月5日上海证券交易所收市后,在中国证券登记结算有限责任公司上海分公司登记在册的全部"11沪大众"公司债券持有人。

五、本期债券付息方法

(一)本公司已与中国证券登记结算有限责任公司上海分公司(以下简称"中证登上海分公司")签订了《委托代理债券兑付、兑息协议》,委托中证登上海分公司进行债券兑付、兑息。本公司最迟在本计息周期付息日前第二个交易日将本期债券的兑付兑息资金足额划付至中证登上海分公司指定的银行账户。如本公司未按时足额将债券兑付兑息资金划入中证登上海分公司指定的银行账户,则中证登上海分公司将根据协议终止委托代理债券兑付兑息服务,后续兑付兑息工作由本公司自行负责办理,相关实施事宜以本公司的公告为准。

(二)中证登上海分公司在收到款项后,通过资金结算系统将债券利息划付给相关的兑付兑息机构(证券公司或中证登上海分公司认可的机构),投资者于兑付兑息机构领取债券利息。

六、关于投资者缴纳公司债券利息所得税的说明

(一)个人投资者缴纳公司债券利息所得税的说明

征税税率:按利息额的20%征收。

征税环节:个人投资者在付息网点领取利息时由付息网点一次性扣除。

(二)关于向非居民企业征收公司债券利息所得税的说明

非居民企业取得的本期债券利息应当缴纳10%的企业所得税,中国证券登记结算有限责任公司上海分公司将按10%的税率代扣相关非居民企业上述企业所得税,在向非居民企业派发债券税后利息后将税款返还本公司,然后由本公司向当地税务部门缴纳。

七、本次付息相关机构

(一)发行人:上海大众公用事业(集团)股份有限公司

（二）主承销商：海通证券股份有限公司

（三）托管人：中国证券登记结算有限责任公司上海分公司

上海大众公用事业（集团）股份有限公司董事会

2015年12月29日

资料来源：东方财富网，http://bond.eastmoney.com/news/1330,20151229580291082.html.

3.3.3 融资租赁

1. 融资租赁的形式

① 售后租回。售后租回是指根据协议，企业将某资产卖给出租人，然后再将其租回使用。

② 直接租赁。直接租赁是指承租人直接向出租人租入所需要的资产，并支付租金。

③ 杠杆租赁。杠杆租赁是指由资金出借人为出租人提供部分购买资产的资金，再由出租人将资产租给承租人的方式。因此，杠杆租赁涉及出租人、承租人和资金出借人三方。这种租赁方式和其他租赁方式一样对承租人没有影响，但对出租人来说，它只支付购买资产的部分资金，另一部分是向资金出借人借来的。因此，它既是出租人，又是借资人，同时又拥有资产所有权。如果不能按期偿还借款，则资产所有权要归资金出借人所有。

2. 融资租赁的程序

融资租赁的程序主要有以下内容。

1）选择租赁企业。

2）办理租赁委托。

3）签订购货协议。

4）签订租赁合同。

5）办理验货与投保。

6）支付租金。

7）处理租赁期满的设备。

3. 融资租赁的租金

（1）融资租赁的租金构成

融资租赁的租金包括设备价款和租息两部分，其中租息又可分为租赁企业的融资成本、租赁手续费等。

（2）租金的支付方式

租金的支付方式也影响到租金的计算。租金通常采用分次支付的方式，具体又分为以下几种类型。

① 按支付时期的长短，可以分为年付、半年付、季付和月付等方式。

② 按支付时期先后，可以分为先付租金和后付租金两种。先付租金是指在期初支付，后付租金是指在期末支付。

③ 按每期支付的金额，可以分为等额支付和不等额支付两种。

4. 融资租赁的优缺点

（1）融资租赁的优点

① 可以快速获得所需资产。融资租赁筹资与购置设备同时进行，一般要比先筹措现金再购置设备更迅速，有助于企业尽快形成生产经营能力。

② 设备淘汰风险小。科学技术不断发展，企业设备陈旧过时的风险很高，融资租赁中这种风险多数由出租人承担，承租企业可免受这种风险。

③ 限制条款较少。一般而言，企业发行股票、债券，以及利用长期借款等筹资方式，都有很多条件限制，相比之下，租赁筹资的限制条件较少。

④ 税收负担小。融资租赁的租金可以在税前支付，这样可以抵减所得税。

⑤ 财务风险小。融资租赁的全部租金通常在整个租期内分期支付，可适当降低不能偿付的风险。

（2）融资租赁的缺点

① 成本较高。租金总额通常要高于设备价值的30%，比向银行借款和发行债券负担的利息要高很多。因此，承租企业在财务困难时期，支付固定的租金也将成为一项沉重的负担。

② 不利于改进资产。在租赁期内，未经出租人同意，承租人一般不得随意改造所租入的资产。

3.3.4 衍生工具筹资

1. 可转换债券

可转换债券是债券的一种，它可以转换为债券发行公司的股票，通常具有较低的票面利率。从本质上讲，可转换债券是在发行公司债券的基础上，附加了一份期权，并允许购买人在规定的时间范围内将其购买的债券转换成指定公司的股票。

可转换债券是一种混合型证券，是公司普通债券与证券期权的组合体。

① 可转换债券的基本性质包括：证券期权性、资本双重性、赎回与回售。

② 可转换债券的基本要素包括：标的股票、票面利率、转换价格、转换比率、转换期、赎回条款、回售条款、强制性转换调整条款。

③ 可转换债券的发行条件包括：最近3年连续盈利，且最近3年净资产收益率平均在10%以上；可转换债券发行后，公司资产负债率不高于70%，累计债券余额不超过公司净资产额的40%；上市公司发行可转换债券，还应当符合公开发行股票的条件。

④ 可转换债券的筹资特点包括：筹资时间具有灵活性，资本成本较低，筹资效率高，存在不转换的财务压力、回售的财务压力及股价大幅度上扬的风险。

2. 认股权证

认股权证是一种由上市公司发行的证明文件，持有人有权在一定时间内以约定价格认购该公司发行的一定数量的股票。

① 认股权证的基本性质。认股权证具有证券期权性，是一种投资工具。

② 认股权证的种类。认股权证有不同的分类，如美式认股证与欧式认股证、长期认股权证与短期认股权证等。

③ 认股权证的筹资特点。认股权证是一种融资促进工具，有助于改善上市公司的治理结构，作为激励机制的认股权证有利于推进上市公司的股权激励机制。

思考与练习

一、单项选择题

1. 融资租赁的缺点是（　　）。
   A．税收负担重　　B．财务风险大　　C．成本较高　　D．限制条款较多
2. 下列各项中，属于企业自有资金筹资方式的是（　　）。
   A．发行债券　　B．商业信用　　C．融资租赁　　D．留存收益
3. 与股票筹资相比，债券筹资的特点是（　　）。
   A．筹资风险大　　　　　　　　B．资本成本高
   C．限制条件少　　　　　　　　D．分散企业控制权
4. 相对于借款购置设备而言，融资租赁设备的主要缺点是（　　）。
   A．筹资速度慢　　　　　　　　B．筹资成本较高
   C．设备淘汰风险高　　　　　　D．到期还本负担重

二、多项选择题

1. 可转换债券的基本性质主要有（　　）。
   A．证券期权性　　　　　　　　B．资本双重性
   C．赎回与回售应付账款　　　　D．短期性
2. 长期借款的筹资优点有（　　）。
   A．筹资成本低　　B．筹资速度快　　C．借款弹性好　　D．限制条件少
3. 负债资金的筹集方式有（　　）。
   A．银行借款　　B．发行股票　　C．发行债券　　D．融资租赁
4. 企业发行债券筹资的优点有（　　）。
   A．资金成本低　　　　　　　　B．不会分散企业的控制权
   C．风险大　　　　　　　　　　D．限制较少

三、判断题

1. 留存收益是由企业利润形成的，因此留存收益资金成本为零。（ ）
2. 与长期负债筹资比较，流动负债筹资期限短，成本小，其偿债风险也低。（ ）
3. 政府债券一般属于信用债券。（ ）
4. 与长期负债融资相比，流动负债融资期限短、成本低，偿债风险相对也较小。（ ）
5. 企业按照销售百分比法预测出的资金需要量，是企业未来一定时期内资金需要量的增量。（ ）

四、简答题

1. 简述债券筹资的优缺点。
2. 简述普通股筹资的优缺点。

五、计算题

1. 某周转信贷协议额度为 20 000 万元，承诺费率为 2%，借款企业年度内使用了借款 16 000 万元。

要求：计算企业需要向银行支付的承诺费用是多少？

2. A 企业按（2/10,n/30）的条件购入 B 企业一批材料。

要求：

（1）计算 A 企业放弃现金折扣的机会成本。

（2）如果 A 企业放弃现金折扣，将付款期限推迟到 40 天，计算放弃现金折扣的机会成本。

（3）如果 C 企业提出（2/20,n/30）的信用条件，计算放弃现金折扣的机会成本。如果企业准备要现金折扣，选择哪家商家有利？

实务训练

欣源企业 2016 年销售收入为 20 000 万元，销售净利润率为 12%，净利润的 60%分配给投资者。2016 年 12 月 31 日的资产负债如表 3.6 所示。

表 3.6 资产负债

2016 年 12 月 31 日   万元

资　　产	期末余额	负债与所有者权益	期末余额
货币资金	1 000	应付账款	1 000
应收账款净额	3 000	应付票据	2 000
存货	6 000	长期借款	9 000
固定资产净值	7 000	实收资本	4 000
无形资产	1 000	留存收益	2 000
资产合计	18 000	负债及所有者权益合计	18 000

该企业 2017 年计划销售收入比上年增长 30%，为实现这一目标，企业需要新增设备一台，价值 148 万元。根据历年财务数据分析，企业的流动资产与流动负债随销售额同比例增减。企业如需对外筹资，可按面值发行票面利率为 10%，期限为 10 年，每年末付息的企业债券。企业 2017 年的销售净利率与利润分配政策与上年保持一致，企业债券发行费用可忽略不计。企业所得税税率为 33%。

根据上述资料计算分析以下问题。

（1）计算企业 2017 年需要增加的营运资金。

（2）试预测 2017 年需要对外筹集的资金量。

学习情境 4

资金成本和资本结构

学习目标

通过本学习情境的学习，了解资金成本的概念和作用；掌握个别资金成本的计算、综合资金成本的计算、边际资金成本的计算；理解最佳资本结构的概念，掌握确定最佳资本结构的两种方法。

引导案例

大规模公司债来袭：房地产行业融资成本屡创新低

2015年在利好政策的推动下，大量资金涌入债市，房企公司债发行势头迅猛，万科、保利、泰禾等知名房企频繁曝出发债预案，且发行利率不断走低。随着国内融资环境趋好，境外上市的内地房企也逐渐转向内地融资。自今年6月份公司债放量发行以来，房企公司债发行规模不断扩大，成为债券市场最为活跃的群体。在房地产行业发展的平缓期，低利率公司债作为一种比较重要的融资渠道，有效缓解了房企的融资压力。

公司债发行量持续提升，房企发债热情有增无减

自今年6月份交易所对公司债开始放量以来，房企发债热情不断升温、发债规模持续扩大，成为债券市场融资的主力。截至10月末，已有52家房企成功发行公司债，发行规模达到1 814.24亿元，相比2014年增长了接近16倍。随着发债票面利率逐步降低，房企债市融资意愿越发强烈，从第三季度开始房企发债速度明显加快，从各季度房企融资金额来看，三季度共有37家房企公司债发行成功，募资规模达1 265亿元，占整个发债市场的60%左右。二季度发债规模为179.79亿元，一季度为69.5亿元。

恒大年内发行400亿境内债，创红筹公司最大规模纪录

在国内融资环境日渐趋好的背景下，恒大地产在资本市场动作频繁，表现极为活跃。2015年6月18日恒大发布公告称将发行200亿元境内公司债，首期5年期50亿元境内债以

5.38%的利率成功发行,不仅创下恒大历史最低债券利率纪录,而且成为首个在境内发债的红筹公司。第二批150亿元境内债于7月7日成功发行,创下房企境内债单笔最大规模纪录,利率再创新低。10月份恒大又以3+2年期7.38%的利率和5年期7.88%的利率,再度成功发行200亿元私募公司债,创下红筹公司境内公司债最大规模纪录。

万科年内首期公司债利率创新低,逼近同期限国债利率

万科作为房地产行业的龙头企业,良好的信用是其在资本市场获得低成本融资的最大利器。2015年9月万科公布今年首期5年期公司债发行利率为3.5%,刷新同类房企发债利率新低。目前5年期国债收益率为3.13%左右,5年期国开债收益率为3.54%左右,万科年内首期公司债利率水平不仅接近同期限国债利率水平,甚至已经低于同期国开债利率。万科不仅获得了中诚信AAA评级,还在海外先后获得穆迪Baa1、标普BBB+、惠誉BBB+评级,凭借着良好的信用获得了资本市场的高度认可。

资料来源:赢商网.(2015-11-19)[2016-10-8]. http://yn.winshang.com.

情境任务 4.1 资金成本认知

4.1.1 资金成本的概念与作用

1. 资金成本的概念

资金成本是指企业为筹措和使用资金而付出的代价。企业为了满足自身长期和短期的资金需要,可以通过不同的方式筹措资金,并利用不同的控制手段监督各项资金的运用。在市场经济条件下,企业使用资金必须向资金供应者支付一定数额的费用作为补偿。

资金成本包括用资费用与筹资费用两部分。

① 用资费用。用资费用是指企业在投资、生产经营过程中因使用资金而支付的费用。例如,向股东支付的股息、向债权人支付的利息等。这是资金成本的主要内容。

② 筹资费用。筹资费用是指企业在筹集资金的过程中,为取得资金而支付的费用。例如,发行股票或债券的发行费、向银行支付的借款手续费等。筹资费用是在筹资时一次支付的,在用资过程中不再发生。

资金成本可以用绝对数表示,也可以用相对数表示。但在财务管理中,一般用相对数表示,即表示为用资费用与实际筹得资金(筹资额减去筹资费)的比率。其基本计算公式为:

$$资产成本率 = \frac{每年的用资费用}{筹资总额 - 筹资费用} \times 100\%$$

$$= \frac{每年的用资费用}{筹资总额 \times (1-筹资费率)} \times 100\%$$

2. 资金成本的作用

资金成本在许多方面都可以加以应用，主要用于筹资决策和投资决策。

（1）资金成本在筹资决策中的作用

企业进行筹资时，可能有多种渠道、多种方式供选择，不同渠道和方式的资金成本和筹资风险不一样。企业应在满足资金需要的前提下，选择合适的筹资渠道和方式。在其他条件相同的情况下，应选择资金成本低的筹资方案。

（2）资金成本在投资决策中的作用

企业筹资的目的是将筹集的资金投放出去，进行生产经营以获取利润。由于不同的投放方式所获取的投资报酬率可能不一样，因此企业进行投资决策时，首先需要将筹资付出的代价——资金成本率与投资获取的报酬率进行比较，选择资金成本率小于投资报酬率的方案作为可行方案；其次，需要将投资报酬率大于资金成本率的所有方案进行比较，选择投资报酬率大的方案。

4.1.2 个别资金成本的计算

个别资金成本是指各种筹集方式的成本。其中，主要包括银行借款成本、债券资金成本、优先股资金成本、普通股资金成本和留存收益成本。

1. 银行借款成本

银行借款利息在缴纳企业所得税前支付，具有减税作用，减税额为"利息额×企业所得税税率"。因此，银行借款实际负担的利息额就要小于实际支付的利息额，实际负担的利息额为"利息额×（1−企业所得税税率）"。银行借款成本率的计算公式为：

$$银行借款成本率 = \frac{年利息率 \times (1 - 企业所得税税率)}{1 - 筹资费率} \times 100\%$$

另外，由于银行借款这种筹资方式的筹资费用较少，因此有时可将筹资费用忽略不计，则：

$$银行借款成本 = 年利息率 \times (1 - 企业所得税税率)$$

例 4.1 某企业取得 3 年期借款 1 000 万元，年利率为 7%，每年付息一次，到期一次还本。已知企业所得税率为 25%，筹资费率为 0.5%。问该项长期借款的资金成本率是多少？

解： $$银行借款成本率 = \frac{7\% \times (1-25\%)}{1-0.5\%} \times 100\%$$
$$= 5.28\%$$

2. 债券资金成本

债券筹资费用较高，主要包括申请发行债券的手续费，债券的注册费、印刷费、上市费和推销费用。债券资金成本率计算与银行借款基本一致，计算公式为：

$$债券资金成本率=\frac{债券年利息\times(1-企业所得税率)}{筹资总额\times(1-筹资费率)}\times100\%$$

式中，

$$债券年利息=债券面值\times年利率$$

$$筹资总额=债券发行价格\times发行数量$$

例4.2 某企业发行3年期的债券，票面面值为1 000万元，票面年利率为10%，每年付一次利息。发行价为1 200万元，发行费率为5%，所得税税率为25%。问该笔债券资金成本率为多少？

解：

$$债券资金成本率=\frac{1\,000\times10\%\times(1-25\%)}{1\,200\times(1-5\%)}\times100\%$$

$$=6.58\%$$

3. 优先股资金成本

企业发行优先股时，要支付筹资费用，还要定期支付股利。但它与债券不同，股利在税后支付，且没有固定的到期日。优先股资金成本率的计算公式为：

$$优先股资金成本率=\frac{优先股每年股利额}{发行总额(1-筹资费率)}\times100\%$$

例4.3 某股份有限企业发行3 000万元的优先股股票，共支付筹资费用10万元，优先股股利率为12%。问其资金成本率应为多少？

解：

$$优先股资金成本率=\frac{3\,000\times12\%}{3\,000-10}\times100\%$$

$$=12.04\%$$

4. 普通股资金成本

普通股股票为企业基本资金，其股利要取决于企业的生产经营情况，不能事先确定。因此，普通股的资金成本率很难预先准确地加以计算。普通股的资金成本率计算公式为：

$$普通股资金成本率=\frac{预计第1年每股股利}{普通股每股市价\times(1-筹资费用)}\times100\%+年股利增长率$$

学习情境 4　资金成本和资本结构

例 4.4　某股份有限企业发行普通股，市价为 4 000 万元，股利率为 14%，筹资费用率为 2%，预计未来股利每年增长率为 3%。问其普通股资金成本率应为多少？

解：　　普通股资金成本率 $= \dfrac{4\,000 \times 14\%}{4\,000 \times (1-2\%)} \times 100\% + 3\%$

$= 17.29\%$

5. 留存收益成本

企业所获利润，按规定可留存一定比例的资金，满足自身资金的需要。因为留存收益属于普通股股东所有，所以其成本应与普通股相同，只是没有筹资费用。其计算公式为：

$$留存收益成本率 = \dfrac{普通股股利}{留存收益总额} \times 100\% + 年股利增长率$$

例 4.5　某股份有限企业，留存收益为 800 万元，普通股股利率为 14%。问其留存收益成本率为多少？

解：　　留存收益成本率 $= \dfrac{800 \times 14\%}{800} + 3\%$

$= 17\%$

背景资料

房企迎利空　海外融资成本或涨

对于资金密集型的房地产行业来说，人民币对美元贬值并不是好消息。

中投顾问董事、研究总监郭凡礼在接受《每日经济新闻》记者采访时表示，人民币对美元贬值达到一定程度可能会导致资本流出国内市场。对于房地产而言，由于属于资金密集型行业，资本的流出将不利于企业融资，一定程度上会造成企业短期融资成本上涨和融资难度增加。

影响暂时不明显

中原地产首席分析师张大伟对记者表示，人民币对美元贬值，对房地产市场将是利空，虽然长期来看，贬值的趋势性未确立，但短期看，对房企的海外融资等都有一定的负面影响。

"过去 9 年，中国房价大涨的原因有很多，其中之一便是人民币升值。"张大伟表示，"在升值过程中，拥有房产的人的资产迅速升值。房产升值的预期，又激发了更多人的买房欲望。"

在莱坊董事及上海研究及咨询部主管杨悦晨看来，人民币受美元升值而产生的对外贬值，使得海外投资者对投资中国物业市场趋于谨慎。

上海易居房地产研究院研究员严跃进则对《每日经济新闻》记者表示，受人民币对美元贬值影响，一旦国际市场的投资回报率上升，一些短线操作投资者可能会抛售国内市场的物业，进而转向海外市场。

"对于此类撤资带来的影响，不可夸大来看。尤其是要考虑到，2015 年在国内限购限贷政策松绑效应释放，流动性继续注入的前提下，楼市稳健发展概率加大。"严跃进表示。

融资成本恐增加

在多位业内人士看来，人民币汇率的变动会给房企海外融资带来一定影响。

杨悦晨在接受《每日经济新闻》记者采访时表示，国内房企去海外发债的队伍正在不断壮大。国内房地产商的开发资金来源中，银行贷款的比例只占13%～15%，剩下的全部来自销售回款和自筹资金。其中，自筹资金的解决途径就包括海外发债、海外上市、房地产信托、基金、企业兼并和联合拍地模式等多种模式。

"此轮人民币对美元贬值对房企海外融资成本提高没有直接影响，但由于美国的货币政策在收紧，且有可能会加息，未来可能会导致房企海外融资成本提高。"杨悦晨表示，"目前国内房企海外融资成本已经在上升，而此次美元升值，房企国内外融资的利差开始缩小，但由于国内融资环境并不宽松，因此海外融资对于房企而言还是有吸引力。"

张大伟对此则表示，巨量的海外融资规模将引发房企资金链紧张。同时，美元走强后，热钱可能流出中国市场，可能强化这种紧张态势。

资料来源：尚希. 房企迎利空 海外融资成本或涨[N]. 每日经济新闻，2015-01-28.

4.1.3 综合资金成本的计算

企业可以从多种渠道取得资金，各个渠道的资金成本不同。在决策资金运用时，如果以某一种资金成本率作为依据，则往往会造成决策失误。计算综合资金成本率主要是保证企业有一个合理的资金来源结构，使各种资金保持合理的比例，并尽可能使企业综合资金成本率有所降低。综合资金成本是以各种资金所占的比重为权数，对各种资金的成本进行加权平均计算出来的，也称为加权平均资金成本。其计算公式为：

综合资金成本率=$\sum$(各种资金来源成本×该种资金来源占全部资金的比重)

例4.6 根据例4.1至例4.5的资料可知该企业共筹资10 000万元，计算其综合资金成本如表4.1所示。问其综合资金成本率为多少？

表4.1 综合资金成本

筹资方式	筹资总额/万元	所占比重/（%）	资本成本/（%）
银行借款	1 000	10	5.28
长期债券	1 200	12	6.58
优先股	3 000	30	12.04
普通股	4 000	40	17.29
留存收益	800	8	17
合 计	10 000	100	—

解：

综合资金成本率=10%×5.28%+12%×6.58%+30%×12.04%+40%×17.29%+8%×17%
=13.21%

4.1.4 边际资金成本的计算

边际资本成本是指企业追加筹资时，资金增加一个单位而增加的成本。在实际工作中，企业无法以某一固定的资本成本来筹措无限的资金，当企业筹集的资金超过一定限度时，原来的资本成本率就会增加。

确定不同追加筹资总额范围的关键是确定筹资突破点。由于企业追加筹资的金额一旦突破某一规模，资金成本就会发生变化，因此这一点被称为筹资突破点（或分界点）。其计算公式为：

$$筹资突破点 = \frac{某种筹资方式的筹资限额}{目标资金结构中该种筹资方式所占比重}$$

例 4.7 已知吉利企业目前有资金 10 000 万元，其中长期债务 4 000 万元、优先股 1 000 万元、普通股 5 000 万元，该结构为最优资金结构。现企业为满足投资需求，准备筹集更多的资金，并测算出了随筹资的增加各种资本成本的变化，如表 4.2 所示。

表 4.2 吉利企业筹资资料

筹资方式	目标资金结构	新筹资的数量范围/元	资金成本
长期债务	40%	0～100 000 10 000～50 000 大于 50 000	5% 6% 7%
优先股	10%	0～10 000 100 000～500 000 大于 500 000	10% 11% 12%
普通股	50%	0～100 000 100 000～250 000 250 000～500 000	13% 14% 15%

吉利企业计算的筹资总额分界点如表 4.3 所示。

表 4.3 红星企业筹资总额分界点

筹资方式与目标结构	资金成本	特定筹资方式的筹资范围/元	筹资总额分界点/元	筹资总额的范围/元
长期债务 40%	5% 6% 7%	0～100 000 100 000～500 000 大于 500 000	100 000/0.4=250 000 500 000/0.4=1 250 000 —	0～250 000 250 000～1 250 000 大于 1 250 000
优先股 10%	10% 11% 12%	0～10 000 10 000～50 000 大于 50 000	10 000/0.1=100 000 50 000/0.1=500 000 —	0～100 000 100 000～500 000 大于 500 000
普通股 50%	13% 14% 15%	0～100 000 100 000～500 000 大于 500 000	100 000/0.5=200 000 500 000/0.5=1 000 000 —	0～200 000 200 000～1 000 000 大于 1 000 000

根据上一步计算得到的筹资突破点，可以得到 7 组筹资总额范围：①10 万元以内；②10 万元至 20 万元；③20 万元至 25 万元；④25 万元至 50 万元；⑤50 万元至 100 万元；⑥100 万元至 125 万元；⑦125 万元以上。对以上 7 组筹资总额范围分别计算加权平均资本成本，即可得到各种筹资总额范围的边际资本成本，计算结果如表 4.4 所示。

表 4.4 筹资总额边际资本成本计算　　　　　　　　　　　　　　　　　　　　　　元

筹资总额范围	资金种类	资本结构	资本成本	加权资本成本
100 000 以内	长期债务	40%	5%	40%×5%=2%
	优先股	10%	10%	10%×10%=1%
	普通股	50%	13%	50%×13%=6.5%
	这一筹资范围的资金边际成本为			9.5%
100 000～200 000	长期债务	40%	5%	40%×5%=2%
	优先股	10%	11%	10%×11%=1.1%
	普通股	50%	13%	50%×13%=6.5%
	这一筹资范围的资金边际成本为			9.6%
200 000～250 000	长期债务	40%	5%	40%×5%=2%
	优先股	10%	11%	10%×11%=1.1%
	普通股	50%	14%	50%×14%=7%
	这一筹资范围的资金边际成本为			10.1%
250 000～500 000	长期债务	40%	6%	40%×6%=2.4%
	优先股	10%	11%	10%×11%=1.1%
	普通股	50%	14%	50%×14%=7%
	这一筹资范围的资金边际成本为			10.5%
500 000～1 000 000	长期债务	40%	6%	40%×6%=2.4%
	优先股	10%	12%	10%×12%=1.2%
	普通股	50%	14%	50%×14%=7%
	这一筹资范围的资金边际成本为			10.6%
1 000 000～1 250 000	长期债务	40%	6%	40%×6%=2.4%
	优先股	10%	12%	10%×12%=1.2%
	普通股	50%	15%	50%×15%=7.5%
	这一筹资范围的资金边际成本为			11.1%
1 250 000 以上	长期债务	40%	7%	40%×7%=2.8%
	优先股	10%	12%	10%×12%=1.2%
	普通股	50%	15%	50%×15%=7.5%
	这一筹资范围的资金边际成本为			11.5%

情境任务 4.2　杠杆原理认知

了解杠杆原理，计算有关杠杆系数，可以衡量有关风险的大小，有助于企业合理规避风险，提高财务管理水平。财务管理中的杠杆系数主要有经营杠杆系数、财务杠杆系数和复合杠杆系数。

4.2.1 杠杆原理的相关概念

1. 成本习性及分类

（1）成本习性

成本习性是指成本总额与业务量之间在数量上的依存关系。按成本习性对成本进行分类，可分为固定成本、变动成本和混合成本。

① 固定成本。固定成本是指其总额在一定时期和一定业务量范围内不随业务量发生任何变动的那部分成本，如直线法计提的折旧费、保险费、管理人员工资、办公费和租金等。它具有下列特点：一是产销量在一定范围内变动时，成本总额不变；二是随着产量的增加，单位固定成本将逐渐变小。

② 变动成本。变动成本是指其总额在一定时期和一定业务量范围内随业务量成正比例变动的那部分成本，如直接材料、直接人工、计件工资、工作量法计提的折旧费等。它具有下列特点：一是总额随业务量成正比例变动，二是单位变动成本保持不变。

③ 混合成本。有些成本虽然也随业务量的变动而变动，但不成正比例变动，不能简单地归入变动成本或固定成本，这类成本被称为混合成本。例如，有的租约预先规定一个起点支付额（相当于固定成本），在此基础上每运转 1 小时支付一定数额（相当于变动成本）；再例如，化验员和质量检查人员的工资、销售人员的佣金等呈阶梯状变化，即当业务量增长到一定程度时，这种成本就跳跃到一个新水平。

（2）总成本习性模型

从以上分析可以知道，成本按习性分为固定成本、变动成本和混合成本 3 类。其中，混合成本可以按照一定的数学方法分解成变动成本和固定成本两部分。因此，可以建立总成本模型如下。

$$总成本模型：y = a + bx$$

式中，y 为总成本；a 为固定成本；b 为单位变动成本；x 为产销量。

在相关范围内（即相关时期及相关业务量内），a 与 b 均为常数。因此只要已知 a 与 b，即可进行成本预测。

2. 边际贡献及其计算

边际贡献是指销售收入减去变动成本后的差额，这是一个十分有用的价值指标。其计算公式为：

$$M = px - bx = (p-b)x = mx$$

式中，M 为边际贡献；p 为销售单价；b 为单位变动成本；x 为产销量；m 为单位边际贡献。

3. 息税前利润及其计算

息税前利润是指企业支付利息和缴纳所得税前的利润。其计算公式为：

$$EBIT = px - bx - a = (p-b)x - a = M - a$$

式中，EBIT 为息税前利润。

可以看出，不论利息的习性如何，它都不会出现在计算息税前利润的公式之中，即在公式中固定成本和变动成本不应包括利息费用因素。息税前利润也可以用利润总额加上利息费用求得。

4.2.2 经营杠杆与经营风险

1. 经营杠杆

所谓经营杠杆是指在某一固定经营成本比重的作用下，销售量变动对息税前利润产生的作用。由于固定经营成本的存在，当产销量变动较小的幅度时，息税前利润将变动较大的幅度，这就是经营杠杆效应。经营杠杆效应的大小可以用经营杠杆系数（简称 DOL）来表示，它是企业息税前利润的变动率与产销量变动率的比率。用公式表示为：

$$经营杠杆系数 = \frac{息税前利润变动率}{产销量变动率}$$

或

$$DOL = \frac{\Delta EBIT/EBIT}{\Delta(px)/px} = \frac{\Delta EBIT/EBIT}{\Delta x/x}$$

式中，DOL 为经营杠杆系数；$\Delta EBIT$ 为息税前利润的变动额；x 为变动前的产销量；Δx 为产销量的变动数；px 为变动前的销售收入；$\Delta(px)$ 为销售收入变动额。

在实际工作中，对上式加以简化得到如下公式：

$$DOL = \frac{基期边际贡献}{基期息税前利润}$$

或

$$DOL = \frac{M}{EBIT} = \frac{M}{M-a}$$

例 4.8 吉利企业当前销售量为 20 000 件，售价为 15 元（收入为 300 000 元），单位变动成本为 9 元（变动成本为 180 000 元），固定成本为 80 000 元，EBIT 为 40 000 元，预计下年度的销售量为 24 000 元（即增长 20%），固定成本保持不变。试计算经营杠杆系数。

其经营杠杆系数的计算分析如表 4.5 所示。

表 4.5　吉利企业经营杠杆系数计算分析　　　　　　　　　　　　元

项　　目	基　　期	预　计　期
销售收入（px）	300 000	360 000
减：变动成本（bx）	180 000	216 000
边际贡献（M）	120 000	144 000
减：固定成本（a）	80 000	80 000
息税前利润（EBIT）	40 000	64 000

方法一：根据定义公式可得：

$$息税前利润变动率=\frac{64\,000-40\,000}{40\,000}=60\%$$

$$销售收入（销售量）变动率=\frac{360\,000-300\,000}{300\,000}=20\%$$

因此，经营杠杆系数$=\frac{60\%}{20\%}=3$

方法二：根据简化公式可得：

$$经营杠杆系数=\frac{M}{M-a}=\frac{120\,000}{120\,000-80\,000}=3$$

这表示该企业的销售收入每增长1%，其息税前利润（EBIT）将增长1%×3=3%。如果该企业下一年的销售收入增长4%，则其息税前利润（EBIT）将增长4%×3=12%；反之，若销售收入下降1%，则其息税前利润（EBIT）将下降1%×3=3%。

2. 经营杠杆与经营风险

引发企业经营风险的主要原因，是市场需求和成本等因素的不确定性，经营杠杆本身并不是利润不稳定的根源。但是，经营杠杆扩大了市场和生产等不确定因素对利润变动的影响。而且通过上述计算可以看出，经营杠杆系数越大，利润变动越激烈，企业的经营风险就越大。一般来说，在其他条件相同的情况下，经营性固定成本占总成本的比例越大，经营杠杆系数越高，经营风险就越大。如果经营性固定成本为0，则经营杠杆系数为1，息税前利润变动率将恒等于产销量变动率，企业就没有经营风险。

4.2.3 财务杠杆与财务风险

1. 财务杠杆

企业的融资来源不外乎两种——债务资金与权益资金。不论企业营业利润为多少，债务的利息、融资租赁的租金和优先股的股利通常都是固定不变的。这种由于固定性财务费用的存在而导致普通股股东权益变动大于息税前利润变动的杠杆效应，被称为财务杠杆效应。财务杠杆效应的大小用财务杠杆系数（简称 DFL）来度量。它是指普通股每股利润变动率与息税前利润变动率的比率。用公式表示为：

$$DFL=\frac{普通股每股利润变动率}{息税前利润变动率}$$

或

$$DFL=\frac{\Delta EPS/EPS}{\Delta EPIT/EBIT}$$

式中，DFL 为财务杠杆系数；ΔEPS 为普通股每股利润的变动额；EPS 为基期每股利润。

上述公式是计算财务杠杆系数的理论公式，必须同时已知变动前后两期的资料才能进行计算，比较麻烦。实际工作中可以用简化公式：

$$DFL=\frac{EBIT}{EBIT-I-\frac{D}{1-T}}$$

式中，I 为债务利息；D 为优先股股利；T 为所得税税率。

如果企业没有发行优先股，其财务杠杆系数的计算公式可进一步简化为：

$$DFL=\frac{EBIT}{EBIT-I}$$

必须说明的是，上述公式中的 EBIT、I、D、T 均为基期值。

例 4.9 吉利企业计划年度预测需要资金 200 000 元，现有两种融资方案可供选择。方案 A：发行 40 000 股普通股，每股面值 5 元；方案 B：50%采用负债筹资，利率为 10%。若当前年度 EBIT 为 25 000 元，所得税税率为 25%，预计下年度 EBIT 也同比增长 20%（数据如表 4.6 所示）。

表 4.6　吉利企业融资方案与每股盈余计算分析　　　　　　　　　　　　　　　元

时间	项目	方案 A	方案 B
当前年度	发行普通股股数/股	40 000	20 000
	普通股股本（每股面值 5 元）	200 000	100 000
	债务（利率 10%）	0	100 000
	资金总额	200 000	200 000
	息税前利润	25 000	25 000
	减：债务利息	0	10 000
	税前利润	25 000	15 000
	减：所得税（25%）	6 250	3 750
	税后净利	18 750	11 250
	每股利润/（元/股）	0.468 8	0.562 5
下一年度	息税前利润增长率	20%	20%
	增长后的息税前利润	30 000	30 000
	减：债务利息	0	30 000
	税前利润	30 000	10 000
	减：所得税（25%）	7 500	2 500
	税后净利	22 500	7 500
	每股利润/（元/股）	0.562 5	0.75
	每股利润增加额	0.093 7	0.187 5
	普通股每股利润增长率/（%）	20	33.33%

方法一：

$$DFL=\frac{\Delta EPS/EPS}{\Delta EBIT/EBIT}$$

$$A方案\ DFL=\frac{20\%}{20\%}=1$$

$$B方案\ DFL=\frac{33.33\%}{20\%}\approx 1.67$$

方法二：根据简化公式可知：

$$A方案\ DFL=\frac{25\ 000}{25\ 000-0}=1$$

$$B方案\ DFL=\frac{25\ 000}{25\ 000-10\ 000}=1.67$$

表4.6反映了在每种筹资方式下的财务杠杆对每股收益的影响。例4.9中各方案的资金总额均相同，EBIT相等，EBIT增长的幅度也相等，不同的仅是资金结构（各种来源的资金占资金总额的比重）。当EBIT增长20%时，A方案的EPS也增长20%，这是因为该方案没有举债，其财务杠杆系数等于1；B方案中的EPS的增长幅度超过了EBIT增长的幅度，为33.33%，这是因为它借入了资金。这就是财务杠杆效应。

2. 财务杠杆与财务风险

从公式中可以看出，若企业资金中没有负债及优先股，即 I、D 均为0，则财务杠杆系数将恒等于1，EPS的变动率将恒等于EBIT的变动率，企业也就得不到财务杠杆利益，当然也就没有财务风险。在资金总额、息税前利润相同的情况下，负债比率越高，财务杠杆系数越大，普通股每股收益的波动幅度越大，财务风险就越大；反之，负债比率越低，财务杠杆系数越小，普通股每股收益的波动幅度越小，财务风险就越小。

4.2.4 复合杠杆与复合风险

1. 复合杠杆

如果经营杠杆和财务杠杆共同作用，导致每股利润变动率大于产销变动率的杠杆效应，称为复合杠杆，也称为总杠杆。如前所述，由于存在固定性的经营成本产生经营杠杆作用，使息税前利润的变动幅度大于产销业务量的变动幅度；同样由于存在固定性财务费用产生财务杠杆效应，使企业每股利润的变动率大于息税前利润的变动率。如果两种杠杆共同作用，那么产销业务量如果变动，每股利润就会发生更大的变动。复合杠杆效应的大小用复合杠杆系数来衡量，它是经营杠杆与财务杠杆的乘积，是指每股利润变动率与产销量变动率的比率。

$$复合杠杆系数(DCL)=\frac{普通股每股利润变动率}{产销量变动率}$$

或

$$DCL=\frac{\Delta EPS/EPS}{\Delta(px)/px}=\frac{\Delta EPS/EPS}{\Delta x/x}$$

或

$$DCL=\frac{M}{EBIT-I-\frac{D}{(1-T)}}=DOL\times DFL$$

如果企业没有融资租赁，也未发行优先股，则其复合杠杆系数的计算公式为：

$$DCL=\frac{M}{EBIT-I}$$

例 4.10 吉利企业相关资料如表 4.7 所示，计算其复合杠杆系数。

表4.7 吉利企业复合杠杆分析　　　　　　　　　　　　元

项　目	基　期	预　计　期	增减百分比
销售收入	600 000	720 000	20%
减：变动成本	360 000	432 000	
边际贡献	240 000	288 000	
减：固定成本	200 000	200 000	
EBIT	40 000	88 000	120%
减：利息费用	4 000	4 000	
税前利润	36 000	84 000	
减：所得税（25%）	9 000	21 000	
税后净利	27 000	63 000	133.33%
普通股数量/股	10 000	10 000	
每股收益（EPS）	2.7	6.3	133.33%

根据上述资料计算吉利企业复合杠杆系数为：

根据定义公式

$$DCL=133.33\%/20\%=6.66$$

根据简化公式

$$DCL=240\ 000/(40\ 000-4\ 000)=6.66$$

或

$$DCL=DOL\times DFL=6\times 1.11=6.66$$

复合杠杆系数为 6.66，表明当销售收入增长 1% 时，每股收益（EPS）将增长 6.66%；反之，当销售收入下降 1% 时，每股收益（EPS）将下降 6.66%。

2. 复合杠杆与企业风险

企业复合杠杆系数越大，每股利润的波动幅度越大。由于复合杠杆作用使每股利润大幅度波动而造成的风险，称为复合风险。在其他因素不变的情况下，复合杠杆系数越大，复合风险越大；复合杠杆系数越小，复合风险越小。

情境任务 4.3　资本结构认知

4.3.1　资本结构的含义和作用

资本结构是指企业各种资金的构成及其比例关系，资本结构是企业筹资决策的核心问题。企业在进行筹资决策时，应综合考虑有关因素的影响，运用适当的方法确定最佳资本结构，并在以后追加筹资中继续保持该资本结构。如果企业现有的资本结构不合理，应通过筹资活动进行调整，使其资本结构趋于合理化。

在实务中，资本结构有广义和狭义之分。广义的资本结构是指全部资本的结构；狭义的资本结构仅指长期资本的资本结构。

企业的资本结构是由企业采用的各种筹资方式筹集资金而形成的，各种筹资方式的不同组合决定了企业的资本结构及其变化。企业的筹资方式虽然有多种，但主要分为债务资本和权益资本两大类。因此，资本结构的问题主要是指债务资本的比例问题。

4.3.2　最优资本结构的确定

资本结构主要是指债务资本的比例问题，由于负债筹资具有两面性，既可以降低企业的资金成本，又会给企业带来财务风险，因此，在筹资决策时，企业必须权衡财务风险和资金成本的关系，确定最佳资本结构。最佳资本结构就是在一定条件下使企业加权平均成本最低、企业价值最大的资本结构。

1. 每股盈余无差别点法

每股盈余无差别点法，是利用每股盈余无差别点来进行资本结构决策的方法。每股盈余无差别点，是指两种筹资方式下普通股每股盈余相等时的息税前利润点，也称息税前利润平衡点或筹资无差别点。当息税前利润大于每股盈余时，负债筹资会增加每股收益。

例 4.11　某企业目前有资金 3 000 万元，因扩大生产规模需要准备再筹集资金 1 000 万元。这些资金可采用发行股票的方式筹集，也可采用发行债券方式来筹集。原资本结构和新资本结构情况如表 4.8 所示。要求根据资本结构变化情况利用每股盈余无差别点法进行分析。

表 4.8　企业资本结构变化情况　　　　　　　　　　　　　　　　　　　　万元

筹资方式	原资本结构	增加筹资后资本结构 增发普通股（A）	增加筹资后资本结构 增发企业债券（B）
企业债券（利率8%）	400	400	1 400
普通股（面值10元）	800	1 200	800
资本公积	1 200	1 800	1 200
留存收益	600	600	600
资金总额	3 000	4 000	4 000
普通股股数/万股	80（新股发行价每股25元）	120	80

每股盈余无差别点处的息税前利润计算公式为：

$$\frac{(\overline{EBIT}-I_1)(1-T)-D_1}{N_1}=\frac{(\overline{EBIT}-I_2)(1-T)-D_2}{N_2}$$

式中，$\overline{EBIT}$ 为每股收益无差别点处的息税前利润；I_1、I_2 为两种筹资方式下的年利息；D_1、D_2 为两种筹资方式下的优先股股利；N_1、N_2 为两种筹资方式下的流通在外的普通股股数。

根据企业的资料代入公式得：

$$\frac{(\overline{EBIT}-400\times 8\%)(1-25\%)}{120}=\frac{(\overline{EBIT}-1\,400\times 8\%)(1-25\%)}{80}$$

求得：$\overline{EBIT}=272$（万元）　　此时的 EPS=1.5（元）

这就是说，当息税前利润（EBIT）>272万元时，利用负债筹资较为有利；当息税前利润（EBIT）<272万元时，以发行普通股筹资较为有利，当息税前利润（EBIT）=272万元时，两种方式没有区别。本企业预计 EBIT=800万元，故采用发行企业债券的方式较为有利。计算结果如表4.9所示，可以验证发行债券对企业更为有利。

表 4.9　不同资本结构下每股收益　　　　　　　　　　　　　　　　　　　万元

项　目	增发普通股	增发企业债券
预计息税前利润	800	800
减：利息	32	112
税前利润	768	688
减：所得税（25%）	192	172
净利润	576	516
普通股股数/万股	120	80
每股收益/元	4.8	6.45

2. 比较资金成本法

比较资金成本法是计算不同资本结构（或筹资方案）的加权平均资金成本，并根据加权平均资金成本的高低来确定最佳资本结构的方法。使用这种方法确定的最佳资本结构即为加权平均资金成本最低的资金结构。

例 4.12　吉利企业打算筹资 1 000 万元，有甲、乙两个筹资方案可供选择，有关资料如表 4.10 所示。

表 4.10　吉利企业筹资方案　　　　　　　　　　　万元

资本来源	甲方案 筹资额	甲方案 比重/(%)	甲方案 资金成本	乙方案 筹资额	乙方案 比重(%)	乙方案 资金成本
长期借款	300	30	6%	400	40	7%
长期债券	200	20	7%	300	30	8%
优先股	100	10	10%	100	10	15%
普通股	400	40	15%	200	20	20%
合　计	1 000	100	—	1 000	100	—

下面分别测算两个筹资方案的加权平均资金成本，并比较其高低，从而确定最佳筹资方案，即最佳资本结构。

方案甲：

加权平均资金成本=6%×30%+7%×20%+10%×10%+15%×40%=10.2%

方案乙：

加权平均资金成本=7%×40%+8%×30%+15%×10%+20%×20%=10.7%

对以上两个筹资方案的加权平均资金成本相比较可知，甲方案较低，在其他有关因素大体相同的条件下，甲方案是最好的筹资方案。

背景资料

通用电气公司的资金成本

通用电气公司很长时间以来一直被认为是世界上管理最好的公司，并且它的股东们都得到了不错的回报。在公司的运营过程中，通用电气公司一共从投资者那里募集到了 650 亿美元的资金，但是公司已经把这 650 亿美元变成了一家价值超过 3 500 亿美元的公司。通用电气公司的市场价值附加，也就是公司市场价值和投资者投入资本之间的差额，达到了 2 850 亿美元之多！毫不奇怪，通用电气公司在市场价值附加方面总是处于或接近于所有公司的最高点。

当投资者向一家公司提供资金的时候，他们希望公司能够利用这笔资金产生适当的回报。从公司的观点来看，投资者的期望收益就是公司使用这笔资金的成本，这被称为资本成本。有很多不同的因素会对公司的资本成本产生影响。比如利率水平，州和联邦政府的税收政策及监管环境等因素都在公司的控制范围之外。然而，公司运营项目的风险程度及公司筹集资金的类型却在公司的控制之中，这两个因素对公司的资本成本都有深远的影响。

通用电气公司的总的资本成本估计为 11.9%。因此，为了使投资者满意，通用电气公司项目的平均回报率必须至少在 11.9% 以上。而一些通用的项目被称为是"内部增长点"，它是指公司开发了一种新产品或开拓了一个新市场。例如，公司的飞机发动机部门取得了全世界客机发动机 50%以上的的订单，并且公司的家用电器集团最近推出了 advantium 快速加热炉及超静音螺旋洗碗机。

通用电气公司的投资到底做得怎么样呢？公司的资本回报率达到 19.3%，超过了 11.9%的资本成本。由于存在这么大的一个差额，毫无疑问，通用电气公司为它的投资者们创造了巨大的价值。

资料来源：狄瑞鹏. 财务管理理论与实践[M]. 北京：清华大学出版社，2005：396.

思考与练习

一、单项选择题

1. 当息税前利润大于每股盈余时，（　　）会增加每股收益。
   A．留存收益　　　　　　　　B．权益筹资
   C．发行股票　　　　　　　　D．负债筹资

2. （　　）是指企业追加筹资时，资金增加一个单位而增加的成本。
   A．个别资金成本　　　　　　B．综合资金成本
   C．加权平均资金成本　　　　D．边际资本成本

3. （　　）是指成本总额与业务量之间在数量上的依存关系。
   A．固定成本　　B．变动成本　　C．混合成本　　D．成本习性

4. （　　）是指企业支付利息和缴纳所得税前的利润。
   A．净利润　　　B．税前利润　　C．毛利润　　　D．息税前利润

5. （　　）是指在某一固定经营成本比重的作用下，销售量变动对息税前利润产生的作用。
   A．财务杠杆　　B．总杠杆　　　C．复合杠杆　　D．经营杠杆

二、多项选择题

1. 资金成本包括（　　）两部分。
   A．用资费用　　B．筹资费用　　C．分配费用　　D．投资费用

2. 用资费用是指企业在投资、生产经营过程中因使用资金而支付的费用，如（　　）。
   A．向股东支付的股息　　　　B．向债权人支付的利息
   C．发行费用　　　　　　　　D．所得税

3. 筹资费用是指企业在筹集资金过程中，为取得资金而支付的费用，如（　　）。
   A．发行股票或债券的发行费　B 向银行支付的借款手续费
   C．股息　　　　　　　　　　D．利息

4. 资金成本的作用体现在（　　）。
   A．筹资决策　　B．投资决策　　C．资金分配　　D．所得税

5. 确定最佳资本结构的方法有（　　　）。
   A. 每股盈余无差别点法　　B. 比较资金成本法
   C. 高低点法　　　　　　　D. 回归分析法

三、判断题

1. 企业进行投资决策时，需要将资金成本率与投资获取的报酬率进行比较，并选择资金成本率小于投资报酬率的方案作为可行方案。（　　）

2. 企业进行投资决策时，需要将投资报酬率大于资金成本率的所有方案进行比较，并选择资金成本率大的方案。（　　）

3. 计算综合资金成本率主要是保证企业有一个合理的资金来源结构，使各种资金保持合理的比率，并尽可能使企业综合资金成本率有所降低。（　　）

4. 最佳资本结构就是在一定条件下使企业加权平均成本最高且企业价值较大的资本结构。（　　）

5. 如果企业现有的资本结构不合理，应通过筹资活动进行调整，使其资本结构趋于合理化。（　　）

四、简答题

1. 简述财务杠杆与财务风险的关系。
2. 简述经营杠杆与经营风险的关系。

五、计算题

1. 某企业 2016 年的净利润为 670 万元，所得税税率为 25%，估计下年的财务杠杆系数为 2。该企业全年固定成本总额为 1 500 万元，企业年初发行了一种债券，数量为 10 万张，每张面值为 1 000 元。发行价格为 1 100 元，债券票面利率为 10%。发行费用占发行价格的 2%。假设企业无其他债务资本。

要求：

（1）计算 2016 年的利润总额。
（2）计算 2016 年的利息总额。
（3）计算 2016 年的息税前利润总额。
（4）计算 2016 年的经营杠杆系数。
（5）计算 2016 年的债券筹资成本（计算结果保留两位小数）。

2. ABC 企业 2016 年初的负债及所有者权益总额为 9 000 万元，其中，企业债券为 1 000 万元（按面值发行，票面年利率为 8%，每年年末付息，3 年后到期），普通股股本为 4 000 万元（面值 1 元，4 000 万股），资本公积为 2 000 万元，其余为留存收益。

2016 年该企业为扩大生产规模，需要再筹集 1 000 万元资金，有以下两个筹资方案可供选择：

方案一：增加发行普通股，预计每股发行价格为 5 元。
方案二：增加发行同类企业债券，按面值发行，票面年利率为 8%。

预计2016年可实现息税前利润2 000万元，适用的企业所得税税率为25%。

要求：

（1）计算增发股票方案的下列指标：①2016年增发普通股股份数；②2016年全年债券利息。

（2）计算增发企业债券方案中的2016年全年债券利息。

（3）计算每股收益的无差别点，并据此进行筹资决策。

实务训练

利用所学内容，计算引导案例中公司的资金成本。

学习情境 5

项目投资管理

学习目标

通过本学习情境的学习,理解项目投资的概念、现金流量的含义及内容;掌握现金净流量的计算方法;知晓项目投资决策指标的内涵及计算;明确项目投资决策指标在实务中的具体运用。

引导案例

万达企业有一台包装机,已经使用3年,目前正考虑是否对其进行更新。这台包装机的原价是60 000元,税法规定的残值率为10%,预计最终报废残值收入为7 000元。预计使用年限为6年,由于日常使用精心,因而并未进行保养和维护。企业工程师估计该包装机尚可使用4年。

如果购买新包装机,每台价格为50 000元,税法规定残值率为10%,预计最终报废残值收入为10 000元,预计使用4年,预计新包装机每年操作成本为5 000元。新包装机按年数总和法计提折旧。

目前正在使用的包装机每年的操作成本为8 600元,预计在2年后将进行大修理,成本为28 000元。企业估计每台旧包装机能够以10 000元的价格卖出。企业所得税税率为25%,企业综合资金成本为10%,新旧包装机的生产能力相同。

万达企业是否应购置新的包装机呢?该如何进行决策呢?通过本学习情境的学习,你将得到最终的结论。

情境任务 5.1　项目投资认知

5.1.1　项目投资概述

1. 项目投资的概念

投资是指特定经济主体（包括国家、企业和个人）为了在未来可预见的时期内获得收益或使资金增值，在一定时期向一定领域中的标的物投放足够数额的资金或实物等货币等价物的经济行为。

项目投资是以特定建设项目为对象，直接与新建项目或更新改造项目有关的长期投资行为。在市场经济条件下，企业把筹集到的资金投放到收益高、回收快、风险小的项目中，对企业的生存和发展是十分重要的。项目投资可分为新建项目投资和更新改造项目投资两大类型。新建项目投资以新增生产能力为目的，基本属于外延式扩大再生产；更新改造项目投资以恢复和改善生产能力为目的，基本属于内涵式扩大再生产。

新建项目投资还可进一步分为单纯固定资产投资和完整工业项目投资两类。单纯固定资产投资简称固定资产投资，通常只包括为购建固定资产而发生的资金投入，一般不涉及周转性流动资产的再投入；完整工业项目投资则不仅包括固定资产投资，而且还涉及周转性流动资产的投入，甚至还需增加如无形资产、长期待摊费用等其他长期资产项目的投资。因此，不能将项目投资简单地等同于固定资产投资。

2. 项目计算期的构成

项目计算期（记作 n），是指项目从开始投资建设到最终清理结束整个过程的全部时间，即项目的有效持续时间。项目计算期通常以年为计算单位。

一个完整的项目计算期，由建设期（记作 s，$s \geqslant 0$）和生产经营期（记作 p）两部分构成。其中建设期是指从开始投资建设到建成投产这一过程的全部时间。建设期的第 1 年初（记作第 0 年）称为建设起点，建设期的最后一年末（记作第 s 年）称为投产日。生产经营期是指从投产日到终结点这一过程的全部时间。生产经营期开始于建设期的最后一年末即投产日，结束于项目最终清理的最后一年末（记作第 n 年），称为终结点。生产经营期包括试产期和达产期（完全达到设计生产能力）。项目计算期、建设期和生产经营期之间存在以下关系。

$$n = s + p$$

例 5.1　万达企业拟购建一项固定资产，预计使用寿命为 11 年。

要求：就以下各种不相关情况分别确定该项目的项目计算期。

(1) 在建设起点投资并投产。
(2) 建设期为 1 年。
解：（1）项目计算期（n）=0+11=11（年）
　　（2）项目计算期（n）=1+11=12（年）

3. 项目投资的内容

从项目投资的角度看，原始投资等于企业为使该项目完全达到设计生产能力，开展正常经营而投入的全部现实资金，包括建设投资和流动资金投资两项内容。

建设投资，是指在建设期内按一定生产经营规模和建设内容进行的投资，具体包括固定资产投资、无形资产投资和其他资产投资 3 项内容。

固定资产投资，是指项目用于购置或安装固定资产而发生的投资。固定资产原值与固定资产投资之间的关系如下。

$$固定资产原值=固定资产投资+建设期资本化借款利息$$

无形资产投资，是指项目用于取得无形资产而发生的投资。

其他资产投资，是指建设投资中除固定资产投资和无形资产投资以外的投资，包括生产准备和开办费投资。

流动资金投资，是指项目投产前后分次或一次投放于流动资产项目的投资增加额，又称垫支流动资金或营运资金投资。

项目总投资是反映项目投资总体规模的价值指标，等于原始投资与建设期资本化利息之和。

4. 项目投资资金投入方式

项目资金的投入分为一次投入和分次投入两种方式。一次投入方式是指集中在项目计算期第一个年度的年初或年末一次发生的投资行为；分次投入方式是指涉及两个或两个以上年度分次发生的投资行为（只涉及一个年度但分次在该年的年初和年末发生的，也属于分次投入方式）。

5.1.2　项目投资的特点

与其他投资形式比，项目投资是一种长期投资行为，具有如下特点。

1. 投资时间长

项目投资的回收期都超过 1 年，有的甚至几十年，各投资方案的经济寿命也各不相同。投资一旦完成，就会在较长时期内对企业的生产经营产生影响。

① 项目本身可能会给企业带来长期的经济效益。

② 项目投资支出主要是资本性支出，会使企业在一个较长时期内增加一部分固定成本支出。如果不能充分利用投资形成的生产经营能力，企业固定成本负担重，就有可能造成

长期亏损。

③ 项目投资作为一项数额较大的预付成本，一旦支出就意味着将大量资金凝固起来，这有可能使企业在一定时期内资金调度相对紧张。

2. 投资金额大

项目投资需要较多的资金，需要进行专门的筹资工作，而其效益往往需要较长的时间才能全部实现，这对企业资金结构和财务状况都有很大的影响。

3. 投资风险大

由于未来收益的不确定性，如市场需求、原材料供应、国家政策等，都会发生各种变化，因此，项目投资的风险非常大，一旦决策失误，会给企业的财务状况和未来生存发展带来严重的影响。

4. 变现能力差

项目投资一旦完成，一般形成企业长期资产，其变现能力差，不容易改变用途。

5.1.3 项目投资的一般程序

项目投资的一般程序包括以下 4 个步骤。

1. 项目投资的提出

在企业的生产经营过程中，会不断产生出新的投资需要，也会出现很多投资机会。当出现新的投资机会或产生投资需要时，就会提出新的投资项目。这些项目一般会由项目的提出者以报告的形式上报管理当局，以便他们研究和选择。管理当局会从各种投资方案中进行初步的筛选、分类和排序，同时结合企业的长期目标和具体情况，制定出初步的投资计划。

2. 项目投资的可行性研究

企业初步确定的投资计划可能有多个，各投资项目之间也会受到资金、技术、环境、人力等条件的限制。这就要求对投资项目进行可行性分析，主要从技术上、财力上及经济上 3 个方面进行分析。

除对以上 3 个方面进行分析外，还要考虑项目的相关因素。例如，所在地区的自然资源、水电、交通、通信等协作条件是否满足项目需要，所需工人、技术人员、管理人员能否达到要求，项目实施后对环境是否会造成不良影响等。

3. 项目投资的决策评价

项目能否实施取决于企业管理当局的决策评价结果。决策者要综合技术人员、财务人员、市场研究人员等的评价结果，集思广益，全面考核，最后作出是否采纳或采纳哪一个项目的决定。

财务人员的评价依据和评价方法，主要是计算项目的现金流量和以现金流量为基础计算各种评价指标。

4. 项目投资的执行

项目批准或采纳后，要筹集资金并付诸实施。大项目一般交由提出部门或由原设计人员组成的专门小组，负责拟定具体的实施计划并负责具体实施。各有关方面如财务、技术等要密切配合，保证投资项目保质保量完成。项目投产后要严格管理，保证实现预期收益。

项目投资方案付诸实施后，应注意原来作出的投资决策是否合理、正确。如果情况发生重大变化，原来的决策不适合新的情况，应及时提出修改意见或终止执行该投资项目，以使损失降到最低限度。

情境任务 5.2　项目投资的财务决策评价依据

5.2.1　现金流量的概念与作用

1. 现金流量的概念

在项目投资中，现金流量是指一个投资项目所引起的现金流入和现金流出的增加数量的总称。这里的"现金"是广义的现金，它不仅包括各种货币资金，而且还包括项目所需要投入的企业拥有的非货币资源的变现价值。例如，一个投资项目需要使用原有的厂房、材料和设备等，则相关的现金流量就包括这些资产的可变现价值。分析现金流量是评价投资方案是否可行的一项基础性工作。在分析时必须考虑资金的时间价值，将现金流入和现金流出的现值进行比较，以确定项目投资是否可行。

2. 现金流量的作用

以现金流量作为项目投资的重要价值信息，其主要作用在于以下几个方面。

① 现金流量的信息可以揭示未来期间现实货币资金收支运动，可以序时动态地反映项目投资的流出与回收之间的关系，使决策者站在投资主体的立场上，准确完整地评价投资项目的经济效益。

② 利用现金流量指标代替利润指标作为反映项目效益的信息，可以克服因贯彻财务会计的权责发生制原则而带来的计量方法和计算结果的不可比和不透明等问题。

③ 利用现金流量的信息排除了非现金收付内部周转的资本运动形式，从而简化了有关投资决策评价指标的计算过程。

④ 由于现金流量的信息与项目计算期的各个时点密切结合，有助于在计算投资决策评价指标时应用资金时间价值的形式进行动态投资效果的综合评价。

5.2.2 现金流量的内容

不同类型的投资项目，其现金流量具体内容存在差异。总体而言，现金流量包括现金流入量、现金流出量和净现金流量。

1. 现金流入量的内容

（1）营业收入

营业收入指项目投产后的生产经营期内实现的销售收入和业务收入，必须是实现的现金收入（为计算简便，假设销售收入和业务收入均为现金收入）。

（2）回收固定资产余值

回收固定资产余值指与投资项目有关的固定资产在终结点报废清理或中途变价转让处理时所收回的价值。残余的固定资产清理会得到一笔现金收入，如残值出售收入；同时，清理过程还要发生清理费用，如清理人员薪酬；残值收入扣除清理费用后的净额，形成项目投资的一项现金流入。

（3）回收流动资金投资

当投资项目的有效期结束后，初始投入周转的流动资金投资可以转化成现金，用于其他方面，从而构成一项现金流入。

（4）补贴收入

补贴收入指与经营期收益有关的政府补贴，如按政策返还的增值税，按销量或工作量分期计算的定额补贴、财政补贴等。

2. 现金流出量的内容

（1）建设投资

建设投资指与形成生产经营能力有关的各种直接支出，包括固定资产投资、无形资产投资和开办费投资等的总和。

（2）流动资金投资

在完整工业投资项目中，建设投资形成的生产经营能力要投入使用，会引起对流动资金的需求，如为了保证生产正常进行必要的存货储备占用等，这使企业要追加一部分流动资金投资。这部分流动资金投资属于垫支的性质，当投资项目结束时，一般会如数收回。

（3）经营成本

经营成本又称付现成本，是指在经营期内为满足正常生产经营而动用现实货币资金支付的成本费用。

（4）支付的各项税款

支付的各项税款指生产经营期内企业实际支付的流转税、所得税等税款。出售资产时价格高于账面价值，这部分差价属于资本利得，应缴纳资本利得税，多缴纳的税款构成现金流出量。

（5）其他投资支出

其他投资支出包括与固定资产投资有关的谈判费、职工培训费和注册费用等。

3. 净现金流量的内容

净现金流量又称现金净流量（用 NCF_t 表示），是指一定期间现金流入量减去现金流出量的差额。这里所说的"一定期间"一般是指 1 年期间，流入量大于流出量时，净流量为正值；反之，净流量为负值。建设期内发生的主要是建设投资，净现金流量一般为负值；在生产经营期内，净现金流量一般为正值。

现金净流量的计算公式为：

$$现金净流量（NCF_t）=现金流入量-现金流出量$$

5.2.3 项目投资净现金流量的简化计算方法

为了简化净现金流量的计算，可以根据项目计算期不同阶段的现金流入量和现金流出量的具体内容，直接计算项目投资各阶段净现金流量。

1. 单纯固定资产投资项目

单纯固定资产投资项目的固定资产投资若均在建设期内投入，则建设期净现金流量可按以下简化公式计算。

$$建设期某年的净现金流量=-该年发生的固定资产投资额$$

运营期净现金流量的简化公式为：

运营期某年所得税前净现金流量=该年因使用该固定资产新增的息税前利润+该年因使用该固定资产新增的折旧+该年回收的固定资产净残值

运营期某年所得税后净现金流量=运营期某年所得税前净现金流量-该年因使用该固定资产新增的所得税

例 5.2 万达企业拟构建一项固定资产，需在建设起点一次投入全部资金 2 000 万元，按直线法折旧，使用寿命 20 年，期末有 200 万元净残值。建设期为 2 年，发生建设期资本化利息 200 万元。预计投产后每年可获息税前利润 200 万元。

要求：计算该项目的所得税前净现金流量。

解：依题意计算有关指标如下。

固定资产原值=固定资产投资+建设期资本化借款利息=2 000+200=2 200（万元）

$$年折旧=\frac{固定资产原值-净残值}{固定资产使用年限}=(2\ 200-200)/20=100（万元）$$

项目计算期=建设期+经营期=2+20=22（年）

建设期某年的净现金流量=-该年发生的固定资产投资额

$$NCF_0=-2\,000（万元）$$

$$NCF_1=0（万元）$$

$$NCF_2=0（万元）$$

经营期税前净现金流量=该年因使用该固定资产新增的息税前利润+该年因使用该固定资产新增的折旧+该年回收的固定资产净残值

$$NCF_{3-21}=200+100=300（万元）$$

$$NCF_{22}=200+100+200=500（万元）$$

2. 完整工业投资项目

若完整工业投资项目的全部原始投资均在建设期投入，则建设期净现金流量可用以下简化公式计算。

建设期某年净现金流量=-该年原始投资额

$$=-I_t(t=0,1,\cdots,s,s\geqslant 0)$$

式中，I_t为第 t 年原始投资额；s 为建设期年数。

如果项目在运营期内不追加流动资金投资，则完整工业投资项目的运营期所得税前净现金流量可以按以下简化公式计算。

运营期某年所得税前净现金流量=该年息税前利润+该年折旧+该年摊销+该年回收额-该年维持运营投资

完整工业投资项目的运营期所得税后净现金流量可以用以下简化公式计算。

运营期某年所得税后净现金流量=该年息税前利润×(1-所得税税率)+该年折旧+该年摊销+该年回收额-该年维持运营投资

=该年自由现金流量

公式中的自由现金流量，是指投资者可以作为偿还借款的利息、本金，分配利润，对外投资等财务活动资金来源的净现金流量。

例 5.3 万达企业某工业项目需要原始投资 1 500 万元，其中固定资产投资 1 000 万元，开办费投资 100 万元，流动资金投资 400 万元。建设期为 1 年，建设期发生与购建固定资产有关的资本化利息 100 万元。固定资产投资和开办费投资于建设起点投入，流动资金投资于完工时投入。该项目寿命为 10 年，固定资产按直线法计提折旧，期满有 100 万元净残值；开办费于投产当年一次摊销；流动资金垫支在终结点一次收回。投产后每年获得息税前利润分别为 120 万元、240 万元、280 万元、320 万元、260 万元、310 万元、350 万元、380 万元、450 万元和 600 万元。

要求：按简化计算法计算项目各年所得税前净现金流量。

解：计算如下。

（1）项目计算期 n=1+10=11（年）

（2）固定资产原值=1 000+100=1 100（万元）

（3）固定资产年折旧=(1 100-100)÷10=100（万元）

（4）建设期净现金流量

$$NCF_0=-(1\ 000+100)=-1\ 100（万元）$$
$$NCF_1=-400（万元）$$

（5）运营期所得税前净现金流量

$$NCF_2=120+100+100+0=320（万元）$$
$$NCF_3=240+100+0+0=340（万元）$$
$$NCF_4=280+100+0+0=380（万元）$$
$$NCF_5=320+100+0+0=420（万元）$$
$$NCF_6=260+100+0+0=360（万元）$$
$$NCF_7=310+100+0+0=410（万元）$$
$$NCF_8=350+100+0+0=450（万元）$$
$$NCF_9=380+100+0+0=480（万元）$$
$$NCF_{10}=450+100+0+0=550（万元）$$
$$NCF_{11}=600+100+0+(100+400)=1\ 200（万元）$$

例 5.4 根据例 5.3 的计算结果，企业所得税税率为 25%。

要求：计算项目各年所得税后净现金流量。

解：计算如下。

（1）建设期净现金流量

$$NCF_0=-(1\ 000+100)=-1\ 100（万元）$$
$$NCF_1=-400（万元）$$

（2）运营期所得税后净现金流量

$$NCF_2=120×(1-25\%)+100+100+0=290（万元）$$
$$NCF_3=240×(1-25\%)+100+0+0=280（万元）$$
$$NCF_4=280×(1-25\%)+100+0+0=310（万元）$$
$$NCF_5=320×(1-25\%)+100+0+0=340（万元）$$
$$NCF_6=260×(1-25\%)+100+0+0=295（万元）$$

$NCF_7=310×(1-25\%)+100+0+0=332.5(万元)$

$NCF_8=350×(1-25\%)+100+0+0=362.5(万元)$

$NCF_9=380×(1-25\%)+100+0+0=385(万元)$

$NCF_{10}=450×(1-25\%)+100+0+0=437.5(万元)$

$NCF_{11}=600×(1-25\%)+100+0+(100+400)=1\,050(万元)$

3. 更新改造投资项目

建设期某年净现金流量 = −（该年发生的新固定资产投资−旧固定资产变价净收入）

建设期末的净现金流量 = 因旧固定资产提前报废发生净损失而抵减的所得税税额

如果建设期为0，则经营期所得税后净现金流量的简化公式为：

$$\begin{pmatrix}经营期第一\\年所得税后\\净现金流量\end{pmatrix} = \begin{pmatrix}该年因更新\\改造而增加\\的息税前利润\end{pmatrix}×(1-所得税税率) + \begin{pmatrix}该年因更\\新改造而\\增加的折旧\end{pmatrix} + \begin{pmatrix}因旧固定资产提前\\报废发生净损失而\\抵减的所得税税额\end{pmatrix}$$

$$\begin{pmatrix}经营期其他\\各年所得税\\后净现金流量\end{pmatrix} = \begin{pmatrix}该年因更新\\改造而增加\\的息税前利润\end{pmatrix}×(1-所得税税率) + \begin{pmatrix}该年因更\\新改造而\\增加的折旧\end{pmatrix} + \begin{pmatrix}该年回收新固定资\\产净残值超过假定\\继续使用的旧固定\\资产净残值之差额\end{pmatrix}$$

在计算运营期第1年所得税后净现金流量的公式中，该年"因更新改造而增加的息税前利润"不应当包括"因旧固定资产提前报废发生的净损失"。之所以要单独计算"因旧固定资产提前报废发生净损失而抵减的所得税税额"，是因为更新改造不仅会影响到本项目自身，还会影响到企业的总体所得税水平，从而形成了"抵税效应"。如果将"因旧固定资产提前报废发生的净损失"计入"因更新改造而增加的息税前利润"，就会歪曲这种效应的计量结果。

因旧固定资产提前报废发生净损失而抵减的所得税税额的计算公式为：

$$\begin{pmatrix}因旧固定资产提前报废发生\\净损失而抵减的所得税\end{pmatrix} = \begin{pmatrix}旧固定资产\\清理净损失\end{pmatrix}×\begin{pmatrix}适用的企业\\所得税税率\end{pmatrix}$$

例5.5 万达公司打算变卖一套尚可使用5年的旧设备，另购置一套新设备来替换它。取得新设备的投资额为150 000元，旧设备的折余价值为60 000元，其变价净收入为50 000元，到第5年末新设备与继续使用旧设备届时的预计净残值相等。新旧设备的替换将在当年内完成（即更新设备的建设期为0）。使用新设备可使企业在第1年增加营业收入50 000元，增加经营成本25 000元；第2—5年内每年增加营业收入80 000元，增加经营成本40 000元。设备采用直线法计提折旧，适用的企业所得税税率为25%。

要求：计算该更新设备项目的项目计算期内各年的差量净现金流量（ΔNCF_t）（不保留小数）。

解：计算以下相关指标。

（1）更新设备比继续使用旧设备增加的投资额=新设备的投资-旧设备的变价净收入
=150 000-50 000=100 000（元）

（2）经营期第1—5每年因更新改造而增加的折旧=100 000/5=20 000（元）

（3）经营期第1年不包括财务费用的总成本费用的变动额=该年增加的经营成本+该年增加的折旧=25 000+20 000=45 000（元）

（4）经营期第2—5年每年不包括财务费用的总成本费用的变动额=40 000+20 000=60 000（元）

（5）因旧设备提前报废发生的处理固定资产净损失=旧固定资产折余价值-变价净收入=60 000-50 000=10 000（元）

（6）因旧固定资产提前报废发生净损失而抵减的所得税税额=10 000×25%=2 500（元）

（7）经营期第1年息税前利润的变动额=50 000-45 000=5 000（元）

（8）经营期第2—5年每年息税前利润的变动额=80 000-60 000=20 000（元）

按公式确定的建设期差量净现金流量为：

$$\Delta NCF_0=-(150\ 000-50\ 000)=-100\ 000（元）$$

按公式确定的经营期差量净现金流量为：

$$\Delta NCF_1=5\ 000×(1-25\%)+20\ 000+2\ 500=26\ 250（元）$$

$$\Delta NCF_{2-5}=20\ 000×(1-25\%)+20\ 000=35\ 000（元）$$

情境任务 5.3 项目投资决策评价指标及其运用

5.3.1 项目投资决策评价指标

1. 项目投资决策评价指标类型

项目投资决策评价指标，是指对项目投资的可行性进行衡量比较，将项目决策方案定量化的标准与尺度。

项目投资决策评价指标主要分为以下几种类型。

① 按计算是否考虑资金价值，可以分为静态评价指标和动态评价指标。静态指标是指在计算的过程中不考虑资金时间价值因素的指标，如投资利润率、投资回收期等。动态评价指标是指在计算过程中充分利用资金时间价值的指标，如净现值、净现值率、现值指数和内含报酬率等。

② 按指标在决策中的重要程度，可分为主要指标、次要指标和辅助指标。净现值、内部收益率等为主要指标；静态投资回收期为次要指标；投资收益率为辅助指标。

③ 按指标的性质不同,可以分为正指标和反指标。前者是指在一定范围内越大越好的指标,后者是指在一定范围内越小越好的指标。在项目投资决策评价指标中,只有静态投资回收期属于反指标。

2. 静态评价指标的内容及计算方法

为方便计算各个评价指标,给出例 5.6 资料如下。

例 5.6 万达公司 A 方案需要初始投资 15 000 元,建设期为 0,使用寿命为 5 年,不需垫支流动资金,采用直线法计提折旧,5 年后设备清理无净残值,5 年中每年增加的销售收入为 8 400 元,付现成本为 3 000 元,假设所得税税率为 25%。

现采用简化计算公式的形式计算 A 方案的现金净流量,计算结果如表 5.1 所示。

表 5.1　A 方案现金净流量计算　　　　　　　　　　元

项　目	第 0 年	第 1 年	第 2 年	第 3 年	第 4 年	第 5 年
固定资产投资	-15 000					
税后利润		1 800	1 800	1 800	1 800	1 800
折旧		3 000	3 000	3 000	3 000	3 000
现金净流量	-15 000	4 800	4 800	4 800	4 800	4 800

表 5.1 中"税后利润"计算如下。

$$(8\,400-3\,000-3\,000)\times(1-25\%)=1\,800(元)$$

(1) 投资收益率

投资收益率,也称投资报酬率(用 ROI 表示),指达产期正常年份的利润或运营期年均利润占项目总投资的百分比。其计算公式如下。

$$投资利润率(ROI)=\frac{年平均利润}{项目投资总额}\times100\%$$

例 5.7 根据例 5.6 资料,万达企业 A 方案投资利润率计算如下。

$$A\text{方案的投资利润率}=1\,800\div15\,000\times100\%=12\%$$

投资收益率的优点是计算简单,缺点是没有考虑资金时间价值因素,不能正确反映建设期长短及投资方式不同和回收额对项目有无影响,分子、分母计算口径的可比性较差,无法直接利用净现金流量信息。

(2) 静态投资回收期

静态投资回收期(简称回收期),是指以投资项目经营净现金流量抵偿原始总投资所需要的全部时间。它有"包括建设期的投资回收期(记作 PP)"和"不包括建设期的投资回收期(记作 PP′)"两种形式。二者的关系为:PP=建设期+PP′。这里仅以包括建设期的投资回收期为例进行介绍。

静态投资回收期指标的计算有公式法和列表法两种方法。

① 公式法。如果某一项目投资均集中发生在建设期内，经营期每年的现金净流量相等且其合计大于或等于原始投资额，则包括建设期的静态投资回收期可按下式计算。

$$静态投资回收期（PP）= \frac{原始投资合计}{建设期 + 经营期每年相等的现金净流量}$$

例 5.8 根据例 5.6 资料，万达企业 A 方案静态投资回收期计算如下。

$$A 方案静态投资回收期（PP）= 0 + \frac{15\ 000}{4\ 800} = 3.13（年）$$

② 列表法。所谓列表法是指通过列表计算累计净现金流量的方式，来确定包括建设期的投资回收期的方法。因为不论在什么情况下，都可以通过这种方法来确定静态投资回收期，所以此方法又称为一般方法。

该方法的原理：按照回收期的定义，包括建设期的投资回收期满足以下关系式。

$$\sum_{t=0}^{pp} NCF_t = 0$$

这表明在财务现金流量表的"累计净现金流量"一栏中，包括建设期的投资回收期恰好是累计净现金流量为 0 的年限。

如果"累计净现金流量"栏不为 0，则必须按下式计算包括建设期在内的投资回收期。

$$投资回收期（PP）= 最后一项为负值的累计净现金流量对应的年数 + \frac{最后一项为负值的累计净现金流量绝对值}{下年净现金流量}$$

例 5.9 根据例 5.6 资料，万达企业 A 方案累计净现金流量如表 5.2 所示。

表 5.2　A 方案净现金流量计算　　　　　　　　　　　　　　元

t	0	1	2	3	4	5
NCF_t	−15 000	4 800	4 800	4 800	4 800	4 800
累计 NCF_t	−15 000	−10 200	−5 400	−600	4 200	9 000

$$A 方案投资回收期（PP）= 3 + \frac{600}{4\ 800} = 3 + 0.13 = 3.13（年）$$

运用投资回收期法进行决策时，首先应将投资方案的投资回收期与决策者期望的投资回收期进行比较，如果方案的投资回收期小于期望回收期，方案可行；如果方案的投资回收期大于期望回收期，方案不可行。如果同时存在几个可行的投资方案，则应比较各个方案的投资回收期，选择回收期最短的方案。

静态投资回收期的优点是能够直观地反映原始总投资的收回期限，便于理解，计算方法简单，可以直接利用回收期之前的净现金流量信息。缺点是没有考虑资金的时间价值因素和回收期满继续产生的现金流量，不能正确反映投资方案的不同对项目的影响。

3. 动态评价指标的内容及计算方法

（1）净现值

净现值（计作 NPV），是指在项目计算期内，按设定的折现率计算的各年现金净流量的现值的代数和。其计算公式为：

$$净现值=\sum(项目计算期内各年的现金净流量×复利现值系数)$$

净现值是一个正指标，该指标越大，说明投资方案的经济效益越好；该指标越小，则说明投资方案的经济效益越差。在运用净现值指标进行评价时，净现值＞0 时，方案可行；净现值＝0 时，方案保本；净现值＜0 时，方案不可行。

在多个备选方案中选择一个最优方案时，如果项目投资额接近或相等，计算期相同，应选择净现值为正值且为最大的项目；若不满足上述条件，则用净现值指标很难作出正确评价。

在原始投资均集中在建设期初一次性投入且其余时间不再发生投资的情况下，净现值是指按选定的折现率计算的项目投产后各年现金净流量的现值之和减去初始投资后的余额。其计算公式为：

$$净现值=\sum(项目投产后各年的现金净流量×复利现值系数)-初始投资额$$

在利用净现值指标计算时，应分别考虑投资项目各年净现金流量相等和各年净现金流量不等的情况。

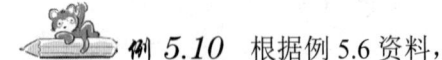

例 5.10 根据例 5.6 资料，计算万达企业 A 方案累计净现值。

A 方案投入使用后每年的现金净流量相等，可按年金现值计算。假设折现率为 16%，期限为 5 年，查表得年金现值系数为 3.274，则 A 方案的净现值计算如下。

$$A 方案净现值=4\,800×3.274-15\,000$$
$$=715.2（元）$$

例 5.11 万达公司 B 方案原始投资额为 15 000 元，建设期为 0，使用寿命为 5 年，该项目第 1—5 年的净现金流量分别为 4 800 元、4 500 元、4 300 元、4 100 元和 6 800 元（含回收固定资产残值 2 000 元）。假设折现率为 16%，查复利现值系数表，计算 B 方案的净现值。

$$B 方案的净现值=4\,800×0.862+4\,500×0.743+4\,300×0.641+4\,100×0.552+$$
$$6\,800×0.476-15\,000=737.4（元）$$

通过上述计算可见，A、B 两个方案的净现值均大于 0，用净现值指标评价都是可行方案。

净现值法的优点是计算时充分考虑了资金的时间价值，能够反映各种投资方案的净收益，增强了投资经济性的评价；将项目计算期的全部净现金流量都列入计算范围，体现了流动性与收益性的统一；考虑了投资风险性，因为折现率的大小与风险的高低有关，风险越高,折现率也就越高,因而用净现值指标进行评价的方法是一种较好的方法。其缺点是只能应用于各备选方案投资额相等的情况,如果各备选方案投资额不相等,仅用净现值无法确定投资方案的优劣,因此,就应结合其他方法进行评价。

案例分析

红光照相机厂投资决策

红光照相机厂(简称红光厂)是生产照相机的中型企业,该厂生产的照相机质量优良、价格合理,长期以来供不应求。为了扩大生产能力,红光厂准备新建一条生产线。

王禹是该厂助理会计师,主要负责筹资和投资工作。总会计师张力要求王禹搜集建设新生产线的有关资料,写出投资项目的财务评价报告,以供厂领导决策参考。

王禹经过十几天的调查研究,得到以下有关资料。该生产线的初始投资是 12.5 万元,分 2 年投入。第 1 年投入 10 万元,第 2 年初投入 2.5 万元,第 2 年可完成建设并正式投产。投产后,每年可生产照相机 1 000 架,每架销售价格是 300 元,每年可获销售收入 30 万元。投资项目可使用 5 年,5 年后残值可忽略不计。在投资项目经营期间要垫支流动资金 2.5 万元,这笔资金在项目结束时可如数收回。该项目生产的产品年总成本的构成情况如下。

原材料费用	20 万元
工资费用	3 万元
管理费(扣除折旧)	2 万元
折旧费	2 万元

王禹又对红光厂的各种资金来源进行了分析和研究,得出该厂加权平均的资金成本为 10%。

王禹根据以上资料,计算出该投资项目的营业现金流量、现金流量、净现值(见表 5.3、表 5.4、表 5.5),并把这些数据资料提供给参加投资决策会议的厂领导。

表 5.3 投资项目的营业现金流量计算   元

项 目	第 1 年	第 2 年	第 3 年	第 4 年	第 5 年
销售收入	300 000	300 000	300 000	300 000	300 000
付现成本	250 000	250 000	250 000	250 000	250 000
其中:原材料	200 000	200 000	200 000	200 000	200 000
工资	30 000	30 000	30 000	30 000	30 000
管理费	20 000	20 000	20 000	20 000	20 000
折旧费	20 000	20 000	20 000	20 000	20 000
税前利润	30 000	30 000	30 000	30 000	30 000
所得税(税率为 50%)	15 000	15 000	15 000	15 000	15 000
税后利润	15 000	15 000	15 000	15 000	15 000
现金流量	35 000	35 000	35 000	35 000	35 000

表5.4 投资项目的现金流量计算　　　　　　　　　　　　　　　　　　　　　　　元

项　目	第-1年	第0年	第1年	第2年	第3年	第4年	第5年
初始投资	-100 000	-25 000					
流动资金垫支		-25 000					
营业现金流量			35 000	35 000	35 000	35 000	35 000
设备残值							25 000
流动资金收回							25 000
现金流量合计	-100 000	-50 000	35 000	35 000	35 000	35 000	85 000

表5.5 投资项目的净现值计算　　　　　　　　　　　　　　　　　　　　　　　元

年　度	现金流量	10%的贴现系数	现　值
-1	-100 000	1.000 0	-100 000
0	-50 000	0.909 1	-45 455
1	35 000	0.826 4	28 910
2	35 000	0.715 3	26 296
3	35 000	0.683 0	25 612
4	35 000	0.620 9	23 283
5	85 000	0.564 4	47 974
净现值=3 353			

在厂领导会议上,王禹对他提供的有关数据作了必要的说明。他认为,建设新生产线有3 353元净现值,故这个项目是可行的。

资料来源:王化成.财务管理学案例[M].北京:中国人民大学出版社,2001.

(2)净现值率

净现值率(记作NPVR),是指投资项目的净现值占原始投资现值总额的百分比。其计算公式为:

$$净现值率 = \frac{投资项目净现值}{原始投资现值总额} \times 100\%$$

例5.12 根据例5.6和例5.10资料,万达企业A方案净现值率计算如下。

$$A方案净现值率 = \frac{715.2}{15\ 000} \times 100\% = 4.77\%$$

例5.13 根据例5.6和例5.11资料,B方案的净现值率计算如下。

$$B方案净现值率 = \frac{737.4}{15\ 000} \times 100\% = 4.92\%$$

净现值率是一个折现的相对量评价指标,采用净现值率的决策标准与净现值是相同的。净现值率也可以从动态的角度反映项目投资的资金投入与净产出之间的关系,但它与净现值指标相似,无法直接反映投资项目的实际收益率。

（3）获利指数

获利指数（记作 PI）,是指按选定的折现率计算的项目投产后各年现金净流量的现值之和与原始投资现值总额之比。其计算公式为：

$$获利指数=\frac{项目投产后各年现金净流量现值合计}{原始投资现值合计}$$

或

$$获利指数=1+净现值率$$

例 5.14 根据例 5.6、例 5.10 和例 5.11 资料,A 方案和 B 方案的获利指数计算如下。

$$A方案的获利指数=\frac{15\,715.2}{15\,000}=1.047\,7$$

$$B方案的获利指数=\frac{15\,737.4}{15\,000}=1.049\,2$$

利用获利指数这一指标进行投资项目决策评价的标准是若投资方案的获利指数大于 1,该方案可行；反之,若投资方案的获利指数小于 1,该方案不可行；当几个方案的获利指数均大于 1,进行方案决策时,获利指数越大,投资方案越好。但在采用获利指数进行互斥方案的选择时,其正确的选择原则不是选择获利指数最大的方案,而是在保证获利指数大于 1 的条件下,使追加投资所得的追加收入最大化。

获利指数的优缺点与净现值基本相同,但主要区别是,获利指数可从动态的角度反映项目投资的资金投入与总产出之间的关系,可以弥补净现值不能用于投资额不同的方案决策的缺点,使投资方案之间可直接用现值指数进行对比。其缺点除了无法直接反映投资项目的实际收益率外,计算起来比净现值指标复杂,计算口径也不一致。因此,在实务中通常并不要求直接计算现值指数,如果需要考核这个指标,可在求得净现值率的基础上推算出来。

（4）内部收益率

内部收益率（记作 IRR）,它是使投资项目的净现值等于 0 的折现率。内部收益率反映了投资项目的实际报酬率,越来越多的企业使用该指标对投资项目进行评价。

内部收益率的计算过程如下。

① 如果每年的现金净流量相等,则按下列步骤计算。

1）计算年金现值系数。

$$年金现值系数=\frac{初始投资额}{每年现金净流量}$$

2）查年金现值系数表,在相同的期数内,找出与上述年金现值系数相邻近的较大和较小的两个折现率。

3）根据上述两个邻近的折现率和已求得的年金现值系数，采用插值法计算出该投资项目的内部收益率。

② 如果每年的现金净流量不相等，则需要按下列步骤计算。

1）先预估一个折现率，并按此折现率计算净现值。如果计算出的净现值为正数，则表明预估的折现率小于该投资项目的实际内部收益率，应予提高，再进行测算；如果计算出的净现值为负数，则表明预估的折现率大于该投资项目的实际内部收益率，应予降低，再进行测算。经过反复的测算，找到净现值的由正到负并且比较接近于0的两个折现率。

2）根据上述两个邻近的折现率再使用插值法，计算出投资项目的实际内部收益率。

例 5.15 根据例5.6资料，A方案的内部收益率计算如下。

由于A方案各年现金净流量相等，因此采用下列方法计算内部收益率。

1）年金现值系数=$\dfrac{15\,000}{4\,800}$=3.125

2）查年金现值系数表，第5期与3.125相邻的年金现值系数在18%~20%之间。

3）计算A方案的内部收益率=18%+$\left(\dfrac{3.125-3.127}{2.991-3.127}\right)$×2%=18.029%

例 5.16 根据例5.11资料，万达企业B方案每年现金净流量不相等，必须逐次进行测算，测算过程如表5.6所示。

表5.6 内部收益率计算　　　　　　　　　　　　　　　元

年度	每年现金净流量	测试18% 复利现值系数	测试18% 现值	测试20% 复利现值系数	测试20% 现值
0	-15 000	1.000	-15 000	1.000	-15 000
1	4 800	0.848	4 070.4	0.833	3 998.4
2	4 500	0.718	3 231	0.694	3 123
3	4 300	0.609	2 618.7	0.579	2 489.7
4	4 100	0.516	2 115.6	0.482	1 976.2
5	6 800	0.437	2 917.6	0.402	2 733.6
净现值	—	—	7.3	—	-679.1

从表5.6中可见，先按18%的折现率进行测算，净现值为正数，再把折现率调高到20%进行第二次测算，净现值为负数，这说明该项目的内部收益率一定在18%~20%之间。现用插值法计算如下。

$$B方案的内部收益率=18\%+\dfrac{7.3-0}{7.3-(-679.1)}\times 2\%=18.021\%$$

内部收益率指标考虑了货币的时间价值，能从动态的角度直接反映投资项目的实际收益水平，且内部收益率不受行业基准收益率高低的影响，比较客观。该指标能够反映出项目本身的获利水平，对于评价不同投资额的投资方案是一种较好的方法。但该方法计算比较复杂。当进入生产经营期又发生大量追加投资时，就有可能出现多个高低不同的内部收益率，依据多个内部收益率进行评价就会失去实际意义。

综上所述，净现值、净现值率、获利指数和内部收益率 4 个指标都属于折现的决策评价指标，它们之间存在以下数量关系，即：

① 当净现值＞0 时，净现值率＞0，获利指数＞1，内部收益率＞设定折现率。
② 当净现值＝0 时，净现值率＝0，获利指数＝1，内部收益率＝设定折现率。
③ 当净现值＜0 时，净现值率＜0，获利指数＜1，内部收益率＜设定折现率。

另外，净现值率的计算需要在已知净现值的基础上进行，计算内部收益率时也需要利用净现值的计算方式。上述指标都会受到建设期的长短、投资方式及各年净现金流量的数量特征的影响。区别在于净现值为绝对量指标，其他为相对数指标，计算净现值、净现值率和获利指数所依据的折现率都是事先已知的设定折现率，而内部收益率的计算本身与设定折现率的高低无关。

5.3.2 项目投资决策评价指标的运用

项目投资决策的核心，就是合理地选择适当的决策方法，以投资决策指标为标准作出最终的投资决策。

1. 独立方案财务可行性评价及投资决策

独立方案是指财务管理决策中相互分离、互不排斥的一组方案。在独立方案决策中，选择某一方案并不排斥另一个方案。对于独立方案决策，评价其财务可行性就是对其进行决策的过程。对于某一组独立方案中的每一个方案，都有"接受"或"拒绝"的选择，"拒绝"方案本身也是一种方案，又被称为零方案。因此，任何一个独立方案都要与零方案进行比较决策。

① 如果某一方案完全符合以下条件，就完全具备财务可行性。

净现值≥0，净现值率≥0，获利指数≥1，内部收益率≥基准折现率 i_c，不包括建设期的静态投资回收期≤$P/2$（即生产经营期的一半），投资利润率≥基准投资利润率 i（事先给定）。

② 如果某一方案完全符合以下条件，就可以判断该方案从各个方面都不具备财务可行性，应当放弃该方案。

净现值＜0，净现值率＜0，获利指数＜1，内部收益率＜基准折现率 i_c，不包括建设期的静态投资回收期＞$P/2$（即生产经营期的一半），投资利润率＜基准投资利润率 i（事先给定）。

③ 如果某一方案符合下列条件，就基本具备财务可行性。

在评价过程中主要指标处于可行性区间（净现值≥0，净现值率≥0，获利指数≥1，内部收益率≥基准折现率 i_c），但次要指标处于不可行区间（不包括建设期的静态投资回收期＞$P/2$，投资利润率＜基准投资利润率 i）。

④ 如果某一方案符合下列条件，就基本不具备财务可行性。

如果在项目评价过程中出现净现值＜0，净现值率＜0，获利指数＜1，内部收益率＜基准折现率 i_c 的情况，即使不包括建设期的静态投资回收期≤$P/2$（即生产经营期的一半），投资利润率≥基准投资利润率 i，也可以判断该方案基本不具备财务可行性。

在对独立方案进行评价的过程中要注意：主要指标在财务可行性评价中起主导作用；利用动态指标对同一个项目进行评价决策时，得出的结论是完全相同的。

例 5.17 万达企业某一固定资产投资方案属于独立方案，其原始投资额为 1 100 万元，项目计算期为 11 年，生产经营期为 10 年，基准投资收益率为 9%，行业基准折现率为 10%。有关投资决策指标如下：ROI=10%，PP′=4 年，NPV=+170.56 万元，NPVR=18.06%，PI=1.180 6，IRR=12.59%。对该项目的财务可行性分析如下。

因为 ROI=10%＞i=9%，PP′=4 年＜$P/2$=5 年，NPV=+170.56 万元＞0，NPVR=18.06%＞0，PI=1.1806＞1，IRR=12.59%＞i_c=10%。

所以该项目完全具备财务可行性。

2. 多个互斥方案的比较决策

在企业的实际业务中，往往同时面临多种投资方案，但是由于企业筹资能力有限而不可能对所有方案进行投资。因此，就要对它们进行比较，然后从中选择最优的方案进行投资。

所谓互斥方案是指相互关联、相互排斥的方案，即在一组方案中各个方案彼此可以相互替代，选择了某一个方案，就会自动排斥该组中的其他方案。

多个互斥方案决策即在每一个已经具备财务可行性的入选方案中，利用具体评价指标在备选方案中选择出一个最优方案的过程。

多方案比较决策的方法包括净现值法、净现值率法、差额内部收益率法、年等额净回收额法和计算期统一法等，现举例介绍如下。

（1）净现值法

所谓净现值法是指通过比较所有已经具备财务可行性投资方案的净现值指标的大小来确定最优方案的方法。该方法适用于原始投资相同且项目计算期相等的多方案比较决策。利用净现值法决策时，净现值最大的方案为最优方案。

例 5.18 万达企业某一固定资产投资方案原始投资额为 80 万元，有 A、B、C、D 四个互斥方案可供选择，各方案的净现值分别为 173.131 万元、93.755 万元、164.816 万元和 130.118 万元。按净现值法对上述方案比较决策如下。

由于 173.131＞164.813＞130.118＞93.755

因此 A 方案最优，C 方案次之，然后是 D 方案，最后是 B 方案。

（2）净现值率法

所谓净现值率法，是指通过比较所有已经具备财务可行性投资方案的净现值率的大小来选择最优方案的决策方法。在这种方法下，净现值率最大的方案为最优方案。

在对投资额相同的互斥方案进行决策时，采用净现值法和净现值率法得到的结论是相同的；但当投资额不同时，情况就不同了。

例 5.19 万达企业的 E 方案和 F 方案为互斥方案，其项目计算期相同，E 项目原始投资额的现值为 120 万元，净现值为 24.88 万元；F 方案的原始投资额的现值为 80 万元，净现值为 22 万元。用净现值率法对 E 方案和 F 方案进行决策。

$$E 方案的净现值率 = 24.88/120 \approx 0.21$$
$$F 方案的净现值率 = 22/80 \approx 0.28$$

在净现值率法下，F 方案的净现值率大于 E 方案的净现值率，F 方案优于 E 方案。

（3）差额内部收益率法

差额内部收益率法，是指在两个原始投资额不同方案的差量净现金流量（ΔNCF）的基础上，计算出差额内部收益率（IRR），并将其与行业基准折现率进行比较，对方案的优劣进行判断的方法。

当差额内部收益率指标大于行业基准收益率或设定折现率时，原始投资额大的方案较优；反之，则原始投资额少的方案较优。这种方法适用于投资项目的计算期相同，原始投资额不同的多方案比较决策。

差额内部收益率法经常被用于更新改造项目的投资决策，当更新改造项目的差额内部收益率指标大于行业基准收益率或设定折现率时，应当进行更新改造；反之，就不应当进行更新改造。

例 5.20 万达企业某更新改造项目的差量净现金流量为：

$$\Delta NCF_0 = -200\,000（元），\Delta NCF_{1-5} = 53\,400（元）$$

（1）计算该项目的差额内部收益率。

$$(P/A, \Delta IRR, 5) = 200\,000/53\,400 = 3.745\,3$$

因为 $(P/A, 10\%, 5) = 3.790\,8 > 3.745\,3$，

$(P/A, 12\%, 5) = 3.604\,8 < 3.745\,3$，

所以 $10\% < \Delta IRR < 12\%$。

应用内插法计算差额内部收益率。

$$\Delta IRR = 10\% + \frac{3.790\,8 - 3.745\,3}{3.790\,8 - 3.604\,8} \times (12\% - 10\%) \approx 10.49\%$$

（2）假设行业基准收益率分别为9%和11%，对上述更新改造项目进行决策。

若行业基准收益率为9%，

因为ΔIRR=10.49%＞9%，

所以应进行设备更新改造。

若行业基准收益率为11%，

因为ΔIRR=10.49%＜11%，

所以不应进行设备更新改造。

思考与练习

一、单项选择题

1. 在项目投资决策中，完整的项目计算期是指（　　）。
   A. 生产经营期　　　　　　　　B. 建设期
   C. 建设期＋达产期　　　　　　D. 建设期＋运营期

2. 下列指标计算中，没有直接利用净现金流量的是（　　）。
   A. 内部收益率　　　　　　　　B. 投资收益率
   C. 净现值率　　　　　　　　　D. 获利指数

3. 某企业计划投资10万元建设一条生产线，预计投资后每年可以获得净利1.5万元，年折旧率为10%，该项目的投资回收期为（　　）。
   A. 4年　　　　B. 5年　　　　C. 6年　　　　D. 7年

4. 如果某一投资方案的净现值为正数，则下列结论中成立的是（　　）。
   A. 投资回收期在1年以上　　　B. 获利指数大于1
   C. 年均现金净流量大于原始投资额　D. 投资报酬率高于100%

5. 下列各项中，不属于投资项目现金流出的内容的是（　　）。
   A. 固定资产投资　　　　　　　B. 折旧与摊销
   C. 无形资产投资　　　　　　　D. 新增经营成本

二、多项选择题

1. 评价投资方案的投资回收期指标的缺点有（　　）。
   A. 没有考虑资金的时间价值　　B. 不能衡量企业的投资风险
   C. 没有考虑回收期后的现金流量　D. 不能衡量投资方案中投资报酬率的高低

2. 采用净现值法评价项目可行性时，所采用的折现率通常有（　　）。
   A. 投资的机会成本率　　　　　B. 投资项目的资金成本率
   C. 行业平均资金收益率　　　　D. 投资项目的内部收益率

3. 原始总投资（　　　）。
   A. 是指反映项目所需现实资金的价值指标
   B. 等于项目总投资扣除资本化利息
   C. 包括固定资产投资、无形资产投资、其他投资和流动资金投资
   D. 等于企业使项目完全达到设计生产能力，开展正常生产经营而投入的全部现实资金
4. 下列各项中，可用于单一方案净现值指标计算的方法有（　　　）。
   A. 公式法　　　B. 插入函数法　　　C. 方案重复法　　　D. 逐次测试法
5. 当新建项目的建设期不为0时，建设期内各年的净现金流量可能（　　　）。
   A. 小于0　　　B. 等于0　　　C. 大于0　　　D. 大于1

三、判断题

1. 一般情况下，使某投资方案的净现值小于0的折现率一定高于该投资方案的内部收益率。（　）
2. 在项目决策中，只要投资方案的投资收益率大于0，该方案就是可行方案。（　）
3. 不考虑时间价值的前提下，投资回收期越短，投资获利能力越强。（　）
4. 对于独立方案，只有完全具备财务可行性的方案才能被接受。（　）
5. 内部收益率是指在项目寿命周期内能使投资方案获利指数等于1的折现率。（　）

四、思考题

1. 建设投资的内容有哪些？项目总投资指的是什么？
2. 项目投资的现金流入量与现金流出量的内容有哪些？
3. 项目投资的动态评价指标有哪些？
4. 净现值指标有哪些优缺点？

五、技能题

1. 某企业拟建造一台生产设备。预计建设期为1年，所需的原始投资200万元于建设起点一次性投入。该设备预计使用寿命为5年，使用期满报废清理时无残值。该设备折旧方法采用直线法。设备投产后每年增加息税前利润100万元，所得税税率为25%，项目的基准利润率为20%。

要求：

（1）计算项目计算期内各年净现金流量。
（2）计算该项目静态投资回收期。
（3）计算该项目的投资收益率（ROI）。
（4）假定适用的行业基准折现率为10%，计算项目净现值。
（5）计算项目净现值率。

(6) 评价项目的财务可行性。

[附：利率为 10%，期限为 1 的年金现值系数(P/A,10%,1)=0.909 1
　　利率为 10%，期限为 5 的年金现值系数(P/A,10%,5)=3.790 8
　　利率为 10%，期限为 6 的年金现值系数(P/A,10%,6)=4.355 3
　　利率为 10%，期限为 1 的复利现值系数(P/F,10%,1)=0.909 1]

2. 某企业拟进行一项固定资产投资，该项目的现金流量表（部分）如表 5.7 所示。

表 5.7　现金流量表（部分）　　　　　　　　　　　万元

项目 \ t	建设期/年 0	建设期/年 1	经营期/年 2	经营期/年 3	经营期/年 4	经营期/年 5	经营期/年 6	合计
净现金流量	-1 000	-1 000	100	1 000	B	1 000	1 000	2 900
累计净现金流量	-1 000	-2 000	-1 900	A	900	1 900	2 900	—
折现净现金流量	-1 000	-943.4	89	839.6	1 425.8	747.3	705	1 863.3

要求：

（1）计算表中用英文字母表示的项目数值。

（2）计算或确定下列指标：静态投资回收期、净现值、原始投资现值、净现值率、获利指数。

（3）评价该项目的财务可行性。

实务训练

根据本学习情境引导案例的资料，分析万达企业是否应该重新购置包装机，列出计算分析过程。

学习情境 6

证券投资

学习目标

通过本学习情境的学习，了解股票投资与债券投资的基本知识；掌握证券投资的风险与投资报酬率；了解证券投资的决策与组合。

引导案例

美股周四收跌 1%，2015 全年下跌 2.3%

2016年1月1日讯，周四（2015年12月31日）美股收跌1%。标普500指数2015年全年下跌0.7%，为2011年以来首次年度下跌；道琼斯指数2015年全年下跌2.3%，为2008年以来最差年度表现。

美国东部时间12月31日09:35，道琼斯工业平均指数周四收盘下跌181.24点，跌幅1.03%，报17 422.63点；标普500指数周四收盘下跌19.53点，跌幅0.95%，报2 043.83点；纳斯达克指数周四收盘下跌58.77点，跌幅1.16%，报5 007.08点。

2015年内，股市与能源价格之间存在很强的关联性。周四盘前，布伦特与美国西德州中质原油（WTI）期货价格均下跌，早间处在每桶36美元上方。周三原油期货价格下跌3%以上，跌破每桶37美元，令道琼斯指数蒙受了3位数跌幅。

经济数据面，美国劳工部宣布，美国上周首次申请失业救济人数增加2万人，总数攀升至28.7万人。此前市场平均预期该人数为27万人。

2015年12月芝加哥采购经理人指数（PMI）在美国东部时间周四上午9:45公布。天然气库存数据在上午10:30公布。市场平均预期芝加哥PMI为49.5。

今年美元兑一篮子主要货币汇率大约上涨了8.8%，为2015年表现最佳货币。其他升值了的货币还有瑞士法郎与日元等。美元汇率走强加重了以美元计价的商品期货价格的下行压力。

华尔街2015年的重要事件，分别是美联储在市场长期等待之后终于在12月份加息，以及中国股市在今年夏季暴跌并引起随后的全球股市动荡。

资料来源：东方财富网，http://stock.eastmoney.com/news/1406,20160101581310939.html.

情境任务 6.1　证券投资概述

证券是指票面载有一定金额，代表财产所有权或债权的一种信用凭证或金融工具。证券投资是企业将资金投放于金融市场，用于购买有价证券的一项理财活动。科学地进行证券投资管理，能增加公司收益，减少风险，有利于理财目标的实现。

6.1.1　证券的分类

金融市场上的证券很多，按不同划分标准可分为以下几种。

1. 按证券的发行主体，可分为政府证券、金融证券和公司证券

政府证券是指中央政府或地方政府为筹集资金而发行的证券；金融证券则是指由银行或其他金融机构为筹措资金而发行的证券；公司证券又称企业证券，是指工商企业为筹集资金而发行的证券。政府证券的风险较小，金融证券次之，公司证券的风险则视公司的规模、财务状况和其他情况而定。

2. 按证券的到期日，可分为短期证券和长期证券

短期证券是指到期日短于1年的证券，如短期融资券和银行承兑汇票等；长期证券是指到期日长于1年的证券，如国库券和公司债券等。一般而言，短期证券的风险小，变现能力强，但报酬率相对较低；长期证券的报酬一般较高，但时间长，风险大。长期证券如能转让、流通，也可用于短期投资。

3. 按证券的收益状况，可分为固定收益证券和变动收益证券

固定收益证券是指在证券的票面上规定有固定收益率的证券，如债券票面上一般有固定的利息率，优先股股票票面上一般有固定的股息率，这些证券都属于有固定收益的证券；变动收益证券是指证券的票面未标有固定的收益率，其收益情况随公司的经营状况而变动，普通股票是最典型的变动收益证券。一般来说，固定收益证券风险较小，但报酬不高，而变动收益证券风险大，但报酬较高。

4. 按证券体现的权益关系，可分为所有权证券和债权证券

所有权证券又称权益证券，是体现证券持有人和证券发行单位的一种所有权关系的证券，这种证券的持有人一般对发行单位都有一定的管理权和控制权，股票是典型的所有权证券。债权证券是体现证券持有人和发行单位债权关系的证券，这种证券的持有人一般无权对发行单位进行管理和控制。发行单位破产时，债权证券要优先清偿，而所有权证券要最后清偿，所以，所有权证券一般要承担较大的风险。

6.1.2 证券投资的风险与报酬

只有在对证券投资的风险和报酬进行分析后才能作出决策。公司是否应进行证券投资，投资于何种证券，风险和报酬的关系是证券投资决策分析中重要的问题之一。

1. 证券投资的风险

进行证券投资，必然要承担一定风险，这是证券的基本特征之一。证券投资的风险主要来源于以下几个方面。

（1）利息率风险

由于利息率的变动而引起金融资产价格变动，投资人遭受损失的风险，称利息率风险。证券的价格将随利息率的变化而变动。一般而言，银行利率下降，则证券价格上升；银行利率上升，则证券价格下跌。不同期限的证券，利息率风险也不一样，期限越长，风险越大。

（2）违约风险

证券发行人无法按期支付利息或偿还本金的风险，称违约风险。一般而言，政府发行的证券违约风险小，金融机构发行的证券次之，工商企业发行的证券风险较大。造成公司证券违约的原因有几个方面：政治、经济形势发生重大的变动；由于自然原因所引起的非常性破坏事件，如水灾、火灾等；公司经营管理不善，成本高，浪费大；公司在市场竞争中失败，主要顾客消失；公司财务管理失误，不能及时清偿到期债务。

（3）通货膨胀风险

由于通货膨胀而导致证券市场价格波动，投资者本金与收益发生贬值损失的风险，称通货膨胀风险，也称购买力风险。通货膨胀时期，通货膨胀风险对投资者有着重要的影响。一般而言，随着通货膨胀的发生，变动收益证券比固定收益证券要好。因此，普通股票被认为比公司债券和其他有固定收入的证券能更好地避免通货膨胀风险。

（4）流动性风险

投资人想出售有价证券获取现金，但有价证券又不能立即出售的风险，称流动性风险。能在较短时间内按市价大量出售的资产，称流动性较高的资产，这种资产的流动性风险较小；反之，如果资产不能在短时间内按市价大量出售，则这种资产称流动性较低的资产，这种资产的流动性风险较大。例如，购买不知名公司的债券，想立即出售比较困难，因而流动性风险较大；购买国库券，几乎可以立即出售，因而流动性风险小。

背景资料

2015年，我们所经历的千股跌停

全球股市大跌，A股也不例外！2015年8月24日，两市股指低开超3%之后很快就跌破3 300点，上证指数盘中一度跌9%，是2007年以来的A股盘中最大跌幅。午后以石油、银行等为首的权重股一度反弹，但午后板块再度全线下挫，两市超2 000只股票跌停，这也是大盘自2015年6月15日见顶回落以来第12次出现千股跌停或接近千股跌停的场面。

数据统计显示，2015年以来大盘跌幅超过5%的次数多达10次，其中2015年8月24日的跌幅是最大的，上一次跌超8%是2015年7月27日，相隔不足1个月。而大跌密集出现在6、7、8这3个月。数据统计显示，大盘自2015年6月15日以来伴随着大盘急挫，千股跌停的情景屡屡出现，而值得注意的是2015年8月24日出现的逾2 000跌停，上涨家数仅仅只有15家，是历次千股跌停中最少的一次，成交额也是地量水平，显示大盘异常疲弱。

6月15日以来沪指千股跌停日统计

日期	上涨家数	平盘家数	下跌家数	涨跌幅	成交额（亿）
8月24日	15	489	2376	跌8.49%	3588.19
8月18日	76	502	2303	跌6.15%	7224.67
7月27日	561	543	1775	跌8.48%	7212.98
7月15日	382	703	1794	跌3.03%	7005.37
7月8日	163	1334	1384	跌5.90%	6981.70
7月7日	86	779	2016	跌1.29%	7670.04
7月3日	148	516	2217	跌5.77%	6344.13
7月2日	147	481	2251	跌3.48%	7241.86
7月1日	234	447	2195	跌5.23%	8190.03
6月29日	209	432	2220	跌3.34%	8944.82
6月26日	58	401	2397	跌7.40%	7876.53
6月19日	130	438	2288	跌6.42%	6853.74

资料来源：证券时报网快讯中心，http://kuaixun.stcn.com/2015/0824/12424778.shtml.

2. 证券投资的报酬

公司进行证券投资是为了获得尽可能多的报酬。证券投资报酬有绝对数和相对数两种表示方法，在公司理财中通常用相对数，即报酬率形式表示。其基本计算公式为：

$$R = \frac{S_1 - S_0 + P}{S_0} \times 100\%$$

式中，R为证券投资报酬率；S_1为证券出售价格；S_0为证券购买价格；P为证券投资所取得的股利或利息。

例6.1 2016年6月9日，四海公司购买八达公司每股市价为24元的股票。2017年3月，四通公司每股获现金股利0.20元。2017年6月11日，四通公司将该股票以每股26.20元的价格出售，问四通公司的投资报酬率为多少？

解：
$$R = \frac{S_1 - S_0 + P}{S_0} \times 100\%$$
$$= \frac{26.2 - 24 + 0.2}{24} \times 100\%$$
$$= 10\%$$

例6.2 2016年4月1日，某公司投资900元购进一张面值为1 000元、票面利率为5.5%、每年付息一次的债券，并于2017年4月1日以960元出售。问该公司的投资报酬率为多少？

解：
$$R = \frac{960 - 900 + 1\,000 \times 0.055}{900} \times 100\% = 12.78\%$$

6.1.3 证券信用评级

为了合理地反映证券投资风险的大小和报酬率的高低，即对证券风险与报酬进行确认，一般要对证券进行评级，现介绍几种主要证券的信用评级方法。

1. 债券的评级

债券的评级是指评级机构根据债券的风险和利息率的高低，对债券的质量作出的一种评价。在评级时考虑的主要因素有：违约的可能性，债务的性质和有关附属条款，在破产清算时债权人的相对地位。

债券的等级一般分为AAA、AA、A、BBB、BB、B、CCC、CC、C九级，从前到后质量依次下降。一般而言，前4个级别的债券质量比较高，大多数投资人都可以接受，因而被称为"投资等级"；后5个级别的质量较低，大多数投资人都不愿购买，被称为"投机等级"。

2. 优先股的评级

优先股的评级是证券评估机构对优先股的质量作出的一种评价。对优先股评级考虑的主要因素有：支付股利的可能性，优先股的性质和各种条款，在破产清算和公司重组时优先股的相对地位。

优先股的评级与债券的评级大体一致，但优先股股利的分配和对公司财产的要求权都位于债权人之后，因此，优先股等级一般不能高于同一个公司发行的债券的级别。

3. 商业票据的评级

商业票据的评级是指对期限在 1 年以内的证券的一种评级。因为短期融资券在西方又称商业票据，所以短期融资券评级又称商业票据评级。商业票据的等级可根据债务人支付商业票据的债务能力划分为 A、B、C、D 四大类。A 级是最高级别的商业票据，表示按时支付能力最强，A 级后面还可以加上 1、2、3 表示安全性的相对程度；B 级表示有充分的按时支付能力，但是条件的改变或暂时的逆境会破坏这种能力；C 级表示支付能力令人怀疑；D 级表示这种商业票据正在被拖欠或将来到期时将会被拖欠。

4. 普通股的编列

普通股没有固定的到期日，股利的支付事先也没有具体规定。因此，普通股不存在违约风险，因而普通股就不存在违约风险评级问题，只能依据普通股股利的增长情况和稳定程度、以往的信息资料及发行普通股公司的规模大小来进行普通股的编类排列。美国穆迪投资者服务公司把普通股分为 4 类 8 个等级，其含义分别为：A^+ 表示股东收益最高，A 表示股东收益较高，A^- 表示股东收益略高于平均水平，B^+ 表示股东收益相当于平均水平，B 表示股东收益略低于平均水平，B^- 表示股东收益较低，C 表示股东收益很低，D 表示股东无收益或负收益。

背景资料

标准普尔作为金融投资界的公认标准，提供被广泛认可的信用评级、独立分析研究和投资咨询等服务。在标准普尔提供的多元化金融服务中，标准普尔 1200 指数和标准普尔 500 指数已经分别成为全球股市表现和美国投资组合指数的基准。该公司同时为世界各地超过 220 000 家证券及基金进行信用评级。目前，标准普尔已成为一个世界级的资讯品牌与权威的国际分析机构。

标准普尔的服务涉及各个金融领域，主要包括：对全球数万亿债务进行评级；提供涉及 1.5 万亿美元投资资产的标准普尔指数；针对股票、固定收入、外汇及共同基金等市场提供客观的信息、分析报告。标准普尔提供的以上服务在全球均保持领先的位置。此外，标准普尔也是通过全球互联网网站提供股市报价及相关金融内容的最主要供应商。

标准普尔通过全球 18 个办事处及 7 个分支机构提供世界领先的信用评级服务。如今，标准普尔员工总数超过 5 000 人，分布在 19 个国家。标准普尔投资技巧的核心是其超过 1 250 人的分析师队伍。世界上许多最重要的经济学家都在这支经验丰富的分析师队伍中。标准普尔的分析师通过仔细制定统一的标准确保所有评论及分析的方法都是一致和可预测的。

资料来源：百度，http://www.baidu.com。

长期债券信用等级

长期债券共设10个等级，分别为AAA、AA、A、BBB、BB、B、CCC、CC、C和D，其中长期信用等级的AA至CCC级可用"+"和"-"进行微调，如表6.1所示。

表6.1 长期债券信用等级评定

级别	评定
AAA	最高评级，偿还债务能力极强
AA	偿还债务能力很强，与最高评级差别很小
A	偿还债务能力较强，但相对于较高评级的债务/发债人，其偿债能力较易受外在环境及经济状况变动的不利因素的影响
BBB	目前有足够偿债能力，但若在恶劣经济条件或外在环境下其偿债能力可能较脆弱
BB	相对于其他投机级评级，违约的可能性最低，但持续的重大不稳定情况或恶劣的商业、金融、经济条件可能令发债人没有足够能力偿还债务
B	违约可能性较BB级高，发债人目前仍有能力偿还债务，但恶劣的商业、金融或经济情况可能削弱发债人偿还债务的能力和意愿
CCC	目前有可能违约，发债人须倚赖良好的商业、金融或经济条件才有能力偿还债务。如果商业、金融、经济条件恶化，发债人可能会违约
CC	目前违约的可能性较高。由于其财务状况，目前正在受监察。在受监察期内，监管机构有权审定某一债务较其他债务有优先偿付权
SD/D	当债务到期而发债人未能按期偿还债务时，纵使宽限期未满，标准普尔也会给予D评级，除非标准普尔相信债款可于宽限期内清还。此外，如正在申请破产或已作出类似行动以致债务的偿付受阻时，标准普尔也会给予D评级。当发债人有选择地对某些或某类债务违约时，标准普尔会给予SD评级（选择性违约）
NP	发债人未获得评级

说明：
1. 前4个级别债券信誉高，履约风险小，是投资级债券；从第5级开始的债券信誉低，是投机级债券。
2. AA级至CCC级可加上加号（+）和减号（-），表示评级在各主要评级分类中的相对强度。

资料来源：百度，https://www.baidu.com。

情境任务6.2 证券投资管理

6.2.1 债券投资

债券投资是指企业通过证券市场购买各种债券（如国库券、金融债券、公司债券及短期融资券等）进行的投资。了解债券的性质和特点，有效地进行债券的估价，权衡债券的收益和风险是成功进行债券投资决策的前提。

1. 债券投资的特点

相对于股票投资而言，债券投资一般具有以下特点。

(1) 本金安全性高

与股票相比，债券投资风险较小。政府发行的债券有国家财力作为后盾，其本金的安全性非常高，通常视为无风险证券。公司债券的持有者拥有优先求偿权，即当公司破产时，优先于股东分得公司资产，因此，其本金损失的可能性也较小。

(2) 收入比较稳定

债券票面一般都标有固定利息率，债券的发行人有按期支付利息的法定义务，因此，在正常情况下，投资债券都能获得比较稳定的收入。

(3) 市场流动性较好

政府及大公司发行的债券一般都可在金融市场上迅速出售，流动性较好。

(4) 通货膨胀风险比较大

债券的面值和利息率在发行时就已确定，如果投资期间的通货膨胀率比较高，则本金和利息的购买力将不同程度地受到侵蚀——在通货膨胀率非常高时，投资者虽然名义上有收益，但实际上却有损失。

(5) 没有经营管理权

投资债券只有获得收益的权利，而无权对债券发行单位的经营管理施加影响和控制。

我国经济发展的特殊性使许多债券发行带有明显区别于西方的特点。第一，国债占有绝对比重。从1981年起，我国开始发行国库券，以后又陆续发行国家重点建设债券、财政债券、特种国债和保值公债等。在每年发行的债券中，国家债券的比例均在60%以上。第二，债券多为一次还本付息，单利计算，平价发行。国家债券和国家代理机构发行的债券多数均是如此，公司债券只有少数附有息票，每年支付一次利息，其余均是利随本清的存单式债券。

2. 债券的估价

由于不同的债券在持有期间所获得的现金流入不同，债券的计价方法就不同，目前有几种最常见的估价模型。

(1) 一般情况下的债券估价模型

一般情况下的债券估价模型是指按复利方式计算的债券的估价公式。其计算公式为：

$$P_0 = \sum_{t=1}^{n} \frac{I}{(1+K)^t} + \frac{P}{(1+K)^n} = I(P/A,K,n) + P(P/F,K,n)$$

式中，P_0 为债券价格；I 为每年利息；P 为债券面值；K 为市场利率或投资者要求的必要报酬率；n 为付息总期数。

例 6.3 某债券面值为 1 000 元，票面利率为 10%，期限为 5 年，某公司要对这种债券进行投资，要求必须获得12%的报酬率。问债券价格为多少时才能进行投资。

根据公式得：

P_0=1 000×10%×(P/A,12%,5)+1 000×(P/F,12%,5)

=100×3.605+1 000×0.567=927.5(元)

即这种债券的价格必须低于927.5元时,该公司才能购买,否则得不到12%的报酬率。

（2）一次还本付息且不计复利的债券估价模型

我国很多债券属于此类,其计算公式为:

$$P_0 = \frac{P \cdot (1+i \cdot n)}{(1+K)^n} = P(1+i \cdot n)(P/F,K,n)$$

公式中的符号含义同前式。

例6.4 某公司拟购买另一家公司发行的利随本清的公司债券,该债券面值为1 000元,期限为5年,票面利率为9%,不计复利,当前市场利率为8%。问该债券价格为多少时,该公司才能购买?

$$P = \frac{1\,000+1\,000 \times 9\% \times 5}{(1+8\%)^5}$$

=986(元)

即债券价格必须低于986元时,此公司才能购买。

3. **贴现发行时债券的估价模型**

有些债券以贴现方式发行,没有票面利率,到期按面值偿还,这些债券的估价模型为:

$$P_0 = \frac{P}{(1+K)^n} = P(P/F,K,n)$$

公式中的符号含义同前式。

例6.5 某债券面值为1 000元,期限为5年,以贴现方式发行,期内不计利息,到期按面值偿还,当时市场利率为6%。问其价格为多少时,公司才能购买?

P_0=1 000×(P/F,6%,5)=1 000×0.747=747(元)

即该债券的价格只有低于747元时,公司才能购买。

6.2.2 股票投资

目前我国股份制公司不断增多,股票发行的规模发展较快,预计今后几年内,股票将成为公司对外投资的一个重要方面。

1. 股票投资的目的

公司进行股票投资的目的主要有两种：一是获利，即作为一般的证券投资，获取股利收入及股票买卖差价；二是控股，即利用购买某一公司的大量股票达到控制该公司的目的。在第一种情况下，公司应将购买某几种股票作为其证券组合的一个组成部分，不应冒险地将大量资金投资于被控公司的股票上；在第二种情况下，公司应集中资金投资于被控公司的股票上，考虑占有多少股权才能达到控制该公司的目的。

2. 股票投资的特点

（1）股票投资收益高

普通股票的价格虽然变动频繁，但从长期来看，优质股票的价格总是上涨的居多，只要选择得当，都能取得优厚的投资报酬。

（2）适当降低购买力风险

普通股的股利不固定，在通货膨胀率较高时，由于物价普遍上涨，股份公司的盈利增加，股利的支付也随之增加，因此，与固定收益证券相比，普通股能有效地降低通货膨胀风险。

（3）拥有一定的经营控制权

普通股股东属于股份公司的所有者，有权监督和控制公司的生产经营情况，因此，要控制一家公司，最好是购买这家公司的股票。

（4）股票投资的风险大

普通股的价格受众多因素影响，很不稳定。政治因素、经济因素、投资人心理因素和公司的盈利情况等，都会影响股票价格，这也使股票投资具有较高的风险。普通股对公司净资产和盈利的求偿权均居后，公司破产时，股东原来的投资可能得不到全数补偿，甚至一无所有。普通股收入的风险也远远大于固定收益证券。

3. 股票的估价

股票价格受多种因素影响，确切计算其价格是不现实的。下面按照资产收益资本化的原理来估算股票的理论，介绍几种常见的股票估价模型。

（1）短期持有、未来准备出售的股票估价模型

在一般情况下，投资者投资于股票，不仅希望得到股利收入，还希望在未来出售股票时从股票价格的上涨中获得好处，此时的股票估价模型为：

$$V = \sum_{t=1}^{n} \frac{d_t}{(1+K)^t} + \frac{V_n}{(1+K)^n}$$

式中，V 为股票现时价格；V_n 为未来出售时预计的股票价格；K 为投资者要求的必要报酬率；d_t 为第 t 期的预期股利；n 为预计持有股票的期数。

（2）长期持有、股利稳定不变的股票估价模型

在每年股利稳定不变，投资人持有期很长的情况下，上式中 $n \to \infty$ 时，$\frac{V_n}{(1+K)^n} \to 0$，而 $\sum_{t=1}^{n} \frac{d_t}{(1+K)^t}$ 则可近似地看成永续年金，其现值公式为 $V = \frac{d}{K}$。所以股票的估价模型可简化为：

$$V = \frac{d}{K}$$

式中，V 为股票现时价格；d 为每年固定股利。

（3）长期持有、股利固定增长的股票估价模型

如果一个公司的股利不断增长，投资人的投资期限又非常长，则股票的估价就更困难了，只能计算近似数值。设上年股利为 d_0，每年股利比上年增长率为 g，则

$$V = \frac{d_0(1+g)}{K-g} = \frac{d_1}{K-g}$$

式中，d_1 为第1年的股利。

例 6.6 四通公司准备投资购买八达投资股份有限公司的股票，该股票去年每股股利为2元，预计以后每年以4%的增长率增长。四通公司经过分析后，认为必须得到10%的报酬率，才能购买八达投资股份有限公司的股票，则该种股票的价格应为多少？

$$V = \frac{2 \times (1+4\%)}{10\%-4\%} = 34.67（元）$$

即八达投资股份有限公司的股票价格在34.67元以下时，四通公司才能购买。

6.2.3 证券投资决策分析

公司选择哪种证券，何时进行投资，需要财务人员在分析风险和报酬这两大基本因素后才能作出决策。证券投资一般要从以下几方面进行分析。

1. 国民经济形势分析

国民经济形势分析也称宏观经济分析，是指从国民经济宏观角度出发考察一些客观经济因素对证券投资的影响。其主要内容包括以下几个方面。

（1）国民生产总值分析

国民生产总值是反映一国在一定时期内经济发展状况和趋势的综合性指标，它是一定时期内一国所生产的最终商品（包括商品和劳务）的价值之和。如果国民生产总值呈不断增长的趋势，则此时公司进行证券投资一般会获得比较好的收益；反之，收益则会降低。

（2）通货膨胀分析

通货膨胀对证券投资影响很大，其具体表现如下。

其一，通货膨胀会降低投资者的实际收益水平。因为投资者进行投资时，考虑的报酬率是实际报酬率，而不是名义报酬率，实际报酬率等于名义报酬率减去通货膨胀率，只有当实际报酬率为正值时，才说明投资者的实际购买力增长了。

其二，通货膨胀严重影响股票价格，影响证券投资决策。一般认为，通货膨胀率较低

时，危害并不大，且对股票价格有推动作用。由于通货膨胀主要是因为货币供应量增多造成的，当货币供应量增多时，一般开始时能刺激生产，增加公司利润，从而增加可分派股利，股利的增加会使股票更具有吸引力，于是股票价格将上涨。但是，当通货膨胀持续增长时，整个经济形势会变得很不稳定，这时，一方面公司的发展变得飘忽不定，影响新投资的注入，另一方面政府会提高利率水平，从而使股价下降。

（3）利率分析

利率是影响国民经济发展的重要因素，利率水平的高低反映着一个国家一定时期的经济状况，利率对证券投资也有重大影响。利率升高时，投资者自然会选择安全又有较高收益的银行储蓄，从而大量资金从证券市场中转移出来，造成证券供大于求，价格下跌；反之，利率下调时，证券会供不应求，其价格必然上涨。

2. 行业分析

行业分析的内容包括行业的市场类型分析和行业的生命周期分析。

（1）行业的市场类型分析

行业的市场类型根据行业中拥有的公司数量、产品性质、公司控制价格的能力和新公司进入该行业的难易程度等因素可分为 4 种：完全竞争，不完全竞争或垄断竞争，寡头垄断，完全垄断。各种类型的特征如表 6.2 所示。

表 6.2 行业市场类型特征

市场类型 特征 项目	完全竞争	垄断竞争	寡头竞争	完全垄断
厂商数量	很多	较多	很少	一个
产品差异	同质	存在实际或观念上的差异	同质或略有差异	独特产品不存在替代品
厂商对价格的控制力	没有	较小	较大	很大
新公司进入该行业的难易程度	很容易	较容易	很不容易	不可能
典型行业	农业	服装、鞋帽等轻工业	汽车等重工业	公用事业

上述 4 种市场类型，竞争程度依次递减。某个行业内的竞争程度越大，则公司的产品价格和利润受供求关系的影响越大，公司倒闭或破产的可能性越大，因此投资于该行业的证券风险越大。

（2）行业的生命周期分析

一个行业的寿命周期可分为以下 4 个阶段。

1）初创期。一个新行业的诞生往往是新的技术、产品和市场需求的结果。在行业的初创期，产品的研究、开发费用很高，导致产品成本和价格都较高，而其市场需求因大众对其缺乏了解而相对较小，因而这时公司的销售收入低，盈利情况不尽如意。

2）成长期。在这一阶段，随着生产技术的提高，产品成本不断降低，新产品的市场需求也不断增加，这时，新行业成长较快，利润在迅速增加。当然，随着许多公司在利润的吸引下加入该行业，加剧了竞争的激烈程度。

3）成熟期。经过成长期后，少数资本雄厚、技术强、管理好的大公司生存下来，并基本上控制或垄断了整个行业，每个公司都占有一定的市场份额而且变化程度很小，这时，行业就进入了成熟期。在成熟期，各公司之间的竞争逐渐由价格竞争转为非价格竞争，如提高产品质量、改善产品性能和加强售后服务等。在这个阶段，公司的利润增长速度较成长期大为降低，但从总量上看要比成长期大得多。由于公司所占的市场比例比较稳定，因而公司承受的风险较小。

4）衰退期。经过相当长一段成熟期之后，行业会慢慢走向衰退。这主要是因为新技术不断涌现，新产品不断问世，人们的消费倾向不断发生变化所致。在衰退期，公司的数量下降，利润减少，市场逐步萎缩。公司应该选择处于什么阶段的行业作为投资对象呢？一般来说，投资者最好不投资于初创期的行业，因为这一时期利润不太高，而风险却比较大；投资于成长期的风险也较大，但利润比较高，喜欢冒险的财务经理一般都愿意对成长期公司进行投资；处于成熟期的行业，一般发展稳定，风险小，利润比较高，把资金投资于此类行业，是比较理想的；处于衰退期的行业，没有发展前景，投资收益率也不高，风险很大，一般不应进行投资。

3. 公司经营管理情况分析

通过上述分析，基本上可以确定投资行业，但在同一个行业中，又会有很多公司，应该投资于哪一个公司的证券呢？这就必须对公司的经营管理情况进行分析，分析的内容主要有以下几个方面。

（1）公司竞争能力分析

竞争能力是评价公司经营管理状况的一个重要指标。公司的竞争能力越强，说明公司的发展前途越好，公司的证券也就越具有吸引力。公司的竞争能力可以用销售额、销售额增长率、市场占有率等几个指标进行分析。

（2）公司盈利能力分析

盈利能力是进行证券投资的一个必须考虑的因素，公司盈利能力越强，公司所发行的证券就越安全，报酬率也会越高。盈利能力可以通过利润总额、利润增长率、销售利润率、成本费用利润率和投资报酬率等指标进行分析。

（3）公司生产经营效率分析

公司的生产经营效率越高，公司越有发展前途，公司发行的证券越受投资人欢迎。能否充分利用生产能力，使公司的生产和销售高效进行，是衡量公司管理水平高低的一个重要方面。

（4）公司应用现代化管理手段能力的分析

公司是否能及时地吸收并运用现代化的管理方法，是公司能否成功的关键。因此，在进行证券投资之前，必须对这方面进行考察。

（5）公司财务状况分析

公司财务状况是影响证券投资的主要因素，在进行证券投资之前，必须认真分析公司财务状况。公司财务状况可以通过流动比率、速动比率、负债比率、存货周转率、应收账款周转率等指标进行分析和评价。

6.2.4 证券投资组合分析

1. 证券投资组合的意义

证券投资的盈利性吸引了众多投资者，但证券投资的风险性又使许多投资者望而却步，如何才能有效解决这一难题呢？科学地进行证券投资组合就是一个比较好的方法。证券投资的风险可分为可分散风险与不可分散风险，通过有效地进行证券投资组合，便可削减甚至消除可分散风险，达到降低风险的目的。投资风险存在于各个国家的各种证券中，它们随经济环境的变化而不断变化，时大时小，此起彼伏。简单地把资金全部投向一种证券，便要承受巨大的风险，一旦失误，就会全盘皆输。证券市场上经常可听到一句名言：不要把全部鸡蛋放在一个篮子里。证券投资组合是证券投资的重要武器，它可以帮助投资者全面捕捉获利机会，降低投资风险。

2. 证券投资组合策略

在证券组合理论的发展过程中，形成了各种各样的派别，从而也形成了不同的组合策略，现介绍其中最常见的几种。

（1）保守型策略

这种策略认为，最佳证券投资组合策略是要尽量模拟市场现状，将尽可能多的证券包括进来，以便分散掉全部可分散风险，得到与市场所有证券的平均报酬同样的报酬。1976年，美国先锋基金公司创造的指数信托基金，便是这一策略的最典型代表。这种基金投资于标准普尔股票价格指数中所包含的全部500种股票，其投资比例与500家公司价值比重相同。这种投资组合有以下好处：能分散掉全部可分散风险；不需要高深的证券投资方面的专业知识；证券投资的管理费比较低。但这种组合获得的报酬不会高于证券市场上所有证券的平均报酬。因此，这种策略属于报酬不高、风险不大的策略，故称为保守型策略。

（2）冒险型策略

这种策略认为，与市场完全一样的组合不是最佳组合，只要投资组合做得好，就能击败市场或超越市场，取得远远高于平均水平的报酬。在这种组合中，一些成长型的股票比较多，而那些低风险、低报酬的证券不多。另外，其组合的随意性强，变动频繁。采用这种策略的人认为，报酬就在眼前，何必死守苦等。对于追随市场的保守派，他们是不屑一顾的。这种策略报酬高，风险大，因此称为冒险型策略。

（3）适中型策略

这种策略认为，证券的价格，特别是股票的价格，是由特定公司的经营业绩来决定的，市场上股票价格的一时沉浮并不重要，只要公司经营业绩好，股票一定会升到其本来的价值水平上。采用这种策略的人，一般都善于对证券进行分析，如行业分析、公司业绩分析和财务分析等。通过分析，选择高质量的股票和债券，组成投资组合。适中型策略如果做得好，可获得较高的报酬，而又不会承担太大风险，但进行这种组合的人必须具备丰富的投资经验，拥有证券投资的各种专业知识。这种投资策略因风险不太大，但报酬却比较高，所以，是一种最常见的投资组合策略。各种金融机构、投资基金和企事业单位在进行证券投资时一般都采用这种策略。

3. 证券投资组合的具体做法

进行证券投资组合的方法有很多，但最常见的方法有以下几种。

（1）选择足够数量的证券进行组合

这是一种最简单的证券投资组合方法，在采用这种方法时，不是进行有目的的组合，而是随机选择证券，随着证券数量的增加，可分散风险会逐步减少，当数量足够大时，大部分可分散风险都会被分散掉。根据投资专家估计，在纽约证券市场上，随机购买40种股票，其大多数可分散风险都能被分散掉。为了有效地分散风险，每个投资者拥有股票的数量最好不少于12种。我国的股票种类还不太多，同时投资10种股票，就能达到分散风险的目的了。

（2）把风险大、风险中等、风险小的证券放在一起进行组合

这种组合方法又称1/3法，是指把全部资金的1/3投资于风险大的证券；1/3投资于风险中等的证券；1/3投资于风险小的证券。一般而言，风险大的证券对经济形势的变化比较敏感，当经济处于繁荣时期，风险大的证券则获得高额报酬，但当经济衰退时，风险大的证券却会遭受巨额损失；相反，风险小的证券对经济形势的变化则不太敏感，一般都能获得稳定报酬，而不致遭受大的损失。因此，这种1/3的投资组合法，是一种进可攻、退可守的组合法，它虽不会获得太高的报酬，但也不会承担巨大风险，是一种常见的组合方法。

（3）把投资报酬呈负相关的证券放在一起进行组合

一种股票的报酬上升而另一种股票的报酬下降的两种股票，称为负相关股票。把报酬成负相关的股票组合在一起，能有效地分散风险。例如，某公司同时持有一家汽车制造公司的股票和一家石油公司的股票，当石油价格大幅度上升时，这两种股票便成负相关。因为油价上涨，石油公司的报酬增加，但油价的上升，会影响汽车的销量，使汽车公司的报酬降低。这种组合，只要选择的对象恰当，对降低风险有十分重要的意义。

背景资料

"他无疑是一个聪明人，他未雨绸缪，并且不把所有的鸡蛋放在一个篮子里。"——塞万提斯，1605年。

"愚蠢的人说，不要把所有的鸡蛋放在一个篮子里；而聪明的人却说，把你的鸡蛋放在一个篮子里，然后看管好那个篮子。"——马克·吐温，1894年。

相比而言，塞万提斯可能是一个更优秀的投资者，他所谓的"不把所有的鸡蛋放在一个篮子里"就是多元化投资组合的最佳比喻，而这已成为现代金融投资界的一条真理。当今世界，那些掌控着数十万亿美元资金的养老基金、投资基金和保险基金的经理们每天都

不过是在进行着资产组合的"游戏"。而提供资产组合方案已成为金融咨询业的一项日益兴旺的业务，并且逐渐改变了机构投资者的决策运作的结构方式。

但巴菲特却认为，投资者应该像马克·吐温建议的那样，把所有鸡蛋放在同一个篮子里，然后小心地看好它。从表面看巴菲特似乎和大家发生了分歧，其实双方都没有错。因为理财诀窍没有放之四海皆准的真理。比如巴菲特是国际公认的"股神"，自然有信心重仓持有少量股票。而我们普通投资者由于自身精力和知识的局限，很难对投资对象有专业深入的研究，此时分散投资不失为明智之举。另外，巴菲特集中投资的策略是基于集中调研、集中决策的。在时间和资源有限的情况下，决策次数多的成功率自然比投资决策少的要低，就像独生子女总比多子女家庭所受的照顾多一些，长得也壮一些一样。

资料来源：新浪财经，http://finance.sina.com.cn。

思考与练习

一、单项选择题

1. 在证券投资时，最佳证券投资组合策略是要尽量模拟市场现状，将尽可能多的证券包括进来，以便分散掉全部可分散风险，得到与市场所有证券的平均报酬同样的报酬。这种策略是（   ）。
   A. 适中型策略   B. 冒险型策略
   C. 保守型策略   D. 混合策略

2. 证券发行人无法按期支付利息或偿还本金的风险，称（   ）。
   A. 违约风险   B. 利息率风险
   C. 通货膨胀风险   D. 流动性风险

3. 由于通货膨胀而使证券到期出售所获得的资金购买力减少的风险，称（   ）。
   A. 违约风险   B. 利息率风险
   C. 通货膨胀风险   D. 流动性风险

4. 在投资人想出售有价证券获取现金，但有价证券又不能立即出售的风险，称（   ）。
   A. 违约风险   B. 利息率风险
   C. 通货膨胀风险   D. 流动性风险

二、多项选择题

1. 按证券的发行主体，可分为（   ）。
   A. 政府证券   B. 金融证券   C. 公司证券   D. 个人证券

2. 债券的评级是指评级机构根据债券的风险和利息率的高低，对债券的质量作出的一种评价。在评级时考虑的主要因素有（   ）。
   A. 违约的可能性   B. 债务的性质和有关附属条款
   C. 在破产清算时债权人的相对地位   D. 流动性

3．债券投资的优点有（　　　）。
　　A．本金安全性高　　　　　　B．收入比较稳定
　　C．许多债券都具有较好的流动性　D．提高企业的资金实力
4．股票投资的缺点有（　　　）。
　　A．普通股对公司净资产和盈利的求偿权均居后
　　B．普通股的价格受众多因素影响，很不稳定
　　C．普通股的收入不稳定
　　D．加大财务风险
5．在证券组合理论的发展过程中，形成了各种各样的派别，从而也形成了不同的组合策略，主要有（　　　）。
　　A．适中型策略　B．冒险型策略　C．保守型策略　D．混合策略

三、判断题

1．一般来说，固定收益证券风险较大，但报酬不高；变动收益证券风险小，但报酬较高。（　）
2．风险和报酬的关系是证券投资决策分析中的重要问题之一。（　）
3．证券发行人无法按期支付利息或偿还本金的风险，称为通货膨胀风险。（　）
4．一般而言，银行利率下降，则证券价格上升；银行利率上升，则证券价格下跌。（　）
5．公司债券被认为比普通股票和其他有固定收入的证券能更好地避免通货膨胀风险。（　）

四、分析题

1．分析证券投资面临的风险。
2．简述债券投资的优缺点。
3．简述股票投资的优缺点。

习题自测

实务训练

八达投资公司拟购买某公司债券作为长期投资，要求必要收益率为6%。现有3家公司同时发行5年期，面值均为1 000元的债券，其中甲公司债券的票面利率为8%，每年付息一次，到期还本，债券发行价格为1 041元；乙公司债券的票面利率为8%，单利计息，到期一次还本付息，债券发行价格为1 050元；丙公司债券的票面利率为0，债券发行价格为750元，到期按面值还本。

要求：

（1）计算甲公司债券的价值。
（2）计算乙公司债券的价值。
（3）计算丙公司债券的价值。

学习情境 7

营运资金

学习目标

通过本学习情境的学习,理解现金、应收账款和存货的相关成本,并在此基础上掌握最佳现金持有量的计算、信用条件的选择和存货经济批量的计算等内容。

引导案例

从财务数据看苹果与微软的差别

腾讯科技讯 2015年5月16日,个人金融网站Control Your Cash联合创始人格雷格·麦克法雷恩(Greg McFarlane)撰文,对微软和苹果两大科技巨头的资产负债表进行了对比。这两家公司的成功远超曾经不可一世的标准石油和东印度公司。究竟应该如何量化微软和苹果这两家如此成功的企业呢?它们积累资产和贡献股东价值的方法是否相同?

大笔现金

单纯从会计学的角度来看,苹果最著名的便是坐拥天量现金——也有人认为这是苹果最为臭名昭著的行为,具体取决于你看待此事的角度。该公司2014年的现金储备达到1 780亿美元,全球大概只有12家公司的市值能够超过这一数字。之所以能实现如此惊人的"业绩",是因为这家公司主导了多个市场,拥有大批的忠实用户,而且在1995年至2012年之间从未派发过一分钱的股息。

与此同时,微软也不甘示弱。该公司2014年底的现金储备为870亿美元,不仅足以偿还其未来4年多的短期债务,而且同比增长了128%。

很难想象微软或苹果的资产负债表还有什么可以改善的地方。它们当前的流动比率并不相同,微软优势非常明显,苹果为1.1倍,微软为2.5倍。以历史经验来看,1.5~3倍比较合适,而苹果目前低于这一区间的下限,但这也代表了目前的趋势,即各大企业都在加速利用营运资本，而不是将其闲置不用。

另外，当一家企业达到苹果和微软的这种规模时，就应当遵循不同寻常且更加自由的规则。不应当关注比例，而是应当了解流动资产与流动负债之间的差额，也就是营运资本。苹果的营运资本为50亿美元，微软为680亿美元。尽管苹果的现金最多，但从流动性来看，还是微软更胜一筹。

但这并非全貌。除了一家在全力摆脱陈腐的印象，另外一家拥有狂热的粉丝外，微软与苹果的另外一大差异体现在苹果对长期有价证券的依赖，目前的总额达到1 300亿美元——规模达到微软的数倍。这并非现金，但却与现金非常接近。假如苹果有朝一日所需的资金超过手头持有的现金，这些国债和商业票据就可以轻易变现。一般认为，除了银行和保险公司外，资产负债表中的长期有价证券并非有效的金融资产利用方式，更何况是整整12位数的长期有价证券。苹果似乎并没有通过这类资产获得太多收益。

涉足债市

在资产负债表的负债部分中，这两家公司的流动负债理应忽略不计。但事实果真如此吗？非也。苹果短期债务约为64亿美元，微软为20亿美元。拥有天量现金的公司为什么还要借钱？其实应该反过来问，为什么不呢？

它们可以享受优惠的利率，这给微软和苹果提供了更加充裕的信贷资源来促进业务扩张。微软的长期债务约为210亿美元，苹果接近170亿美元。苹果的长期债务/总资产比率为8%，微软为12%。值得一提的是，苹果所有的长期债务都来自于最近几年。当苹果2013年开始发行债券时，甚至有些供应不及——这与苹果赚钱速度快于花钱速度颇为相似。

资料来源：腾讯科技，http://tech.qq.com/a/20150516/005767.htm.

情境任务 7.1 现金管理

7.1.1 企业持有现金的原因与成本

现金是指在生产经营过程中暂时停留在货币形态的资金，它包括库存现金、各种形式的银行存款和其他货币资金，如银行本票和银行汇票等。

1. 企业持有现金的原因

（1）交易性原因

企业持有一定量现金用以满足日常业务的现金支付需要，如用于购买材料、支付工资、缴纳税款、偿还到期债务和支付股利等。

（2）预防性原因

企业为了应付紧急情况需要保持的现金支付能力。由于财务管理环境的复杂性和多变性，企业难以对未来现金的收支情况作出准确的估计和预期。一旦预期的现金收支与实际情况发生较大差异，就会影响到企业的正常经营。因此，在正常现金需要量的基础上，追加一定数额的现金，以备未来经营活动中现金支出增加的需要。

（3）投机性原因

企业为了抓住市场中各种瞬息即逝的机会，获得更大的利益而保持的现金支付能力。例如，保存现金用于不寻常的投资和购买机会，如购买廉价的原材料，或适时地买进卖出，赚取价差；根据证券市场上证券价格的波动规律，低价买入高价卖出有价证券，从中获利，等等。

2. 持有现金成本

企业持有现金必然要发生一些相关的成本，这些成本主要包括持有成本、转换成本和短缺成本。

（1）持有成本

持有成本是指企业因保留一定的现金余额而丧失的投资收益。现金的持有成本可以用证券投资收益率来表示。

$$持有成本 = 现金平均余额 \times 证券收益率$$

（2）转换成本

转换成本是企业用现金购入有价证券及有价证券变现时付出的交易费用，如委托买卖佣金等。

$$转换成本 = 证券变现次数 \times 每次交易成本$$

（3）短缺成本

短缺成本是指企业因缺乏必要的现金，而又无法及时通过有价证券变现等方式加以补充，给企业带来的损失。现金的短缺成本随着现金持有量的增加而下降，随着现金持有量的减少而上升。

7.1.2 最佳现金持有量的确定

企业持有的现金过多，会增加持有现金的成本，降低企业的盈利水平；持有现金过少，则有可能影响正常的生产经营活动。因此，需要确定一个最佳现金持有量。最佳现金持有量是指在正常情况下保证生产经营活动最低限度需要的现金和银行存款数额。它是控制现金合理持有量的尺度。通常，现金持有量取决于现金持有成本。

确定最佳现金持有量的方法有很多，常见的几种模式如下。

（1）成本分析模式

成本分析模式是通过分析持有现金的相关总成本，即持有成本、短缺成本二者之和，找出成本最低的现金持有量，以此作为最佳现金持有量。现金持有量和成本之间的关系如图 7.1 所示。

学习情境 7　营运资金

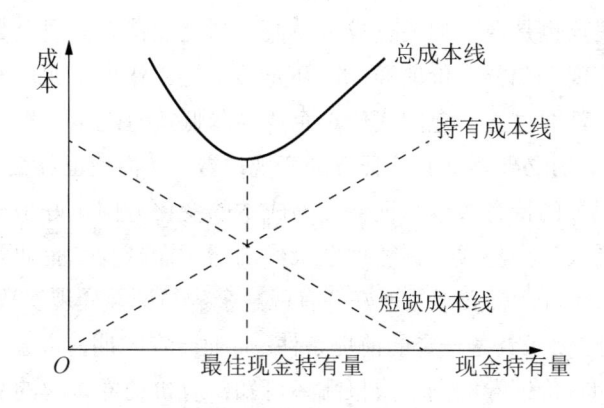

图 7.1　现金成本与现金持有量的关系

从图 7.1 可以看出,运用成本分析模式确定最佳现金持有量,实际上只考虑了持有成本和短缺成本。持有成本与现金持有量成正比例变化关系,而短缺成本与现金持有量成反比例变化关系。由于各项成本同现金持有量的变动关系不同,使得总成本曲线呈抛物线型,抛物线的最低点就是成本最低点,该点所对应的现金持有量便是最佳现金持有量。

例 7.1　某企业有 4 种现金持有方案,它们各自的持有成本、短缺成本如表 7.1 所示。

表 7.1　现金持有方案　　　　　　　　　　　　　　　　　　　　元

方　案	现金持有量	持有成本率	短缺成本
A	30 000	10%	8 000
B	50 000	10%	4 500
C	70 000	10%	3 000
D	100 000	10%	0

根据表 7.1 编制最佳现金持有量计算表,如表 7.2 所示。

表 7.2　最佳现金持有量计算　　　　　　　　　　　　　　　　　元

方　案	现金持有量	持有成本	短缺成本	总　成　本
A	30 000	3 000	9 000	12 000
B	50 000	5 000	6 500	11 500
C	70 000	7 000	2 500	9 500
D	100 000	10 000	0	10 000

将以上各方案的总成本加以比较,可以看出 C 方案的总成本最低,也就是说,当持有 70 000 元的现金时对企业最合算,故 70 000 元就是该企业的最佳现金持有量。

（2）存货模式

存货模式又称鲍莫模式,它是由美国经济学家 William J. Baumol 首先提出来的,他认为现金持有量在许多方面与存货相似,存货经济批量模型可以用于确定现金持有量。

存货模式的着眼点也是现金相关总成本最低。当企业持有的现金数量不能满足支付现金的需求时，就要变现一部分有价证券，以补充其不足。作为企业，不论是持有现金，还是将有价证券变现，都要付出一定的代价。企业要降低持有现金的持有成本，就要减少现金的持有数量。这样，势必要增加有价证券的变现次数，从而使证券交易成本（转换成本）增加，因此，持有现金的持有成本和证券交易成本的变化方向正好是相反的，持有成本随现金余额的增大而增大，交易成本则随现金余额的增大而减少。企业要保证经营所需的现金余额，又要少付出代价，就必须处理好持有现金余额与证券变现次数的关系。

运用存货模式时，要求具备一定的前提条件：企业一定时期内现金的收入与支出均匀、稳定、可预测；短期有价证券的利率或报酬率可知；有价证券每次的交易成本可知；每当现金余额降至 0 时，均可以通过部分证券变现得以补足。换句话说，这种模式也不考虑短缺成本，只对持有现金的持有成本和有价证券的交易成本予以考虑。

现金管理总成本可表示为：

总成本＝现金持有成本＋有价证券交易成本

＝现金平均余额×证券收益率＋证券变现次数×证券每次交易成本

即

$$TC = \frac{Q}{2} \times K + \frac{T}{Q} \times F$$

式中，TC 为持有现金的总成本；Q 为最佳现金持有量；K 为有价证券的市场利率；T 为一定期间内企业现金需求总量；F 为有价证券每次交易的成本。

现金管理总成本与现金持有成本、有价证券交易成本的关系如图 7.2 所示。

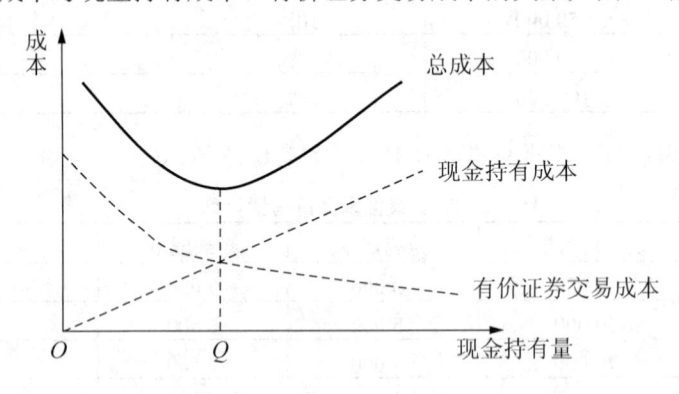

图 7.2　现金管理总成本与现金持有成本、有价证券交易成本的关系

从图 7.2 可以看出，现金持有成本与有价证券变现的交易成本相等时，持有现金的总成本最低，此时的现金持有量为最佳现金持有量，即

$$Q = \sqrt{\frac{2TF}{K}}$$

最佳现金持有量总成本：$TC = \sqrt{2TFK}$

例 7.2　某企业预计在 1 年内需用现金 800 000 元，有价证券每次转换成本为 100 元，有价证券的年利率为 10%，则

最佳现金持有量：$Q = \sqrt{\dfrac{2TF}{K}} = \sqrt{\dfrac{2 \times 800\,000 \times 100}{10\%}} = 40\,000(元)$

持有现金总成本：$TC = \sqrt{2TFK} = \sqrt{2 \times 800\,000 \times 100 \times 10\%} = 4\,000(元)$

其中，证券交易成本 $= \dfrac{T}{Q} \times F = \dfrac{800\,000}{40\,000} \times 100 = 2\,000(元)$

现金持有成本 $= \dfrac{Q}{2} \times K = \dfrac{40\,000}{2} \times 10\% = 2\,000(元)$

有价证券转换次数 $= \dfrac{T}{Q} = \dfrac{800\,000}{40\,000} = 20(次)$

7.1.3　现金的日常管理

企业确定最佳现金持有量后，还应采取各种措施，加强现金的日常管理，以保证现金安全、完整，最大限度地发挥其效用。现金的日常管理主要有以下几个方面。

1. 现金回收管理

加速现金回收是现金日常管理的重要内容，包括：及时清理欠款，对到期的欠款加紧催收，必要时通过法律诉讼程序解决；改进收款结算方式，减少资金在途时间；设计收款方式，给予早付款、按期付款的客户一定的奖励等。

（1）邮政信箱法

邮政信箱法又称锁箱法，是西方国家传统的现金管理技术之一。企业在各主要城市租用专门的邮政信箱，并开立分行存款账户，授权当地银行每日开启信箱，在取得客户票据后立即予以结算，并通过电汇划拨款项。它要求客户直接将票据寄到收款企业在当地设置的专用邮箱，省去了企业收取和送存支票的时间，提高了可用现金量。其缺点是管理成本高，要增加邮箱管理的劳务费。因此，是否采用邮政信箱法，须视提前回笼现金产生的收益与增加的成本大小而定。

（2）银行业务集中法

这是一种通过建立多个收款中心来加速现金流转的方法。在这种方法下，企业要指定一个主要银行（通常是企业总部所在地）为集中银行，并在收款额较集中的若干地区设立若干个收款中心，客户收到账单后直接汇款给当地收款中心，中心收款后立即存入当地银行，当地银行进行票据交换后，转给集中银行。这种方法可以缩短客户邮寄票据、票据托

收所需时间，将各地收款银行的资金划转到集中银行，有利于统一规划和使用，但须在多处设立收款中心，从而增加了相应的费用支出。

2. 现金支出管理

（1）延迟付款

推迟应付款的支付，是指企业在不影响自己信誉的前提下，充分运用供货方（或提供劳务方）所提供的信用优惠，尽可能推迟应付款的支付期。可采用汇票结算方式，利用承付期延缓付款时间。

（2）合理利用"浮游量"

所谓浮游量是指企业开户银行账户的存款余额与企业账户之间的现金差额，产生的原因是现金收支凭证的传递和处理都需要一定的时间，浮游量可分为支付现金浮游量和收取现金浮游量。需要说明的是，在使用现金浮游量时一定要控制好时间，否则会发生银行存款的透支。

情境任务 7.2　应收账款管理

7.2.1　应收账款的功能与成本

应收账款是企业对外销售产品或提供劳务时采用赊账方式而形成的债权，是采用商业信用的直接结果。

1. 应收账款的功能

（1）增加销售量，扩大市场占有率

企业销售产品时可采取两种基本方式，即现销方式和赊销方式。在激烈的市场竞争条件下，商品与劳务的赊销，在强化企业竞争能力、吸引顾客、扩大销售和获取更大的收益等方面有着其他任何结算方式都无法比拟的优势，特别是在银根紧缩、市场疲软和资金匮乏的情况下，赊销的促进作用更为明显。企业为了扩大市场占有率或开拓新的市场，一般都采取优惠的信用条件进行销售，以增强市场竞争力。

（2）减少存货

赊销可以加速产品的销售，加快产成品向销售收入的转化速度，降低企业持有产成品存货。存货要有管理费用、仓储费和保险费等支出。因此，当企业的存货较多时，一般都可采用较为优惠的信用条件进行赊销，把存货转化为应收账款，节约各种存货费用支出。

2. 应收账款的成本

企业在采取赊销方式促进销售的同时，会因持有应收账款而付出一定的代价，也会造成资金成本和管理费用的增加。

（1）机会成本

机会成本是指资金投放到应收账款上而失去的其他投资收益，这种成本的大小通常与企业维持赊销业务所需资金量和资金成本率或有价证券的利息率有关。其计算公式为：

应收账款机会成本＝维持赊销业务所需资金量×资金成本率

维持赊销业务所需资金量＝应收账款平均余额×变动成本率

应收账款平均余额＝平均日赊销额×平均收账天数

例 7.3 假设某企业预测年度赊销额为 6 000 000 元，应收账款的收账天数为 60 天，变动成本率为 65%，资金成本率为 8%，则该企业应收账款的机会成本可计算如下。

应收账款平均余额＝6 000 000÷360×60＝1 000 000（元）

维持赊销业务所需资金量＝1 000 000×65%＝650 000（元）

应收账款的机会成本＝650 000×8%＝52 000（元）

在正常情况下，应收账款的收账天数越少，一定数量资金所维持的赊销额就越大；反之，收账天数越多，等量资金维持的赊销额就越少。应收账款机会成本在很大程度上取决于企业维持赊销业务所需资金量的多少。

（2）管理成本

应收账款的管理成本主要包括调查顾客信用情况的费用、搜集各种信息的费用、账簿的记录费用、收账费用及其他费用。

（3）坏账成本

应收账款因故不能收回而使企业发生的损失，就是坏账成本。此项成本一般与应收账款的数量成正比，即应收账款越多，坏账成本也越多。

7.2.2 信用政策的确定

信用政策即应收账款的管理政策，是指企业为了对应收账款投资进行规划与控制而确立的基本原则与行为规范，包括信用标准、信用条件和收账政策三部分内容。

1. 信用标准

信用标准是客户获得企业商业信用所应具备的最低条件，通常用预期坏账损失率来表示。关于信用标准的制定，企业面临着两难选择，信用标准高，固然可以降低违约风险，减少坏账损失及收账费用，但许多客户会因达不到标准而不能享受企业的信用政策，从而影响企业的市场竞争力和销售收入的增加；反之，若信用标准过低，虽然有利于企业扩大销售，但同时会增加坏账风险和收账费用。

（1）信用标准的定性分析

① 同行业竞争对手的情况。面对竞争对手，企业要想在竞争中立于不败之地，必须有

较高的市场占有率。在制定信用标准时，可参考定价策略的思路：若对手实力很强，则制定较低的信用标准，以吸引客户，扩大销售；反之，则制定较高的信用标准。

② 企业承担违约风险的能力。企业承担违约风险能力的强弱，对信用标准的选择有很大的影响。若企业实力较强，承担风险能力强，就可以制定较低的信用标准，以争取客户；若企业实力一般，承担风险能力较弱，则应选择较严格的信用标准，以降低企业将面临的客户违约风险。

③ 客户的信用程度。企业要想对申请赊购的客户的信用程度作出正确的评价，首先应对其信用状况进行分析，一般包括 5 个方面，即客户的品质（Character）、偿付能力（Capacity）、资本（Capital）、抵押品（Collateral）和经济状况（Conditions），简称 5C 系统。

品质是指客户履行偿债义务的态度，这是评价客户信用品质的首要因素。对此，主要是通过了解客户过去的偿债记录进行分析评价，从而对客户的履约品德做到心中有数。

偿付能力是指客户偿还债务的能力。由于偿还到期债务依赖于企业流动资产中的流动资产、速动资产，因此应重点了解客户的流动资产的数量、质量及流动负债的性质，进而综合分析客户的流动比率和速动比率，只有流动比率和速动比率都保持在较为理想的状态，才具有偿还债务的物质保证。

资本反映了客户的经济实力和财务状况的优劣，是客户偿还债务的最终保证。

抵押品是指客户提供的作为履约保证的资产。作为信用担保的抵押财产，必须是客户实际所拥有的财产并且应具有较高的变现能力。

经济状况是指在社会经济环境发生变化时，对客户经济状况和偿债能力的影响。对此，应了解客户在以往发生财务困难时的应变能力。

上述各种信息资料主要通过下列渠道取得。第一，中介机构证明。商业代理机构或资信调查机构所提供的客户信息资料及信用等级标准。第二，银行证明。在客户同意的情况下，向客户的开户行索取一些有关其信用状况的证明材料，如了解客户的存款余额、借款情况和结算状况等。第三，企业间证明。与同一客户有信用关系的其他企业相互交换该客户的信用资料，如往来年数、提供信用的条件、数额及客户支付货款的及时程度等。第四，客户的财务报告。企业可以对预期的准信用客户索取或查阅近期的资产负债表、利润表、现金流量表，据此对客户的财务状况、经营成果及资产的流动性、支付能力作出正确的分析评价。

（2）信用标准的定量分析

在搜集、整理客户的信用资料后，即可采用 5C 系统分析、评价客户的信用程度。为避免信用评价人员的主观性，在对客户信用状况进行定性分析的基础上，还应对客户的信用状况进行定量分析。

1）确定信用等级评价标准。选取一组具有代表性、能反映客户财务状况、经营成果和付款能力的数量指标（如流动比率、速动比率、存货周转率、总资产息税前利润率和产权比率等），根据数年内资料，分别找出信用好、信用坏两类客户，求出上述比率的平均值，依此作为比较其他客户的信用标准。

按照上述方法找出的信用标准如表 7.3 所示。

表 7.3 信用标准

指　　标	信用标准	
	信用好	信用坏
流动比率	2.5∶1	1.6∶1
速动比率	1.1∶1	0.8∶1
现金比率	0.4∶1	0.2∶1
产权比率	1.8∶1	4∶1
已获利息倍数	3.2∶1	1.6∶1
有形净值负债率	1.5∶1	2.9∶1
应收账款平均收账天数	26	40
存货周转率	8	2
总资产报酬率	35%	15%
赊购付款履行情况	及时	拖欠

2) 利用客户的财务报告资料，计算各自的指标值并与信用等级评价标准进行比较。

客户的某项指标值≥信用好指标值，则预计拒付风险系数等于 0；

客户的某项指标值≤信用坏指标值，则预计拒付风险系数增加 10%；

客户的某项指标值在信用好与信用坏之间，则预计拒付风险系数增加 5%，并以下式计算确定：

坏账损失率＝|信用好指标值－实际指标值|÷|信用好指标值－信用差指标值|×5%

最后，将客户各项指标的预计拒付风险系数相加，作为该客户可能发生拒付风险系数的总比率。

例 7.4 某客户的各项指标值及拒付风险系数如表 7.4 所示。

表 7.4 某客户的有关数据

指　　标	指标值	拒付风险系数/（%）
流动比率	2.6∶1	0
速动比率	1.12∶1	0
现金比率	0.3∶1	2.5
产权比率	1.6∶1	0
已获利息倍数	3.25∶1	0
有形净值负债率	1.45∶1	0
应收账款平均收账天数	26	0
存货周转率	6	1.67
总资产报酬率	30%	1.25
赊购付款履行情况	及时	0
累计拒付风险系数		5.42

3）进行风险排序，确定客户的信用等级。

根据上述计算的客户拒付风险系数，由小到大排序，然后结合企业承受违约风险的能力及市场竞争的需要，具体划分客户信用等级，如累计拒付风险系数为5%以内的为A级客户，5%～10%之间为B级客户，10%～15%之间为C级客户等。对于不同信用等级的客户，分别采取不同的信用政策。对于风险等级小的客户，按通常的信用条件提供赊销；对于信用较差、风险等级系数大的客户，则要采取较严格的信用条件或拒绝赊销。

2. 信用条件

企业在给予客户赊销的商业信用时，需要考虑具体的信用条件。信用条件是指企业要求客户支付赊销款项的条件，包括信用期限、折扣期限和现金折扣。信用条件通常表示为（1/10,n/30）等形式，其含义为：在10天之内付款可享受价款1%的现金折扣，最后付款期限为30天，超过10天付款没有任何现金折扣优惠。这里，1%为现金折扣，10天为折扣期限，30天为信用期限，也就是企业给予客户延期支付货款的期限。

（1）信用期限

信用期限是指企业销售商品提供劳务时，允许客户从购货到支付货款的时间间隔。信用期限的长短与企业制定的信用标准密切相关，信用标准高，则信用期限短，企业应收账款的机会成本及坏账损失就低，但是不利于扩大销售；相反，信用标准低，则信用期限长，表明客户享受了更加优越的信用条件，客户可以在较长时间内无偿占用企业的应收账款，节约了融资成本，对客户有较大吸引力，因而可以扩大销售，但同时也会增加企业应收账款投资的机会成本、管理成本和坏账成本。如何确定信用期限应视延长信用期限增加的收益与增加的成本的对应关系而定，从理论上讲，只要延长信用期限增加的收入大于相应增加的成本，就可以延长信用期限。

例7.5 某企业预测年度的赊销收入净额为1 600万元，其信用条件是n/20，变动成本率为60%，资金成本（或有价证券利息率）为10%。假设企业收账政策不变，固定成本总额不变。该企业准备了3个信用条件的备选方案：A方案维持n/20的信用条件，B方案将信用条件放宽到n/40，C方案将信用条件放宽到n/60，各备选方案的预计赊销收入、坏账损失率、收账费用等资料如表7.5所示。

表7.5 信用条件备选方案　　　　　　　　　　　　　万元

项　目	A方案（n/20）	B方案（n/40）	C方案（n/60）
年赊销额	1 600	2 400	2 880
应收账款周转率	10次	5次	2次
应收账款平均余额	1 600/10=160	2 400/5=480	2 880/2=1440
维持赊销业务所需资金	160×60%=96	480×60%=288	1 440×60%=864
坏账损失率	2%	3%	6%
坏账损失	1 600×2%=32	2 400×3%=72	2 880×6%=172.8
收账费用	19	40	86

根据表 7.5 中的资料分析计算各方案收益，如表 7.6 所示。

表 7.6 信用条件分析评价   万元

项　　目	A方案（n/20）	B方案（n/40）	C方案（n/60）
年赊销额	1 600	2 400	2 880
变动成本	960	1 440	1 728
信用成本前收益	640	960	1 152
信用成本			
应收账款机会成本	96×10%=9.6	288×10%=28.8	864×10%=86.4
坏账损失	32	72	172.8
收账费用	19	40	86
小计	60.6	140.8	345.2
信用成本后收益	579.4	819.2	806.8

从表 7.6 可知，3 个方案中，B 方案最优。

（2）现金折扣和折扣期限

现金折扣是企业为鼓励客户及早付款而给予客户的价格优惠，折扣期限是指为客户规定的可享受现金折扣的付款时间。采用现金折扣信用政策可以加速应收账款的收回，减少应收账款的机会成本与坏账损失等。但由于提供现金折扣，企业也将付出代价，当客户接受了现金折扣优惠时，就会导致企业原来计算的销售收入额的减少，即企业销售收入净额等于原确认的账面销售收入额减去现金折扣额。现金折扣额相当于企业提早收回应收账款的成本。企业究竟应当给予客户多长时间的折扣期限及多大程度的价格优惠，必须将现金折扣、加速收款所得到的收益与付出的现金折扣成本结合起来考虑。

例 7.6 如果在例 7.5 中企业选择了 B 方案，但为了加速应收账款的收回，现制定一个 D 方案，决定将赊销条件改为（2/10,1/20,n/40），估计将有 60%的客户会利用 2%的现金折扣，20%的客户会利用 1%的现金折扣，坏账损失率降为 2%，收账费用降为 30 万元。试问该企业改变 B 方案的信用条件、提供现金折扣的决策是否正确？其决策分析过程如下。

应收账款的周转期=60%×10+20%×20+20%×40=18（天）

应收账款的周转率=360÷18=20（次）

应收账款的平均余额=2 400÷20=120（万元）

维持赊销业务所需资金=120×60%=72（万元）

应收账款的机会成本=72×10%=7.2（万元）

坏账损失=2 400×2%=48（万元）

现金折扣=2 400×2%×60%+2 400×1%×20%=33.6（万元）

根据上述资料，分析计算 B 方案和 D 方案的信用成本后收益，如表 7.7 所示。

表7.7　信用条件分析评价　　　　　　　　　　　　　万元

项　目	B方案（n/40）	D方案（2/10,1/20,n/40）
年赊销额	2 400	2 400
减：现金折扣	—	33.6
年赊销净额	2 400	2 366.4
减：变动成本	1 440	1 440
信用成本前收入	960	926.4
减：信用成本		
应收账款机会成本	28.8	7.2
坏账损失	72	48
收账费用	40	30
小　计	140.8	85.2
信用成本后收益	819.2	841.2

由表7.7可见，D方案比B方案增加收益22万元，所以改变信用条件的决策是正确的。

3. 收账政策

收账政策也称收账方针，是指企业针对客户违反信用条件，拖欠甚至拒付账款时所采取的收账策略与措施。

在企业向客户提供商业信用时，必须考虑3个问题：第一，客户是否会拖欠或拒付账款，程度如何；第二，怎样最大限度地防止客户拖欠账款；第三，一旦账款遭到拖欠甚至拒付，企业应采取什么样的对策。前两个问题主要靠信用调查和严格的信用审批制度来解决，第三个问题则必须通过制定完善的收账政策，采取有效的收账措施予以解决。

从理论上讲，履约付款是客户不容置疑的责任与义务，是债权人合法权益要求所在。如果企业对所有客户拖欠或拒付账款的行为均付诸法律解决，往往并不是最有效的办法。因为企业解决与客户账款纠纷的目的，主要不是争论谁是谁非，而在于怎样最有成效地将账款收回。实际上，各个客户拖欠或拒付账款的原因是不尽相同的，许多信用品质良好的客户也可能因为某些原因而无法如期付款。此时，如果企业直接向法院起诉，不仅需要花相当数额的诉讼费，而且效果往往也不是很理想。因此，通过法院强行收回账款一般是企业不得已而为之的最后的办法，基于这种考虑，企业如果能够同客户商量一个折中的方案，也许能够将大部分账款收回。

通常收账的步骤是：当客户拖欠或拒付账款时，企业应当首先分析现有的信用标准及信用审批制度是否存在纰漏；然后重新对违约客户的资信等级进行调查、评价。对于信用品质恶劣的客户应当从信用名单中除掉，对其所拖欠的款项可先通过信函、电讯或派人员前往等方式进行催收，态度可以渐加强硬，并提出警告。当这些措施无效时，可以通过法院裁决。为了提高诉讼效果，也可以与其他经常被该客户拖欠或拒付账款的企业联合向法院起诉，以增强该客户信用品质不佳的证据。对于信用记录一向正常的客户，在去电、去函的基础上，不妨派人与客户直接进行协商，彼此沟通意见，达成协议，这样既可加强相互间的关系，又有助于较为理想地解决账款拖欠的问题。

企业对拖欠的应收账款，无论采用何种方式进行催收，都需要付出一定的代价，即收账费用，如收账所花的通信费、派专人收款的差旅费和不得已时的法律诉讼费等。通常，企业为了扩大销售，增强竞争能力，往往对客户的逾期应收款项规定一个允许的拖欠期限，超过规定期限，企业就应采取各种形式进行催收。如果企业制定的收款政策过宽，会导致逾期未付款项的客户拖延时间更长，对企业不利；而收账政策过严，催收过急，又可能伤害无意拖欠的客户，影响企业未来的销售。因此，企业在制定收账政策时，要权衡利弊，掌握好宽严界限。

一般而言，企业加强收账管理，及早收回货款，可以减少坏账损失，减少应收账款上的资金占用，但会增加收账费用。因此，制定收账政策要在增加收账费用与减少坏账损失、减少应收账款机会成本之间进行权衡。若前者小于后者，则说明制定的收账政策是可取的。

例 7.7 假设某企业对应收账款原有的收账政策和拟改变的收账政策如表7.8所示。

表7.8 收账政策备选方案

项 目	现行收账政策	拟改变的收账政策
年收账成本/万元	12	20
平均收账期/天	60	30
坏账损失占赊销额/（%）	3	2
赊销额	960	960
变动成本率	60%	60%

假设资金成本率为10%，根据表7.8中的资料，两种方案的收账总成本的计算如表7.9所示。

表7.9 收账政策分析评价　　　　　　　　　　　　　　　万元

项 目	现行收账政策	拟改变的收账政策
赊销额	960	960
应收账款周转次数次	360/60=6	360/30=12
应收账款平均余额	960/6=160	960/12=80
应收账款占用的资金	160×60%=96	80×60%=48
收账成本	12	20
机会成本	96×10%=9.6	48×10%=4.8
坏账损失	960×3%=28.8	960×2%=19.2
收账总成本	50.4	44

表7.9中的计算结果表明，拟改变的收账政策发生的收账成本低于现行的收账政策成本。因此，改变收账政策的方案是较为适宜的。

影响企业信用标准、信用条件及收账政策的因素很多，如销售额、赊销期限、收账期限、现金折扣、坏账损失、过剩生产能力、信用部门成本、机会成本和存货投资等的变化，这就使得信用政策的制定更为复杂。一般来说，理想的信用政策是企业采取或松或紧的信用政策时所带来的收益最大的政策。

7.2.3 应收账款日常的管理

企业对于已经存在的应收账款，应进一步强化日常的管理工作，采取有力措施进行分析控制，及时发现问题，提前采取对策。这些措施主要包括应收账款追踪分析、应收账款账龄分析和应收账款收现保证率分析等。

1. 应收账款追踪分析

通常，客户大多不愿以损失市场信誉为代价而拖欠应付账款，但是，如果客户现金匮乏，现金的可调剂程度低，或者客户的信用品质不佳，那么，企业应收账款被拖欠也就在所难免。货款一旦为客户所拖欠，企业理财人员就必须考虑如何按期足额收回货款。要达到这一目的，理财人员有必要在收账之前，对应收账款的运行过程进行追踪分析。当然，并不是对全部的应收账款都实施追踪分析，在通常情况下，主要以那些金额大或信用品质较差的客户的欠款作为考察的重点，如果有必要并且可能的话，也可对客户的信用品质与偿债能力进行延伸性调查和分析。

2. 应收账款账龄分析

应收账款账龄分析，也就是对应收账款账龄结构的分析。所谓应收账款账龄结构是指各账龄应收账款的余额占应收账款总额的比重。

通过账龄分析表能集中反映各客户的信用期限、信用额度和实际还款情况。一般而言，账款逾期时间越短，收回的可能性越大，发生坏账的可能性越小；反之，收款难度及发生坏账损失的可能性越大。因此，企业理财人员可以把应收账款账龄动态分析的结果，作为制定与修正企业信用政策和催讨应收账款的依据，以此提高应收账款的管理水平。

3. 应收账款收现保证率分析

由于企业当期现金支付需要量与当期应收账款收现额之间存在着非对称性矛盾，并呈现出预付性和滞后性的差异特征，这就决定了企业必须对应收账款收现水平制定一个必要的控制标准，即应收账款收现保证率。它是必须收现的应收账款占全部应收账款的百分比，是二者应当保持的最低比例。其公式为：

$$应收账款收现保证率=\frac{当期必需的现金支付总额-当期其他稳定可靠的现金流入总额}{当期应收账款总额}$$

公式中的其他稳定可靠的现金流入总额，是指从应收账款收现以外的途径可以取得的各种稳定可靠的现金流入数额，包括短期有价证券变现净额和可随时取得的银行贷款额等。

计算应收账款收现保证率的基本思路是：应收账款未来是否发生坏账损失，对企业并不是最为重要的，重要的是实际收现的账款能否满足同期必需的现金支付，特别是满足具有刚性约束的不得延期或调换的到期债务的需要。

学习情境 7　营运资金

背景资料

强化应收账款管理，防范经营风险

企业产生应收账款的主要目的是扩大销售，增强竞争力，其管理目标就是追求利润。在实际工作中，企业应对应收账款实行事前、事中和事后的全过程控制，加速应收账款回笼，减少坏账，确保企业经营利润的最终实现。

一、事前控制

1. 客户信用管理

① 建立客户档案，开展信用评价。

② 制定信用额度，控制应收账款规模。

③ 建立健全赊销审批制度。

2. 完善销售业务内部分工，明确岗位职责，责任落实到位

3. 建立应收账款坏账准备制度，防范财务风险

4. 开展赊销业务培训

二、事中控制

1. 加强合同管理，规范经营行为

2. 加强销售业务处理过程的管理

3. 选择先进的结算方式

三、事后控制

1. 实行销售业务内部审计工作

2. 建立应收账款账龄分析制度和应收账款催收制度

3. 实行货款回笼业绩考核和责任追究制

4. 实行定期对账制度，确保债权金额正确有效

5. 定期对货款回笼和信用政策执行情况进行跟踪和分析

资料来源： 甘肃经济日报，2007-05-21。

情境任务 7.3　存货管理

7.3.1　存货的功能与成本

存货是指企业在生产经营过程中为销售或生产耗用而储备的各类物资，主要包括原材料、委托加工材料、燃料、低值易耗品、在产品、产成品和外购商品等。

1. 存货的功能

存货的功能是指存货在企业生产经营过程中所具有的作用，主要包括以下几个方面。

（1）保证生产稳定进行

企业要进行生产经营活动，必然要储备一定数量的存货。企业增加原材料存货有利于排除原材料供应不稳定而对企业生产秩序造成的干扰，保证企业的正常生产经营。

（2）降低进货成本

在购买数量较大时，供应商通常给予一定的折扣，有利于降低材料的采购价格。只要购货成本的降低额大于因存货增加而导致的储存等各项费用的增加额，就应提前购入存货。

（3）适应市场变化

企业增加产成品或外购商品的存货有利于在市场需求上升时满足需求，扩大销售，增加商品的销售收入。但存货的增加，一方面需要企业追加投资，因而需要承担这部分投资的资金成本；另一方面当市场环境变化时也会使存货贬值的风险增加，企业将面临市场原材料价格下跌或商品需求发生变化而滞销的风险。因此存货管理应做到：在满足企业生产和销售对存货储备要求的同时，尽可能减少存货的储备数量，以降低存货占用资金成本和风险，加快存货资金周转速度，提高企业资金的使用效果。

2. 存货的成本

（1）进货成本

进货成本是指存货的取得成本，主要由存货进价和进货费用构成。存货进价是由存货买价和运杂费等构成的成本，其总额取决于采购数量和单位采购成本。单位采购成本一般不随采购数量的变动而变动，因此，在采购批量决策中，存货的采购成本通常属于无关成本；但当供应商为扩大销售而采用数量折扣等优惠方法时，采购成本就成为与决策相关的成本了。为降低采购成本，企业材料采购部门要研究市场上材料的供应情况，广泛地搜集材料供应信息，在保证质量的前提下，在价格上货比三家，尽可能采购质量好、价格低的材料物资。进货费用又称订货成本，是为订购材料、商品而发生的各项费用，包括订货过程中发生的差旅费、谈判费用、邮资和电报电话费，以及货物入库前的检验费等。进货费用一般与每次订货的数量无关，而与订货的次数有关。在全年采购总量一定的条件下，要降低年进货费用，就要减少年订货次数，而减少订货次数势必要相应地增加每次订货的数量。

（2）储存成本

企业为持有存货而发生的费用即为存货的储存成本，主要包括仓储费、搬运费、保险费、存货占用资金的机会成本及存货储存中的合理损耗等。按照与储存数额的关系分为变动性储存成本和固定性储存成本两类。一般主要考虑变动性储存成本，其等于存货平均储存数量与单位储存成本的乘积。在全年存货采购总量一定的条件下，每次采购的批量越大，存货平均储存数量越大，全年储存成本总额就越高。因此，企业降低储存成本的主要措施是增加订货次数，采用小批量的订货方式。

（3）缺货成本

缺货成本是指由于缺少存货而不能满足生产经营需要所发生的损失，包括停工待料损失、延迟交货的罚款损失和企业信誉损失等。缺货成本是一种机会成本。

7.3.2 存货的经济采购批量

所谓经济采购批量是指能使企业全年存货总成本最低的每次采购数量。

1. 确定经济采购批量的基本方法

在存货成本中，通常采购成本与订货数量无关；缺货成本也由于能够预计存货的年需要量和平均耗用量，存货可随时得到补充，而避免缺货的问题，所以这两项成本对经济采购批量没有影响。存货的变动性储存成本与每次采购数量成正比，变动性订货成本与采购数量成反比，因此，在存货管理工作中，要确定使储存成本和订货成本之和最低的采购批量，即经济采购批量。

储存成本、订货成本与年总成本的关系如图 7.3 所示。在储存成本与订货成本相等时年总成本最低，对应的采购数量 Q 即为经济采购批量，现举例说明如下。

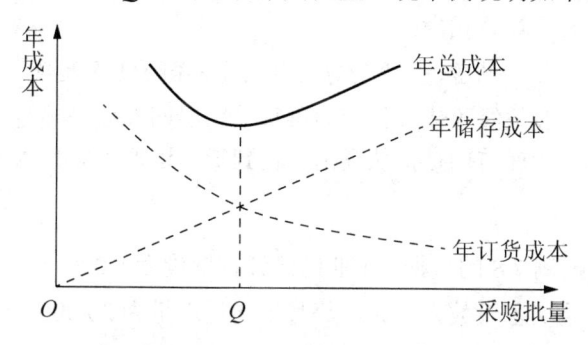

图 7.3 储存成本、订货成本和年总成本的关系

设 TC 为年储存成本与年订货成本之和；A 为存货的全年需要量；Q 为存货的每批订货量；F 为存货的每批订货成本；K 为每单位存货的年储存成本。则：

$$TC = \frac{A}{Q} \times F + \frac{Q}{2} \times K$$

从图 7.3 可看出，存货年总成本最低时，年储存成本与年订货成本相等，即 $\frac{A}{Q} \times F = \frac{Q}{2} \times K$ 时，TC 有最小值。由此得出：

$$经济采购批量\ Q^* = \sqrt{\frac{2AF}{K}}$$

例 7.8 某企业全年需要 A 材料 240 000 千克，每次的订货成本为 400 元，每个零件的年储存成本为 3 元。问该企业 A 材料的经济采购批量是多少？

解：

$$经济采购批量\ Q^* = \sqrt{\frac{2AF}{K}} = \sqrt{\frac{2 \times 240\,000 \times 400}{3}} = 8\,000(千克)$$

一年内订货次数 = 240 000 ÷ 8 000 = 30（次）

2. 订货点的确定

一般情况下，企业的存货不能做到随时领用随时补充，因此，不能等到存货全部用光时才去采购，而需要在没有用完时就提出订货，即所谓的提前订货。在提前订货的情况下，企业再次发出订货单订货时，尚存的存货数量称为订货点。其计算公式为：

$$订货点=保险储备量+平均单位时间耗用量×订货提前期$$

保险储备量是指为了防止发出订货单后，每日存货耗用量增大或供货单位供货延期造成缺货而储备的存货数量，这种储备在正常情况下是不动用的。

在经济采购批量已知的前提下，确定订货点为什么还要考虑保险储备量呢？这是因为上述经济采购批量的确定，是假设企业存货每日耗用量不变，而且各项存货从订货到到货的间隔期均已确定为条件的，但是实际上它们往往都会发生变化。因此，企业存货必须要有一定的保险储备，以防止因供应延误、存货短缺而造成损失。

存货保险储备量的计算公式为：

$$保险储备量=平均每日耗用量×保险储备天数$$

保险储备天数，一般凭经验或报告期的供货平均误期天数来确定。

订货点公式中的订货提前期是指从提出订货到货物运抵企业并入库所需要的时间。

例7.9 根据例7.8的数据，企业经济订货批量为8 000千克，一年订货30次，假设订货提前3天，保险储备天数为3天，每月平均耗用量为20 000千克。则：

$$保险储备量=20\ 000÷30×3=2\ 000（千克）$$
$$订货点=2\ 000+20\ 000÷30×3=4\ 000（千克）$$
$$最高库存量=2\ 000+4\ 000=6\ 000（千克）$$

订货点和库存量变动情况如图7.4所示。

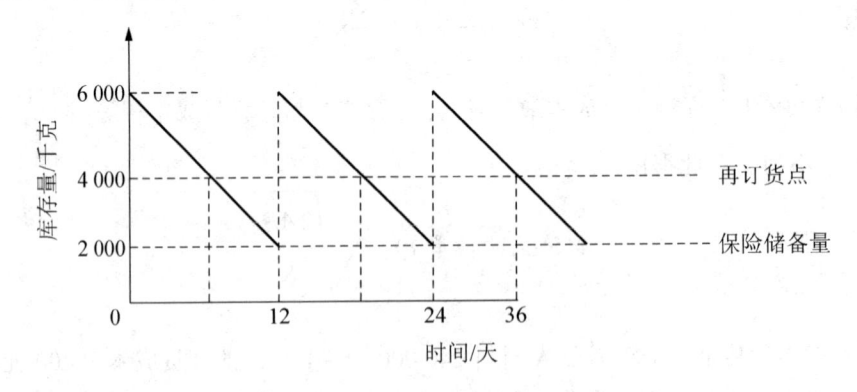

图7.4 订货点和库存量变动情况

7.3.3 存货日常控制

存货的日常控制是指在日常生产经营过程中，按照存货计划的要求，对各种存货的使用和周转情况进行的组织、调节和监督。

　　企业要根据生产经营的需要，编制存货控制计划，对各种存货做到定时采购，定量储备，定期清查盘点，以减少存货占用资金，避免存货的长期积压，保障存货的安全完整。

1. 存货的归口分级控制

　　存货的归口分级控制，是加强存货日常管理的一种重要方法。这一管理方法包括以下 3 项内容。

（1）在企业经理的领导下，财务部门对存货资金实行统一管理

　　企业必须加强对存货资金的集中、统一管理，促进供、产、销互相协调，实现资金使用的综合平衡，加速资金的周转。财务部门的统一管理主要包括以下几方面工作。

① 根据国家财务制度和企业具体情况制定的企业资金管理制度。
② 认真测算各种资金占用数额，汇总编制存货资金计划。
③ 把有关计划指标进行分解，落实到有关单位和个人。
④ 对各单位的资金运用情况进行检查和分析，统一考核资金的使用情况。

（2）实行资金的归口管理

　　根据使用资金和管理资金相结合、物资管理和资金管理相结合的原则，每项资金由哪个部门使用就归哪个部门管理。各项资金归口管理的分工一般如下。

① 原材料、燃料和包装物等资金归供应部门管理。
② 在产品和自制半成品归生产部门管理。
③ 产成品资金归销售部门管理。
④ 工具用具占用的资金归工具部门管理。
⑤ 修理用备件占用的资金归设备动力部门管理。

（3）实行资金的分级管理

　　各归口的管理部门要根据具体情况将资金计划指标进行分解，分配给所属单位或个人，层层落实，实行分级管理。具体分解过程可按以下方式进行。

① 原材料资金计划指标可分配给供应计划、材料采购、仓库保管和整理准备各业务组管理。
② 产品资金计划指标可分配给各车间和半成品库管理。
③ 成品资金计划指标可分配给销售、仓库保管和成品发运各业务组管理。

2. ABC 分类控制法

　　所谓 ABC 分类控制法是指以存货的价值高低、耗用量大小作为标准，将存货划分为 A、B、C 三类，分别采用繁简程度不同的方法进行控制。把品种数量少、占用资金多的存货归为 A 类，进行严格控制，经常检查库存情况；把品种数量繁多，资金占用少的存货归为 C 类，采用比较简单的控制方法，通常是根据历史资料确定库存储备量，或规定一个进货点，在存货低于这个进货点时就组织进货；把介于 A 类和 C 类之间的存货归为 B 类，采用次于 A 类的控制方法。

　　运用 ABC 分类控制法控制存货资金，一般分以下几个步骤。

1）根据存货在一定期间内（一般为 1 年）的耗用量和价格计算出每一种存货的资金占用额。

2）计算出每一种存货资金占用额占全部存货资金占用总额的百分比，并按大小顺序排列编成表格。

3）根据事先测定好的标准，把最重要的存货划为 A 类，把一般存货划为 B 类，把不重要的存货划为 C 类。

4）对 A 类存货实施重点控制，对 B 类存货实施次重点控制，对 C 类存货实施一般性的控制。

例 7.10 某企业耗用 50 种材料，共占用资金 2 000 万元，按各种材料占用资金数额多少的顺序排列后，划分为 A、B、C 三类，如表 7.10 所示。

表 7.10 材料资金分类情况

材料名称	年耗用量/千克	单价/元	年占用资金额/元	资金占用比重/（%）	各类存货品种比重/（%）	分　类
1	288 000	10	2 880 000	15		
2	96 000	20	1 920 000	10	10	A
⋮	⋮	⋮	⋮	⋮		
X 种材料小计			13 440 000	70		
7	160 000	6	960 000	5		
8	120 000	8	960 000	5	20	B
⋮	⋮	⋮	⋮	⋮		
Y 种材料小计			3 840 000	20		
其余 Z 种材料			1 920 000	10	70	C
合　计			19 200 000	100	100	

从表 7.10 中可以看出：A 类存货的品种占全部存货品种数的 15%，但占用资金额却占全部存货占用资金总额的 70%，因而应集中主要力量进行严格的控制和管理；C 类存货品种比重为 65%，但资金占用比重仅为 10%，不必花费大量时间和精力去进行规划和控制；B 类存货介于 A 类和 C 类之间，应给予相当的重视，但不必像 A 类那样进行非常严格的控制。

思考与练习

一、单项选择题

1. 企业置存现金的原因，主要是为了满足（　　）。
   A．交易性、预防性、收益性的需要　B．交易性、投机性、收益性的需要
   C．交易性、预防性、投机性的需要　D．预防性、收益性、投机性的需要

学习情境 7　营运资金

2．持有现金的成本不包括（　　）。
　　A．转换成本　　B．持有成本　　C．短缺成本　　D．损失成本
3．利用存货模型确定最佳现金持有量时，不予考虑的因素是（　　）。
　　A．持有现金的机会成本　　　　B．现金的管理成本
　　C．现金的交易成本　　　　　　D．现金的平均持有量
4．对信用期限的叙述，以下正确的是（　　）。
　　A．信用期限越长，坏账发生的可能性越小
　　B．信用期限越长，表明客户享受的信用条件越优越
　　C．延长信用期限，将会减少销售收入
　　D．信用期限越长，收账费用越少
5．存货经济批量的计算通常不包括（　　）。
　　A．全年需要量　　　　　　　　B．每次进货成本
　　C．单位储存成本　　　　　　　D．每日需要量

二、多项选择题

1．某企业现金收支状况稳定，全年按存货模式计算的最佳现金持有量为 40 000 元，全年现金用量为 200 000 元，现金持有成本率为 10%，则下列说法正确的有（　　）。
　　A．转换成本为 2 000 元　　　　B．有价证券交易间隔期为 72 天
　　C．机会成本为 2 000 元　　　　D．相关总成本为 4 000 元
2．现金的短缺成本（　　）。
　　A．不考虑其他资金的变现能力　B．包括丧失的购买机会
　　C．包括失去信用的损失　　　　D．包括放弃现金折扣的损失
3．用成本分析模式确定最佳现金持有量时，应予考虑的成本费用有（　　）。
　　A．现金管理费用　　　　　　　B．现金短缺成本
　　C．现金置存成本　　　　　　　D．现金与有价证券的转换成本
4．企业为满足预防需要而置存的现金余额主要取决于（　　）。
　　A．企业对现金流量预测的可靠程度　B．企业的借款能力
　　C．企业愿意承担风险的程度　　　　D．企业在金融市场上的投资机会
5．信用条件是指公司要求客户支付赊销款的条件，一般包括（　　）。
　　A．信用期限　　B．现金折扣　　C．折扣期限　　D．坏账损失率

三、简答题

1．确定目标现金持有量有哪些模式？
2．应收账款日常管理的主要管理措施有哪些？

四、计算题

1．某企业计划全年耗用 C 材料 16 000 千克，该材料购入单价为 800 元，每次订货的变动成本为 200 元，每千克 C 材料储存一个季度的变动储存成本为 10 元，假设不允许缺货且

无数量折扣。请独立完成以下要求。

（1）填列表 7.11 中的各项目，并写出批量为 200 千克时的填表计算过程。

（2）每次购入 C 材料多少千克能使全年相关总成本达到最低？此时的相关总成本为多少？

表 7.11　订货相关成本计算

批量＼项目	平均储存量	储存成本	订货次数	订货成本	相关总成本
200 千克					
600 千克					

2．某企业预测的年度赊销收入净额为 4 800 万元，其信用条件是 n/30，变动成本率为 65%，机会成本率为 20%。假设企业收账政策不变，固定成本不变。该企业备有 A、B、C 三个备选方案，信用条件分别是：A：$n/30$；B：将信用条件放宽至 n/60；C：将信用条件放宽至 n/90。其赊销额分别为 4 800 万元、5 300 万元和 5 600 万元；坏账损失率分别为 1.5%、3%和 5%；收账费用分别为 26 万元、36 万元和 59 万元。

要求：

（1）试选最佳方案。

（2）如果将最佳方案的信用条件改为(2/10,1/20,n/50)（D 方案），估计约有 50%的客户利用 2%的折扣，20%的客户利用 1%的折扣，其余客户放弃折扣于信用期限届满时付款。坏账损失率降为 1.2%，收账费用降为 26 万元，其他不变。比较后选择最佳方案。

实务训练

振华公司是汽车制造企业，全年需要钢材 720 000 吨，每吨的标准价格为 5 000 元，销售企业规定：客户每批购买量不足 5 000 吨按标准价格计算；每批购买量在 5 000 吨以上 10 000 吨以下的，价格优惠 5%；每批购买量在 10 000 吨以上的价格优惠 8%。已知每次订货的变动成本为 1 000 元，每吨材料年变动储存成本为 360 元。

分析振华公司材料采购的最佳经济批量。

学习情境 8

利润分配管理

学习目标

通过本学习情境的学习,理解影响利润分配的因素及股份制企业中各种股利形式的优缺点;掌握企业利润预测的方法;知晓利润分配的程序及股利分配的程序;明确利润分配决策方案的选择及运用。

引导案例

ABC网络上市企业拥有的资产总额为2 000万元,企业已经连续2年亏损。权益乘数为2,ABC企业目前资本结构为最佳资本结构,权益资本均为普通股,每股面值为10元,负债的年平均利率为10%。企业年初未分配利润为-358万元,当年实现营业收入为15 000万元,固定成本为650万元,变动成本率为60%,所得税率为25%。ABC企业按10%和5%提取盈余公积和公益金。企业预测下一年度投资需要资金为4 500万元。

根据ABC企业的情况,企业本年是否应该发放股利?如果发放股利,采用何种股利发放政策最好呢?如果采用剩余股利政策,能否满足下一年度投资对权益资本的需求呢?

通过利润分配相关知识的学习,我们将解决上述问题。

情境任务 8.1　企业利润预测

8.1.1　本量利分析法

1. 本量利分析的含义

本量利分析就是对成本、业务量（销售量）和利润之间相互关系的分析。它研究的内容是成本、业务量和利润之间的内在联系，它所提供的原理、方法在企业财务管理中有着十分广泛的用途。同时，本量利分析法也是企业进行决策、计划和控制的重要工具。

2. 本量利分析的基本假设

本量利分析建立在一定的基本假设条件上，了解这些基本假设，可以在实际应用中灵活地调整有关数据，以满足企业经营管理的需要。

（1）相关范围假设

假定在一定的期间和一定的业务量范围内，成本与销售收入各表现为一条直线，即成本与销售收入均与业务量成线性关系。这里的相关范围假设包括"期间"假设和"业务量"假设。

（2）成本性态可分假设

假设各项成本完全可以按照性态分为固定成本、变动成本两部分。

首先，固定成本假设是固定成本不变的假设。用模型来表示为 $A=a$（A 为固定成本，a 为固定数），即企业在生产经营能力一定的范围内（相关范围内），固定成本是固定不变的，表示在平面直角坐标系中是一条平行于横轴的直线。其次，变动成本假设是其与业务量成完全线性关系的假设。这个假设也是在一定的"相关范围"内才能成立的。超出这个相关范围，变动成本与业务量之间的关系就要另外描述。变动成本与业务量之间的完全线性关系用模型表示为 $B=bx$（B 为变动成本总额，b 为单位变动成本，x 为业务量）。这种关系在直角坐标系中表示的是一条通过原点的、斜率为单位变动成本的直线。

（3）产销平衡假设

本量利分析中的"量"指的是销售数量而非生产数量，在销售价格不变的条件假设下产量与销量是均衡的，表现为相向关系。生产量与销售量这两种相反的力是相互作用的，生产量与销售量相等时表现为均衡状态，生产量与销售量不等时表现为不均衡状态。本量利分析的产销平衡假设是指产量与销量相等时的均衡状态。

（4）品种结构不变假设

如果企业进行多品种生产，假设以价值形式表现的产销总量发生变化时，原来的各种产品的产销额在全部产品产销总额中所占的比例不会发生变化。

3. 本量利分析的运用

本量利分析的基本计算公式为:

利润=销售收入-总成本

=销售收入-变动成本-固定成本

=销售量×单价-销售量×单位变动成本-固定成本

=销售量×(单价-单位变动成本)-固定成本

这个方程式一般被称为基本损益方程式,它明确地表达了本量利之间的数量关系。但是,应当注意,上述公式中的利润一般是指未扣除利息和所得税以前的利润,即息税前利润(EBIT)。

利用前面所学的边际贡献的概念,本量利的基本损益方程式还可以变换成边际贡献方程式。其计算公式为:

利润=销售收入-变动成本-固定成本=边际贡献-固定成本

也可以用下列公式表示。

利润=销售量×单位边际贡献-固定成本

或 利润=销售收入×边际贡献率-固定成本

例 8.1 万达企业根据市场调查分析,预测出计划期间 A 产品的销售量为 2 000 件,该产品销售单价为 180 元,单位变动成本为 100 元,固定成本总额为 32 000 元。

要求:预测出计划期间 A 产品预计可实现的目标利润。

解:根据本量利分析的基本公式,A 产品的预计目标利润如下。

2 000×(180-100)-32 000=128 000(元)

可见,通过本量利分析法,可以预测出企业一定销售量下的目标利润,也可以预测出为了达到一定的目标利润所需要实现的目标销售量或目标销售额。通过这种分析,企业就可以比较分析现有的销售水平与实现目标利润的销售水平间的差距,以研究提高利润的各种方案,如降低售价,促进销售;改进产品工艺,降低成本;节约固定成本,等等。根据以上本量利的基本原理,可以进行保本点预测和目标利润预测。下面举例说明这两种预测方法。其计算公式为:

$$保本销售量 = \frac{固定成本}{单价-单位变动成本}$$

$$保本销售额 = \frac{固定成本}{1-变动成本率}$$

$$目标销售量 = \frac{固定成本+目标利润}{单价-单位变动成本}$$

$$目标销售额 = \frac{固定成本+目标利润}{1-变动成本率}$$

例 8.2 万达企业生产 B 产品，单位变动成本为 200 元，固定成本总额为 40 000 元，市场上 B 产品每件的销售价格为 400 元。

要求：预测 B 产品的保本销售量和保本销售额。

解：根据本量利的基本公式，计算保本销售量和保本销售额如下。

$$保本销售量 = \frac{40\ 000}{400 - 200} = 200(件)$$

$$保本销售额 = \frac{40\ 000}{1 - 200/400} = 80\ 000(元)$$

从预测的结果可知：当 B 产品的销售量达到 200 件时，企业就可以保本；销售大于 200 件时，企业就可以赢利；销售量小于 200 件时，则企业会亏损。

该企业经过调查分析，确定计划期间的目标利润为 50 000 元，则预测实现目标利润的目标销售量和目标销售额为：

$$目标销售量 = \frac{40\ 000 + 50\ 000}{400 - 200} = 450(件)$$

$$目标销售额 = \frac{40\ 000 + 50\ 000}{1 - 200/400} = 180\ 000(元)$$

8.1.2 相关比率法

企业在一定时期实现的利润与销售收入、资金占用总额等指标有着密切的关系。一般而言，企业的利润总额同销售收入、资金占用总额是正相关的。相关比率法就是根据利润同这些指标之间的内在关系，对计划期间的利润进行预测的一种方法。常用的相关比率主要有销售收入利润率和资金利润率等。销售收入利润率和资金利润率一般以基期数为依据，并考虑到计划期有关变动因素加以确定，也可以根据同行业的平均先进水平来确定。

相关比率法的计算公式为：

利润＝预计销售收入×销售收入利润率

或

利润＝预计平均资金占用额×资金利润率

从公式中可知，利润的预测是以销售收入的预测和资金占用额的预测为基础的。销售收入和资金占用额预测的准确与否直接影响到利润预测的准确性。

例 8.3 万达企业基期的销售收入利润率为 20%，根据对市场的预测分析，计划期的销售收入利润率与基期的相同，预计企业的销售收入为 5 000 万元。

要求：预测企业计划期的利润额。

解：根据相关比率法，计划期企业的利润额为：

利润=5 000×20%=1 000（万元）

例 8.4 某企业预测计划期的资金平均占用额为 9 000 万元，同行业的平均先进资金利润率为 12%。

要求：预测企业计划期的利润额。

解：根据相关比率法，企业计划期的利润为：

利润=9 000×12%=1 080（万元）

8.1.3 因素测算法

因素测算法是指在基期利润水平的基础之上，根据计划期间影响利润变动的各项因素，预测出企业计划期间的利润额。因素测算法是以本量利分析法的基本原理为基础的。根据本量利的关系可知，影响利润的主要因素有销售量、销售价格、变动成本、固定成本总额和所得税税率等。采用因素测算法预测利润的计算公式为：

计划期利润=基期利润±计划期各因素的变动而增加或减少的利润

在采用因素测算法进行利润预测时，主要有以下步骤。

1）对影响利润的各种因素进行测算，这些因素有外部因素，如市场供需的变化对产品销售量和销售价格的影响，也有内部因素，如产品的单位变动成本和固定成本的变化等。

2）将变化的各种因素代入本量利方程式，测算出对利润的影响结果。通常，销售量和销售价格同利润是正相关的，销售量的增加与销售价格的提高，都会使利润增加；单位变动成本和固定成本同利润是负相关的，单位变动成本和固定成本的增加，都会使利润减少。

例 8.5 万达企业上一年度 C 产品的销售量为 50 000 件，销售单价为 30 元，产品的单位变动成本为 18 元，固定成本为 85 000 元，年度的利润总额为 515 000 元。经过对市场供需状况的调查，本年度 C 产品的预计销售量为 60 000 件，销售单价为 28 元。据预测，该企业因改进产品工艺，单位变动成本可降低至 15 元，但固定成本会增加到 95 000 元。

要求：采用因素测算法计算各因素的变化对利润的影响并预测本年度 C 产品的利润。

解：

（1）销售量增加对利润的影响

(60 000-50 000)×(30-18)=120 000（元）

（2）销售单价降低对利润的影响

(28-30)×60 000=-120 000（元）

（3）单位变动成本降低对利润的影响

$$(18-15)\times 50\ 000=150\ 000（元）$$

（4）固定成本增加对利润的影响

$$85\ 000-95\ 000=-10\ 000（元）$$

以上各因素对利润的综合影响为：

$$120\ 000-120\ 000+150\ 000-10\ 000=140\ 000（元）$$

计划年度企业利润为：

计划年度预计利润总额=515 000+140 000=655 000（元）

情境任务8.2 利润分配政策

8.2.1 确定利润分配政策应考虑的因素

企业的利润分配政策主要受以下因素的影响。

1. 法律因素

为保护债权人和股东的利益，国家有关法规对企业的利润分配有一些硬性限制。这些限制主要体现在以下几个方面。

（1）资本保全约束

资本保全约束是指不能因支付股利而减少资本总额。其目的在于使企业有足够的资本来保护债权人的权益。

（2）资本积累约束

它要求企业在分配收益时，必须按一定比例和基数提取各种公积金。股利只能从企业可供分配的收益中支付，企业当期的净利润按规定提取各种公积金后和过去积累的留存收益形成企业可供分配的收益。此外，企业在进行利润分配时，一般应遵循"无利不分"的原则，即当企业出现年度亏损时，一般不进行利润分配。

（3）债务契约约束

如果企业已经无力偿还债务，再发放股利将极大地影响企业偿债能力，所以不准发放股利。

（4）超额累计利润约束

因为资本利得与股利收入的税率不一致，企业通过保留利润来提高其股票价格，则可以为股东避税，所以，有些国家的法律禁止企业过度地积累盈余。如果一个企业的积累远远超过企业目前及未来投资的需要，则看作是过度保留，将被征收额外的税款。但我国目前尚无相关规定。

2. 股东因素

股东出于对自身利益的考虑，可能对企业的股利分配提出限制、稳定或提高股利发放率等不同意见。

（1）控制权约束

企业如果派发股利，留存收益将会减少，将来依靠发行股票等方式筹集资本的可能性增大，而增发新股，尤其是普通股，意味着企业控制权有旁落他人或其他企业的可能；相反，降低股利发放率可避免控制权的稀释，但股利发放过少，可能会引起部分股东的不满。

（2）股东对股利分配的态度

企业中每个投资者的投资目的或对企业股利分配的态度不完全一致，有的股东关注企业的长期稳定发展，不十分重视目前的收益，希望企业少分股利；有的股东希望获取实际的高额股利，希望企业定期支付高股利；有的股东偏爱投机，投资的目的在于通过炒股获取价差。企业股利政策必须兼顾这 3 类投资者对股利的不同态度，以平衡企业各类股东的关系。

3. 企业因素

企业出于长期发展和短期经营的考虑，需要综合考虑以下因素，最终制定出合适的利润分配政策。

（1）资产的流动性

如果企业资产的流动性较强，即持有大量的货币资金和其他流动资产，变现能力强，可以采取较高的股利率分配股利；反之，就应该采取较低的股利率分配股利。一般来说，企业不应该也不会为了单纯追求高额股利而降低企业资产的流动性。

（2）筹资能力和偿债需要

如果企业能在较短时间内筹措到所需的货币资金，就可按较高的比率支付股利。另外，企业偿还债务不外乎采用两种形式：一是用现有货币资金偿付；二是借新债取得的资金偿还到期债务。如果企业采用第 1 种形式，就应尽量减少股利的分配额。

（3）投资需求

企业的股利决策在较大程度上要受到投资机会的制约。如果企业选择了许多有利的投资机会，需要大量的资金，则宜采用较紧的股利政策；反之，股利政策就可以宽松。

（4）股利政策的一贯性

企业还需考虑历年采取的股利政策的连续性和稳定性，一旦决定作重大调整，就应该充分估计到这些调整在企业股利政策公布后对企业股票价格、负债能力和信用等方面带来的一系列可能的后果。

（5）盈利的稳定性

企业的利润分配政策在很大程度上受到自身盈利稳定性的影响。一般而言，企业的盈利稳定性越强，其股利支付水平也就越高。

（6）筹资成本

留存收益是企业内部筹资的一种重要方式，它同发行新股或举债相比，具有成本低的特点。因此，很多企业在确定利润分配政策的时候，喜欢将留存收益作为首选的筹资渠道，特别是企业负债资金多、资本结构较差的时期。

8.2.2 利润分配政策的评价与选择

利润分配政策是指企业管理当局对利润分配有关事项作出的决策。利润分配在股份制企业经营理财决策中，始终占有重要地位。这是因为利润的发放，既关系到企业股东的经济利益，又关系到企业的未来发展。对于企业管理当局而言，如何均衡利润发放和企业的未来发展，并使企业股票价格稳中有升，便成为企业经营管理层的主要目标。在财务管理的实践中，股份有限企业的股利分配政策主要有以下4种类型。

1. 剩余股利政策

剩余股利政策是将股利的分配同企业的资本结构有机地联系起来，即根据企业的最佳资本结构测算出企业投资所需要的权益资本数额，先从盈余中扣除，然后将剩余的盈余作为股利给所有者进行分配。

剩余股利政策一般包括以下步骤。

1）根据企业的投资计划确定最优资本结构。
2）确定最优资本结构下投资项目所需要的权益资本数额。
3）最大限度地使用企业留存收益来满足投资项目对权益资本的需要数额。
4）留存收益在满足企业股东权益需求后，如果有剩余再用来发放股利。

例8.6 万达企业2016年净利润为3 000万元，2017年度投资计划所需资金3 200万元，企业的目标资本结构为自有资金占60%，债务资本占40%。

按照目标资本结构的要求，企业投资方案所需的自有资金数额为：3 200×60%=1 920（万元）。

按照剩余股利政策的要求，该企业2016年度可向投资者分配的股利数额为1 080（3 000-1 920）万元。

如果企业当年流通在外的普通股为1 000万股，每股股利为1.08（1 080÷1 000）元。

剩余股利政策的优点是留存收益优先保证了再投资的需要，降低了资本成本，实现了企业价值的长期最大化。其缺点表现在：股利发放额每年随投资机会和盈利水平的波动而波动，不利于投资者安排收入与支出，也不利于企业树立良好的形象。剩余股利分配政策一般适用于企业初创阶段。

2. 固定股利额政策

采用这种股利政策，企业固定分配股利可使企业树立良好的市场形象，有利于企业股票价格的稳定，增加投资者的投资信心。此外，稳定的股利可使投资者预先根据企业的股利水平安排支出，从而降低了投资风险，而当企业股利较丰厚时，其股票价格也会大幅提高。

采用固定股利额政策由于股利的支付与企业盈余相脱节，当企业盈余较低时仍需支付固定的股利额，会导致企业资金紧张，财务状况恶化，同时不能像剩余股利那样保持较低的资本成本。

3. 固定股利支付率政策

固定股利支付率政策是指在一个较长的时期内，不管盈利情况是好是坏，企业都按每股收益的固定比率支付股利。在这种政策下，每股股利的多少会随每股利润的变化而变化。

固定股利支付率政策使股利与企业盈利紧密结合，体现了多盈多分、少盈少分、不盈不分的原则，对企业的财务压力较小。但是，股利支付的不稳定性会给投资者传递企业发展不稳定的信号，并由此导致企业股票价格的波动。因此，固定支付率政策适用于稳定发展的企业和企业财务状况比较稳定的阶段。

4. 低正常股利加额外股利政策

低正常股利加额外股利政策是指企业在一般情况下，每年只向股东支付某一固定的、金额较低的股利，只有在盈余较多的年份，企业才根据实际情况决定向股东额外发放较多的股利。

低正常股利加额外股利政策具有较大的灵活性，当企业盈利较少或投资需要的资金较多时，可维持原定的较低但正常的股利，股东就不会有股利跌落感；当企业盈余有较大幅度增加时，又可在原定的较低但正常的股利基础上，向股东增发额外的股利，以增强股东对企业未来发展的信心，进而稳定股价。同时，这种股利政策可使依靠股利度日的股东，每年至少可以得到虽然较低但比较稳定的股利收入。正因为这种股利政策具有稳定的特点，所以被许多企业采用。低正常股利加额外股利的政策尤其适合于盈利经常波动的企业。

背景资料

苹果电脑公司的股利发放

1976年，两个年轻人Stephen Wozniak和Steven Jobs在位于北加利福尼亚的"硅谷"成立了苹果电脑有限责任公司。1986年是苹果公司的分水岭。这年底，苹果公司收入为19亿美元，净利润1.54亿美元。从1980年至1986年，苹果公司净利润的年增长率达到53%。1987年第四季度的高额利润和Macintosh计算机销售收入增长42%的业绩，令所有人大吃一惊。

为了证明其对未来的信心，苹果公司在1987年4月23日宣布了它的首次季度股利：

每股 0.12 美元，同时宣布进行 2∶1 的股票拆细。股票市场对苹果公司的首次股利反应非常强烈，股利宣布当天，股价上升了 1.75 美元，在 4 个交易日里股价上涨了约 8%。

资料来源：吴世农．公司理财[M]．北京：机械工业出版社，2006：374．

8.2.3 股份制企业的股利形式

按照股份有限企业对其股东支付股利的方式不同，股利可以分为不同的种类，常见的有以下 4 种。

1．现金股利

现金股利是以现金支付股利，它是企业最常见的股利发放形式。这种形式满足了大多数投资者的需求，但势必增加企业付现的压力。因此，企业必须依据现金存量情况对其进行全面权衡，并制定出合理的现金股利政策。

背景资料

地产股成派现奶牛　万科拟拿 7.7 亿元向股东发红包

由于经济回暖、现金流充裕等诸多因素，使国内市场的分红意识增强，不少业绩大幅增长的公司有了高送转的实力，从而推高了 2009 年上市公司的分红力度。统计数据显示，在已发布年报的公司中，超过六成企业向股东发钱，累计派现金额达到 138 亿元，占净利润总额的 22%，银行和地产成为"派现奶牛"。

在派现总额前十大公司中，有两家银行股、两家地产股。其中派现最多的为兴业银行，该公司表示，2009 年实现净利润 132.81 亿元，同比增长 16.61%。该行同时表示拟每 10 股派现金红利 5 元，共分配现金红利 25 亿元。这创出该公司上市以来最高纪录，也是今年已发布年报公司中发钱最多的上市公司。

紧随其后的是地产股万科 A（000002），该公司拟拿出 7.7 亿元向股东发红包。此外，宁波银行（002142）派现总额为 5 亿元，保利地产（600048）为 3.52 亿元。

资料来源：张忠安．地产股成派现奶牛[OL]．（2010-05-05）[2016-10-02]．中国证券网，http://www.cnstock.com．

2．财产股利

财产股利是企业以现金以外的资产支付的股利，通常以企业持有的各种有价证券支付，如债券、股票等作为股利发放给股东。

3．负债股利

负债股利是以负债的方式支付股利，通常以企业的应付票据支付给股东，有时也以发行企业债券的形式支付股利。

财产股利和负债股利实际都是现金股利的替代方式，但目前这两种方式在我国很少使用。

4. 股票股利

股票股利是指企业以发放的股票作为股利支付给股东的股利支付形式，又可称其为送红股，它是仅次于现金股利的常用股利派发形式。股票股利对于企业而言，并没有现金流出企业，也不会导致企业的财产减少，只是将企业的留存收益转化为股本。但股票股利会增加企业流通在外的股票数量，同时降低股票的每股价值。它不改变企业股东权益总额，但会改变企业股东权益构成。

背景资料

高送转狂欢行情预热 "10转20" 屡见不鲜

随着2015年行情尾声临近，上市公司2015年度分配方案的披露也进入高峰期，仅2015年12月22日就有3家上市公司的控股股东提议2015年度高送转预案。送转股比例也越来越高，往年显得十分豪爽的"10转10"如今已经成为"起步价"。

2015年12月22日，永清环保（300187）的股价"一字板"涨停。当日，该股推出年度高送转预案，拟"10转20"派0.3元，超高比例的送转方案旋即受到市场瞩目。颇为"大气"的高送转方案，自然也吸引了市场资金的追捧。

12月8日，财信发展（000838）披露"10转25"的年度分配预案后，其股价随即飙涨，短短10个交易日，财信发展的股价已经翻番。导报记者盘点发现，除了送转预案最高的财信发展外，西泵股份（002536）、康盛股份（002418）和万润科技（002654）等个股的送转预案均为10转20股，前三者还同时有分红方案。超高比例的高送转方案吸引了资金的垂青。例如，西泵股份、康盛股份等10转20股或同时有分红的公司公布预案后，均至少收获了两个涨停。

但有数据显示，近期炒作高送转个股的资金中，游资是绝对主力。深交所2015年12月18日就发文指出，高送转的实质是股东权益的内部结构调整，对净资产收益率没有影响，对公司的盈利能力也没有实质影响。投资者在面对市场出现的高送转传闻时，不宜盲目轻信，更不要抱着侥幸的心理跟风炒作。

资料来源：经济导报，http://stock.hexun.com/2015-12-22/181348164.html.

例 8.7 某上市企业在2010年发放股票股利前，其资产负债表上的股东权益情况如表8.1所示。

表 8.1　股利发放前股东权益情况　　　　　　　　　　　万元

股东权益	金　额
普通股（面值1元，流通在外2 000万股）	2 000
资本公积	5 000
盈余公积	3 000
未分配利润	4 000
股东权益合计	14 000

假设企业宣布发放30%的股票股利，现有股东每持有10股可以获得赠送的3股普通股。该企业发放股票股利600（2 000÷10×3）万股，随着股票股利的发放企业的未分配利润中有600万元资金转移到普通股股本账户中，因此普通股股本由2 000万元增加到2 600万元，而未分配利润由4 000万减少至3 400万元，但股东仅益总额仍为14 000万元。其股票股利发放后股东仅益部分如表8.2所示。

表 8.2　股利发放后股东权益情况　　　　　　　　　　　万元

股东权益	金　额
普通股（面值1元，流通在外2 600万股）	2 600
资本公积	5 000
盈余公积	3 000
未分配利润	3 400
股东权益合计	14 000

如果一位股东派发股票股利前持有企业普通股6 000股，那么他拥有的股利比例为：

6 000÷20 000 000=0.03%

派发股票股利后，他拥有的股份比例为：

6 000+1 800=7 800（股）

7 800÷26 000 000=0.03%

可见，由于企业净资产不变，而股票股利派发前后每一位股东的持股比例也不发生变化，因此他们各自持股所代表的净资产也不会改变。

情境任务 8.3　利润分配程序

8.3.1　企业利润分配的一般程序

利润分配程序是指企业根据适用的法律、法规或有关规定，对一定期间实现的净利润进行分派的顺序。企业税后利润分配的一般程序如下。

1. 弥补以前年度的亏损

企业的法定公积金不足以弥补以前年度亏损的，在提取法定公积金之前，应当先用当年利润弥补亏损。

2. 提取法定盈余公积金

法定盈余公积金按照税后利润（扣除弥补亏损后余额）的 10% 提取，当企业的法定盈余公积金累计金额达到注册资本的 50% 时，可以不再提取。法定盈余公积金是企业的一项内部积累，这部分资金提取出来后将继续留在企业内部，可用于弥补亏损或转增资本金，以满足扩大再生产的需要。但企业用盈余公积金转增资本金后，法定盈余公积金的余额不得低于企业注册资本的 25%。

3. 提取任意盈余公积

根据企业法的规定，企业从税后净利润中提取法定公积金后，经股东会或股东大会决议，还可以从税后利润中提取任意公积金。

4. 向股东（投资者）分配股利（利润）

根据企业法规定，企业弥补亏损和提取公积金后剩余的税后利润，可以向股东（投资者）分配股利（利润），其中有限责任企业股东按实缴的出资比例分得红利，但全体股东约定不按照出资比例分取红利的除外；股份有限企业按照股东持有的股份比例分配，但股份有限企业章程规定不按持股比例分配的除外。

8.3.2 股利发放程序

企业在选择了股利政策，确定了股利支付方式后，应当进行股利发放。企业的股利发放必须根据相关要求，按照日程进行。一般而言，股利发放按照以下日程进行。

1. 预案公布日

上市企业分派股利时，先由企业董事会制定分红预案，具体包括分红的数量、方式，股东大会召开的时间、地点及表决方式等。

2. 宣布日

董事会制定的分红预案必须经过股东大会讨论通过后，才能公布正式分红方案及实施时间。

3. 股权登记日

股权登记日是由企业宣布分红方案时确定的一个具体日期。凡是在此规定日期收盘之前取得了企业股票，成为企业在册股东的投资者都可以作为股东享受企业分派的股利。而在此日期之后取得股票的股东则无权享受已宣布的股利。

4. 除息日

除息日就是确定什么日期以后的股票分不到股利。规定除息日的主要目的是确定谁可分得股利，谁不可分得股利。因为在股票交易中办理过户手续需要一定的时间，如果不规定一个除息日期，交易双方可能会因股利问题发生矛盾。在股票交易中，自除息日起的股票称为除息股票，自除息日起的股票交易称为除息股票交易。

5. 股利发放日

在股利发放日，企业按公布的分红方案向股权登记日的在册股东实际支付股利。

例 8.8 某上市企业于 2017 年 4 月 6 日公布了 2016 年度的最后分红方案，其公布如下："2017 年 4 月 6 日在北京召开股东大会，通过了 2016 年 4 月 4 日董事会关于每股派发 0.1 元的 2016 年股息分配方案。股权登记日为 4 月 25 日，除息日为 4 月 26 日，股东可在 5 月 2 日至 16 日之间通过深圳交易所按交易方式领取股息。特此公告。"

那么，该企业的股利支付程序如图 8.1 所示。

```
  4月4日   4月6日        4月25日  4月26日      5月2日        5月16日
    |────────|─────────────|───────|───────────|──────────────|
  预案公布日  宣布日       股权登记日 除息日         支付期间
```

图 8.1 股利支付程序示意

思考与练习

一、单项选择题

1. 本量利分析法中的"量"是指（　　）。
   A. 生产量　　　　　　　　　B. 销售量
   C. 产销量　　　　　　　　　D. 库存产品数量

2. 如果产品的单价与单位变动成本上升的百分比相同，其他因素不变，则保本点的销售量将（　　）。
   A. 不变　　　　　　　　　　B. 上升
   C. 下降　　　　　　　　　　D. 不一定

3. 在以下项目中，确定收益分配政策时应考虑的企业因素是（　　）。
   A. 投资需求　　　　　　　　B. 避税
   C. 稳定收入　　　　　　　　D. 控制权

4. 一般而言，适合采用固定或稳定增长股利政策的企业是（　　）。
   A. 负债率较高的企业　　　　B. 经营比较稳定或正处于成长期的企业
   C. 盈利波动较大的企业　　　D. 盈利较高但投资机会较多的企业

5. 剩余股利分配政策的根本目的是（　　　　）。
   A．降低企业的筹资成本　　　　B．稳定企业的股票价格
   C．增强企业的灵活性　　　　　D．体现股利与盈余紧密配合

二、多项选择题

1. 企业利润预测的方法有（　　　　）。
   A．本量利分析法　　　　　　　B．相关比率法
   C．因素测算法　　　　　　　　D．比较分析法
2. 企业利润分配的程序有（　　　　）。
   A．弥补以前年度的亏损　　　　B．提取法定盈余公积金
   C．提取任意盈余公积　　　　　D．向股东（投资者）分配股利（利润）
3. 股份制企业的股利形式主要有（　　　　）。
   A．现金股利　　　　　　　　　B．财产股利
   C．股票股利　　　　　　　　　D．负债股利
4. 下列各项中，会导致企业采用低股利政策的事项有（　　　　）。
   A．物价持续上升　　　　　　　B．陷于经营收缩的企业
   C．企业资产流动性较弱　　　　D．企业盈余不稳定
5. 企业发放股票股利的优点主要有（　　　　）。
   A．可将现金留存企业用于追加投资，同时减少筹资费用
   B．股票变现能力强，易流通，股东乐于接受
   C．可传递企业未来经营绩效的信号，增强经营者对企业未来的信心
   D．便于今后配股融通更多资金和刺激股价

三、判断题

1. 企业不能使用股本和资本公积发放股利。　　　　　　　　　　　　　　（　　）
2. 对于盈余不稳定的企业而言，多采用较低的股利政策。　　　　　　　　（　　）
3. 派发股票股利可能会导致企业资产的流出或负债增加。　　　　　　　　（　　）
4. 采用剩余股利政策，股利发放额不受盈利水平的影响，而是会受投资机会的影响。
   　　　　　　　　　　　　　　　　　　　　　　　　　　　　　　　　（　　）
5. 在除息日之前，股利权从属于股票，从除息日开始，新购入股票的人不能分享本次已宣告发放的股利。　　　　　　　　　　　　　　　　　　　　　　　　（　　）

四、思考题

1. 股利发放的主要程序有哪些？
2. 发放股票股利有哪些优缺点？

五、计算题

1. 某企业年终利润分配前股东权益项目资料如表 8.3 所示。

表 8.3 股东权益　　　　　　　　　　　　　　　　　万元

项　　目	金　　额
股本——普通股（每股面值2元，200万股）	400
资本公积	160
未分配利润	840
所有者权益合计	1 400

要求：解答下述互不关联的问题。

（1）计划按每10股送1股的方案发放股票股利，股票股利的金额按面值计算。分析完成这一分配方案后的股东权益各项目金额及每股净资产的变化。

（2）计划按每10股送1股的方案发放股票股利，股票股利的金额按面值计算，并按发放股票股利前的股数分派每股现金股利0.2元。计算完成这一分配方案后的股东权益各项目数额。

2. 某企业生产一种产品，单价为220元，单位变动成本为130元，固定成本为5 000元。

要求：

（1）计算保本点的销售量与销售额。

（2）如果单价下降10%，保本点的销售量与销售额是多少？

（3）如果固定成本追加8 000元，保本点的销售量与销售额是多少？

（4）如果单位变动成本提高10%，保本点的销售量与销售额是多少？

实务训练

万达企业2015年度实现净利润1 000万元，分配现金股利550万元，提取盈余公积450万元（所提取的盈余公积均已指定用途）。2016年度实现净利润900万元（不考虑计提法定盈余公积的因素）。2017年计划增加投资，所需资金为700万元。假定企业目标资本结构为自有资金占60%，借入资金占40%。

要求：根据资料解答以下问题。

（1）在保持目标资本结构的前提下，计算2017年投资方案所需的自有资金数额和需要从外部借入的资金额。

（2）在保持目标资本结构的前提下，通过企业执行了剩余股利政策，计算2016年应分配的现金股利。

（3）在不考虑目标资本结构的前提下，如果企业执行固定股利政策，计算企业2016年应分配的现金股利、可用于2017年投资的留存收益和需要额外筹资的资金额。

（4）在不考虑目标资本结构的前提下，如果企业执行固定股利支付率政策，计算企业的股利支付率和2016年应分配的现金股利。

（5）假定企业2017年面临着从外部筹资的困难，只能从内部筹资，那么不考虑目标资本结构，计算在这种情况下2016年应分配的现金股利。

学习情境 9

财务预算与控制

学习目标

通过本学习情境的学习，了解财务预算、财务控制的概念及分类；掌握财务预算的编制过程；掌握财务控制中各责任中心的含义及考核指标的计算。

引导案例

20世纪20年代，美国通用电气、杜邦与通用汽车等公司率先采用全面预算管理模式。这种管理模式迅速成为当时美国大型工商企业的标准作业程序。在美国，90%以上的企业都要求实施预算管理，欧洲一些国家甚至要求100%的企业都做预算。近10年来，我国的大中型企业也逐步认识到全面预算管理的工具价值。据不完全统计，目前我国进入全球500强的54家企业绝大多数都采用了全面预算管理制度，将近1/2的国有大中型企业实行了全面预算管理。由此可见，预算管理已成为现代企业管理中不可或缺的重要组成部分。

情境任务 9.1　财务预算

9.1.1　财务预算的含义及编制方法

1. 财务预算的含义

财务预算就是依据企业决策的结果，对未来的销售、生产、分配和筹资等活动进行数字表现，以明确具体的目标，并形成预计资产负债表、预计利润表和预计现金流量表等一整套预计的财务报表及其附表，借以反映预计的未来期间企业具体的财务状况和经营成果。

销售预算是编制年度预算的起点，根据销售预算确定生产预算、销售及管理费用预算；根据生产预算确定直接材料、直接人工和制造费用预算。产品成本预算和现金预算是有关预算的汇总；预计利润表、预计资产负债表和预计现金流量表是全部预算的综合。

2. 预算的分类

（1）按预算的期限分类，分为长期预算和短期预算

长期预算主要是指预算期为 1 年以上的预算，包括长期销售预算和资本支出预算，有时还包括长期资金筹措预算和研究与开发预算。长期预算在实施过程中还必须编制具体而详细的年度预算或时间更短的季度或月度预算，即短期预算，如直接材料预算和现金预算等。

（2）按预算的内容分类，分为业务预算、财务预算和专门决策预算

① 业务预算是指企业日常发生的基本经济业务活动的预算，包括销售预算、生产预算、直接材料采购预算、直接人工预算、制造费用预算、单位产品成本及期末存货成本预算、销售及管理费用预算等。

② 财务预算是指反映企业在预算期内有关现金收支、经营成本和财务状况的预算，主要包括现金预算、预计利润表、预计资产负债表和预计现金流量表等。

③ 专门决策预算是指企业不经常发生的一次性业务的预算，主要是针对企业长期投资决策编制的预算，如厂房扩建预算和购建固定资产预算等。

应指出的是，上述 3 种预算只是侧重点不同，在实际编制时是密不可分的。业务预算和专门决策预算是财务预算的基础，财务预算是业务预算和专门决策预算的现金流量的综合反映。

3. 预算的作用

（1）明确各部门的具体奋斗目标

预算是企业目标的具体化，它能使企业内部各个部门的主管和职工清楚地了解自己的任务，明确自己今后在业务量、收入、成本、利润和资金等方面应达到的水平和努力的方

向，从而使其工作能在总目标和具体行动计划的指导下有条不紊地进行。

（2）协调各部门的工作

企业各部门因其职责不同，往往会出现相互冲突的现象。例如，销售部门根据市场预测提出一个庞大的销售计划，生产部门可能没有那么大的生产能力；生产部门编制出一个能够充分发挥生产能力的计划，但销售部门却可能无力将这些产品销售出去。又如，销售和生产部门都认为应当扩大生产能力，但财务部门却认为无法筹集到必要的资金。企业从全局出发，围绕企业的目标利润，统筹兼顾，全面安排，经过综合平衡编制的企业预算，能将供、产、销各环节和各部门的工作有机地结合起来，因此能减少内部矛盾，协调各部门的工作。

（3）控制各部门的日常经济活动

预算进入实施阶段以后，管理工作的重心将转入控制，即设法使企业各部门的日常经济活动按预定目标进行。预算是控制各部门经济活动的依据和衡量其合理性的标准，当实际发生情况与预算有较大的差异时，就可以查出原因，并采取有效措施予以及时纠正，从而使各部门日常经济活动经常处于预算指标控制之下。

（4）评价各部门的工作业绩

对各部门的工作进行评价，可以促使它们更好地工作。应该看到，对于评价实际工作成果来说，用预算目标作为依据比用上期实际指标更为适宜，因为在当前科技迅速发展、市场竞争激烈、劳动条件多变的情况下，上期实际指标有许多是不可比的。不过评价时也不能只看预算是否被完全执行了，有些脱离实际的预算，并不能表示实际工作的好坏，而是预算本身就有问题。

4. 预算的编制方法

（1）固定预算与弹性预算

① 固定预算。固定预算是根据预算期内正常的、可能实现的某一业务活动水平而编制的预算。其基本特征有两个：一是不考虑预算期内业务活动水平可能发生的变动，而只按照预算期内预定的某一业务活动水平确定相应的数据；二是将实际结果同按预算期内预定的某一共同的业务活动水平所确定的预算数进行比较分析，并据此进行业绩评价、考核。显然，一旦这种预期的业务活动水平同实际水平相差甚远时（这种情况在当今复杂的市场环境中屡屡发生），必然导致有关成本、费用及利润的实际水平与预算水平因业务活动水平不同而失去可比性，不利于开展控制与考核工作。

② 弹性预算。弹性预算也称变动预算，是指企业在不能准确预测业务量的情况下，根据本量利之间有规律的数量关系，编制的能够适应不同生产经营水平需要的预算方法。其基本特征有两个：一是它按预算期内某一相关范围内的可预见的多种业务活动水平分别确定不同的预算数，弹性预算的业务量范围一般限定在正常业务量能力的70%～110%，因此弹性预算并不是只适应一个业务量水平的预算，而是能够随业务量水平变动而变动的一组预算；二是待实际业务活动发生后，将实际的成本、费用或利润数同实际业务量相对应的预算数进行对比，使预算执行情况的评价与考核建立在更加客观可比的基础之上，以便更

好地发挥预算控制的作用。这种方法既可以用于编制成本费用预算，又可以用于编制利润预算。

例9.1 胜利企业编制的制造费用的弹性预算如表9.1所示。

表9.1　制造费用预算　　　　　　　　　　　　　元

业务量（直接人工工时）	350	400	450	500	550
占正常生产能力的百分比	70%	80%	90%	100%	110%
1. 变动成本 　运输费（0.1元/工时） 　电力（0.2元/工时） 　消耗材料（1元/工时） 　　合　计	35 70 350 455	40 80 400 520	45 90 450 585	50 100 500 650	55 110 550 715
2. 混合成本 　辅助材料 　修理费 　水费 　　合　计	280 200 60 540	320 220 76 616	368 242 98 708	428 242 130 800	516 260 172 948
3. 固定成本 　设备租金 　管理人员工资 　　合　计	200 300 500	200 300 500	200 300 500	200 300 500	200 300 500
制造费用预算额	1 495	1 636	1 793	1 950	2 163

该表按 10%为业务量间距，实际上可再大些或再小些，但间隔太大会失去弹性预算的优点；间隔太小，用以控制成本会更准确，但会增加编制的工作量。如果固定预算是按直接人工工时 500 小时编制的，其制造费用预算总额为 1 950 元，在实际业务量为 480 小时情况下，就不能用 1 950 元去评价实际成本的高低，也不能按业务量变动的比例调整后的预算成本 1 872（1 950×480/500）元去评价实际成本，因为并不是所有的成本都同业务量成正比例关系。

如果采用弹性预算，就可以根据各项成本间业务量变动的不同关系，采用不同方法确定预算成本，用来评价和考核实际成本。例如，业务量（直接人工工时）为 480 小时，变动成本中运输费等各项变动成本的合计为 624（0.1×480+0.2×480+1×480）元，固定成本保持不变，为 500 元。混合成本可用内插法逐项计算：480 小时位于 450 小时与 500 小时之间，设实际业务量的预算辅助材料为 X 元，则：

$$\frac{480-450}{500-450} = \frac{X-368}{428-368}$$

$$X = 404（元）$$

同理，计算出业务量为 480 小时的水费为 117.2 元。因为修理费在 450 小时与 500 小时之间均为 242 元，所以业务量为 480 小时的修理费也应为 242 元。于是：

480 小时的预算成本=624+500+404+117.2+242=1 887.2（元）

这样计算出来的预算制造费用比较符合客观情况，用来考核和评价实际成本，也比较准确并容易被考核人所接受。

（2）增量预算与零基预算

① 增量预算。增量预算是以现有的成本费用水平为基础，根据预算期内的某一业务活动水平及有关降低成本费用的措施，对现有的成本费用进行适当调整而编制的预算。采用这种方法，往往不加分析地保留或接受原有的成本金额，或者按主观臆断平均削减，或者只增不减，容易造成浪费，使不必要的开支合理化。

② 零基预算。零基预算是以零为基础编制的预算。它与增量预算不同之处在于：它不是以现有的成本费用水平为基础，而是如同新创办一个机构一样，一切以零为起点，从实际需要与可能出发，逐项分析各项成本费用的开支是否必要合理，进行综合平衡后，确定其预算数。

零基预算的基本做法是：首先，针对企业在预算期内的总体目标及由此确定的各个预算单位的具体目标和某一业务活动水平，提出相应的成本费用计划方案，并说明每项成本费用开支的理由与数额；其次，用"成本-效益"分析方法比较每一项成本费用及相应的效益，评价每项开支计划的重要程度（最好能相应地划分等级，区分不可避免成本和可避免成本），以便区别对待；再次，对不可避免的成本费用项目优先分配资金，对可延缓的成本费用则根据可动用资金情况，按轻重缓急，分级依次安排预算项目；最后，经协调后具体规定有关指标，逐项下达成本费用预算。

应该认识到，零基预算不受现有的框架限制，对一切费用一视同仁，能促使各有关方面精打细算，量力而行，合理使用资金。但这势必会带来繁重的工作量，搞不好会顾此失彼，难以突出重点。因此，在采用零基预算法时，一方面要充分调动各级管理人员的积极性、创造性，主动控制开支，另一方面又要掌握重点，统筹组织，量力而行。

（3）定期预算与滚动预算

① 定期预算。为便于将实际执行结果同预算数进行对比分析，通常以会计年度为单位进行定期编制，并且往往于会计年度的最后一个季度开始着手编制下一年度的预算。这种方法的缺点有 3 个：一是由于预算期较长，因此编制预算时，难以预测未来预算期的某些活动，特别是对预算期的后来阶段，往往只能提供一个比较笼统的预算，从而给预算的执行带来种种困难，预算的指导性差；二是事先预见到的预算期内的某些活动，在预算执行过程中往往会有所变动，而原有预算却未能及时调整，从而使原有预算显得不相适应，预算的适应性差；三是在预算的执行过程中，由于受预算期的限制，使管理人员的决策视野局限于剩余的预算期间的活动，缺乏较长远的打算，不利于企业长期稳定而有序的发展。

② 滚动预算。为了克服定期预算的缺点，可以采用滚动的形式编制预算。这种预算是一种经常的、稳定的、保持一定期间（如 1 年）的预算。其基本特点是：凡预算执行 1 个月后，即根据前 1 个月的经营成果并结合执行中发生的变化等新信息，对剩余的 11 个月进行修订，

并自动后续 1 个月，重新编制新一年的预算，从而使总预算经常保持 12 个月的预算期。为了做到长计划短安排、远略近详，在实际中，滚动预算往往对未来前 3 个月按月编制详细预算，而对以后 9 个月则按季编制粗略预算，待第 1 个滚动期过后，根据其实际情况随时调整下一滚动期，并对其作出详细的预算安排。

9.1.2　财务预算的编制

1. 销售预算

销售预算是整个预算编制的起点，生产、材料采购、存货和费用等方面的预算都要以销售预算为基础来编制。销售预算的主要内容是销售量、单位售价和销售收入。预计销售收入的计算公式为：

$$\text{预计销售收入} = \text{预计销售量} \times \text{预计单位售价}$$

式中，预计销售量可由企业根据历史销售资料、自身条件、市场需求态势，以及社会政治经济形势，运用一定的专门方法进行预测；预计单位售价可通过价格决策来确定。此外，为了便于以后编制现金预算，销售预算中通常还包括预计现金收入的计算。其计算公式为：

$$\text{预计现金收入} = \text{上期应收销货款的回收额} + \text{本期销售中应收到的货款}$$

例 9.2　胜利企业只生产销售 A 产品，单位售价为 300 元，在预算年度内，其销售量共计 12 000 件。其中，第一季度为 2 000 件，第二季度为 3 000 件，第三季度为 4 000 件，第四季度为 3 000 件。根据以往的销售情况，预计每季度销售的产品在当季可收回货款 40%，其余 60% 的货款将于下季收回。上年度转入本年的应收账款余额为 280 000 元。据此编制的销售预算如表 9.2 所示。

表 9.2　销售预算
2016 年度　　　　　　　　　　　　　　　　　　　　　　　　　　　　　　　　　　　元

摘　要		第一季度	第二季度	第三季度	第四季度	合　计
销售预算	预计销售量	2 000	3 000	4 000	3 000	12 000
	预计销售单价	300	300	300	300	300
	预计销售收入	600 000	900 000	1 200 000	900 000	3 600 000
预计现金收入	年初应收账款	280 000				280 000
	第一季度（销货 600 000 元）	240 000	360 000			600 000
	第二季度（销货 900 000 元）		360 000	540 000		900 000
	第三季度（销货 1 200 000 元）			480 000	720 000	1 200 000
	第四季度（销货 900 000 元）				360 000	360 000
	现金收入合计	520 000	720 000	1 020 000	1 080 000	3 340 000

2. 生产预算

生产预算是在销售预算的基础上编制的,主要内容有销售量、期初存货、期末存货和生产量。预计生产量的计算公式为:

$$预计生产量=预计销售量+预计期末存货量-预计期初存货量$$

预计销售量来自销售预算,预计期末存货量是按下季度销售量的一定百分比确定的,预计期初存货量等于上季度期末存货量。

例 9.3 胜利企业预算期内每季度末存货占其下季度销售量的 10%,预算年末预计存货量为 240 件,预算年初预计存货量为 200 件。其销售情况如表 9.2 所示。据此编制的生产预算如表 9.3 所示。

表 9.3 生产预算
2016 年度 件

摘　　要	第一季度	第二季度	第三季度	第四季度	合　　计
预计销售量	2 000	3 000	4 000	3 000	12 000
加:预计期末存货量	300	400	300	240	240
减:预计期初存货量	200	300	400	300	200
预计生产量	2 100	3 100	3 900	2 940	12 040

3. 直接材料预算

直接材料预算是指为采购生产需要的直接材料而编制的预算。它是以生产预算为基础,考虑期初与期末材料存货数量而确定的。其计算公式为:

$$直接材料预计采购量=预计生产需要量+预计期末材料存货量-预计期初材料存货量$$

式中,预计生产需要量=预计生产量×单位产品材料用量。其中,预计生产量的数据来自生产预算;单位产品材料用量的数据来自标准成本资料或定额资料。

年初和年末的材料存货量是根据当前情况和长期销售预测估计的。各季度"期末材料存货量"是根据下季度生产需要量的一定百分比确定的,各季度"期初材料存货量"是上季度的期末存货量。

为了便于以后编制现金预算,在直接材料预算中还包括预计现金支出的计算。其公式为:

$$采购材料预计现金支出=上期采购材料应付货款的偿还额+本期采购材料支付的价款$$

例 9.4 胜利企业生产的 A 产品每件耗用直接材料 2 千克,每千克单价 50 元,各季末材料存货量为下一季度生产需要量的 20%,预算年末预计材料存货量为 900 千克,预算年初预计材料存货量为 840 千克。各季购料款均于当季支付 50%,下季偿还 50%,应付账款年初余额为 120 000 元。该企业生产预算如表 9.3 所示。据此编制的直接材料预算如表 9.4 所示。

表 9.4　直接材料预算

2016 年度　　　　　　　　　　　　　　　　　　　　　　　　元

	摘　　要	第一季度	第二季度	第三季度	第四季度	合　计
直接材料预算	预计生产量/件	2 100	3 100	3 900	2 940	12 040
	单位产品材料用量/千克	2	2	2	2	2
	材料耗用总量/千克	4 200	6 200	7 800	5 880	24 080
	加：预计期末材料存货量/千克	1 240	1 560	1 176	900	900
	减：预计期初材料存货量/千克	840	1 240	1 560	1 176	840
	预计材料采购量/千克	4 600	6 520	7 416	5 604	24 140
	材料单价	50	50	50	50	50
	预计材料采购金额	230 000	326 000	370 800	280 200	1 207 000
预计现金支出	年初应付账款	120 000				120 000
	第一季度（采购 230 000 元）	115 000	115 000			230 000
	第二季度（采购 326 000 元）		163 000	163 000		326 000
	第三季度（采购 370 800 元）			185 400	185 400	370 800
	第四季度（采购 280 200 元）				140 100	140 100
	合　　计	235 000	278 000	348 400	325 500	1 186 900

4. 直接人工预算

直接人工预算也是以生产预算为基础编制的。其主要内容包括预计生产量、单位产品需用的直接人工工时、每小时人工成本和人工总成本。人工总成本的计算公式为：

直接人工成本＝预计生产量×单位产品需用工时×每小时人工成本

式中，预计生产量数据来自生产预算；单位产品需用工时和每小时人工成本数据来自标准成本资料。

如果产品生产过程中直接人工为两个或两个以上工种，那就必须先按工种类别分别计算人工成本，然后加以汇总。

由于人工工资都需要使用现金支付，因此不需另外预计现金支出，直接人工预算可直接参加现金预算的汇总。

例 9.5　胜利企业预算期内所需人工只有一个工种，单位产品需用直接人工小时为 10 小时，该工种直接人工小时工资率为 4 元。假定期初、期末在产品数量没有变动，各季需用的直接人工小时可按当季预计产品生产量计算，预计生产量的资料如表 9.3 所示。据此编制的直接人工预算如表 9.5 所示。

表 9.5　直接人工预算

2016 年度　　　　　　　　　　　　　　　　　　　　　　　　元

摘　　要	第一季度	第二季度	第三季度	第四季度	合　计
预计生产量/件	2 100	3 100	3 900	2 940	12 040
单位产品直接人工工时/小时	10	10	10	10	10
直接人工工时总数/小时	21 000	31 000	39 000	29 400	120 400
直接人工小时工资	4	4	4	4	4
直接人工成本总额	84 000	124 000	156 000	117 600	481 600

5. 制造费用预算

制造费用预算通常分为变动制造费用预算和固定制造费用预算两部分。变动制造费用预算以生产预算为基础编制。如果有完善的标准成本资料，用单位产品变动制造费用的标准成本与产量相乘，即可得到相应的预算金额；如果没有标准成本资料，就需要逐项预计计划产量需要的各项变动制造费用。固定制造费用预算需要逐项进行预计，通常同产量无关。

在制造费用预算中，绝大部分费用都是直接通过现金支付，但也有一部分费用以前年度已经支付而由这一年度负担，如固定资产折旧费和摊销费用等；也可能有应由这一年度负担，但要在以后年度支付的费用，如预提修理费和预提短期借款的利息费用等。为了提供以后编制现金预算的资料，还要在制造费用预算表的下面附加预计现金支出计算表，将制造费用调整为需要用现金支付的制造费用。

例 9.6 胜利企业预算期内制造费用中除折旧费外都需要支付现金。胜利企业根据生产预算、直接人工预算及过去发生的实际制造费用情况编制制造费用预算，如表 9.6 所示。

为了便于以后编制产品成本预算，需要计算每小时变动制造费用分配率。

$$变动制造费用分配率 = \frac{变动制造费用总额}{直接人工工时总数}$$

$$= \frac{240\,800}{120\,400}$$

$$= 2(元/小时)$$

表 9.6 制造费用预算
2016 年度　　　　　　　　　　　　　　　　　　　元

	摘　　要	金　　额
制造费用预算	变动制造费用	
	间接人工	52 000
	间接材料	76 000
	维护费	16 000
	水电费	64 000
	润滑材料	32 800
	合　　计	240 800
	固定制造费用	
	维护费	60 000
	折旧	64 000
	管理人员工资	104 000
	保险费	20 000
	财产税	12 000
	合　　计	260 000
预计现金支出	制造费用总额	500 800
	减：折旧费	64 000
	全年需用现金支付的制造费用数额	436 800
	每季需用现金支付的制造费用数额（436 800/4）	109 200

6. 产品单位成本和期末存货成本预算

产品单位成本和期末存货成本预算的编制依据为生产预算、直接材料预算、直接人工预算和制造费用预算。为了正确规划成本和利润，企业编制预算时采用变动成本计算模式，即产品成本只包括直接材料、直接人工和制造费用中的变动部分，制造费用中的固定部分作为期间成本直接从当期收入中扣减。

例 9.7 胜利企业根据本节前述例题有关资料，编制产品单位成本和期末存货成本预算，如表 9.7 所示。

表 9.7 产品单位成本和期末存货成本预算
2016 年度

	摘 要	价格标准	用量标准	成本合计
产品单位成本预算	直接材料	50 元	2 千克	100 元
	直接人工	4 元	10 小时	40 元
	变动制造费用	2 元	10 小时	20 元
	单位产品成本		160 元	
期末存货成本预算	期末存货数量		240 件	
	产品单位成本		160 元	
	期末存货成本		38 400 元	

编制产品单位成本和期末存货成本预算的目的是为编制预计利润表提供销售产品成本数据，为编制预计资产负债表提供期末产成品存货数据。

7. 销售及管理费用预算

销售及管理费用预算的编制方法与制造费用相同，其内容分为变动部分、固定部分及与此相联系的预计现金支出。其编制的主要依据是销售预算和生产预算。

例 9.8 胜利企业根据销售预算、生产预算和对过去发生的销售费用、管理费用进行分析后，认为预计的销售费用和管理费用应全部用现金支付，据此编制的销售及管理费用预算如表 9.8 所示。

表 9.8 销售及管理费用预算
2016 年度　　　　　　　　　　　　　　　　　　　元

	摘 要	金 额
销售及管理费用预算	变动销售及管理费用	
	销售人员工资	86 000
	运杂费	40 000
	办公费	7 000
	包装费	13 000
	合 计	146 000

(续表)

摘　要		金　额
销售及管理费用预算	固定销售及管理费用	
	行政管理人员工资	72 000
	广告费	20 000
	保险费	14 000
	财产税	6 000
	合　计	112 000
预计现金支出	销售及管理费用全年现金支出总额	258 000
	销售及管理费用每季现金支出总额（258 000/4）	64 500

8. 现金预算

现金预算是反映预算期内现金收入、现金支出、现金多余或不足及资金的筹集与运用等情况的预算。它主要根据业务预算和专门决策预算中的有关资料编制，通常包括以下 4 个部分。

（1）现金收入

现金收入包括预算期初的现金余额和预算期的现金收入，如收到现金的销售收入和应收账款的回收等，其资料来源主要是销售预算。

（2）现金支出

现金支出指预算期内可能发生的全部现金支出，如支付采购材料的货款、支付人工费、支付制造费用、支付销售及管理费用、偿还应付账款、交纳税金、购买设备和支付股息等。这些资料可分别从直接材料预算、直接人工预算、制造费用预算、销售及管理费用预算，以及有关专门决策预算中取得。

（3）现金多余或不足

现金多余或不足是指现金收入总额与现金支出总额的差额。如果收入大于支出，则现金多余，多余现金可用于偿还债务等；如果收入小于支出，则现金不足，现金不足需要采取适当方式进行筹措。

（4）资金的筹集与运用

资金的筹集与运用是反映企业在预算期内取得、使用和偿还借款及借款利息等方面的情况。上述 4 个部分的基本关系如下。

现金多余或不足=期初现金余额+现金收入-现金支出

期末现金余额=现金多余或不足+资金的筹集与运用

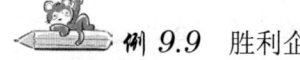

例 9.9　胜利企业 2016 年分季度编制现金预算的有关资料如下。

（1）根据专门决策预算，企业每季支付股利 50 000 元，缴纳所得税 100 000 元，在第二季度购置设备的成本总额为 80 000 元，在第四季度购置设备的成本总额为 320 000 元。

（2）资金不足时，均需在季初从银行取得借款，银行借款的金额以千元为单位；资金有余时，需于季末偿还借款，同时支付借款利息，银行借款年利率为 10%。

（3）该企业预算期内的现金最低限额为 60 000 元。

（4）该企业年初现金余额为 100 000 元。

（5）其他现金收入与现金支出的资料见本节例 9.2 至例 9.8。

根据上述资料编制的现金预算如表 9.9 所示。

表 9.9　现金预算

2016 年度　　　　　　　　　　　　　　　　　　　　　　　　　　　　元

摘　要	第一季度	第二季度	第三季度	第四季度	合　计
期初现金余额	100 000	60 300	60 600	72 975	100 000
加：现金收入（表 9.2）	520 000	720 000	1 020 000	1 080 000	3 340 000
合　计	620 000	780 300	1 080 600	1 152 975	3 440 000
减：现金支出					
直接材料（表 9.4）	235 000	278 000	348 400	325 500	1 186 900
直接人工（表 9.5）	84 000	124 000	156 000	117 600	481 600
制造费用（表 9.6）	109 200	109 200	109 200	109 200	436 800
销售及管理费用（表 9.8）	64 500	64 500	64 500	64 500	258 000
所得税	100 000	100 000	100 000	100 000	400 000
设备		80 000		320 000	400 000
股利	50 000	50 000	50 000	50 000	200 000
合　计	642 700	805 700	828 100	1 086 800	3 363 300
现金多余（不足）	(22 700)	(25 400)	252 500	66 175	76 700
资金筹集与运用					
借入银行借款（期初）(1)	83 000	86 000			169 000
偿还银行借款（期末）(2)			(169 000)		(169 000)
支付借款利息（年利率 10%）(3)			(10 525)		(10 525)
合　计	83 000	86 000	(179 525)		(10 525)
期末现金余额	60 300	60 600	72 975	66 175	66 175

表 9.9 资金筹集与运用项目有关数字填列方法说明如下。

（1）借款额的确定

借款额=现金最低限额+现金不足额

第一季初借款额=60 000+22 700=82 700≈83 000（元）

第二季初借款额=60 000+254 000=854 000≈86 000（元）

（2）偿还借款额的确定

当企业的现金多余额大于现金最低限额时，多余的部分可用于偿还借款的本金和利息。当多余的部分大于以前各期所有借款的本金和利息时，可以一次还清本息，否则，要根据具体情况确定应偿还的本金和利息数额。

本例中，第三季末现金多余额大于现金最低限额，多余的部分为：

$$252\,500-60\,000=192\,500(元)$$

这一数值大于前两个季度的借款额 83 000+86 000=169 000 元及其利息 10 525 元（见下一步的说明）之和 179 525 元，所以第三季度末可以偿还前两个季度所有的借款本金和利息。

（3）偿还借款利息的确定

本例中，偿还借款的利息=83 000×10%×9÷12+86 000×10%×6÷12
            =6 225+4 300=10 525（元）

现金预算是现金管理的重要工具，它有助于企业合理运用或及时筹措资金。如果没有预算，不事先对现金进行合理的平衡和调度，就有可能使企业陷于财务困境。

9. 预计利润表

预计利润表是反映企业预算期内生产经营活动最终成果的一个预算表。它是根据销售预算、制造费用预算、产品单位成本预算、销售及管理费用预算，以及现金预算等有关资料编制的。

例 9.10 胜利企业根据本节例 9.2 至例 9.9 中的有关资料，编制预计利润表，如表 9.10 所示。

表 9.10 预计利润
2016 年度   元

摘　　要	金　　额
销售收入（表 9.2）	3 600 000
减：变动成本	
变动制造成本（预计销售量×单位成本）	1 920 000
变动销售及管理费用（表 9.8）	146 000
贡献边际	1 534 000
减：固定成本	
固定制造费用（表 9.6）	260 000
固定销售及管理费用（表 9.8）	112 000
营业利润	1 162 000
减：利息（表 9.9）	10 525
税前利润	1 151 475
减：所得税（表 9.9）	400 000
税后利润	751 475

预计利润表揭示了企业预算期内的盈利情况。如果预算利润与最初确定的目标利润有较大的差距，企业就应调整各部门预算，以设法达到目标，或者经领导同意后修改目标利润。

10. 预计资产负债表

预计资产负债表是反映预算期末资产、负债和股东权益的一个预算表。其编制方法是在上期期末资产负债表的基础上，根据前述各项预算中的有关资料分析计算有关资产、负债和股东权益各项目的增减额后，确定预算期末资产负债表各项目的金额。

例 9.11 胜利企业上年末资产负债情况如表 9.11 所示。该企业以此表为基础，根据本节例 9.2 至例 9.10 中的有关资料，分析计算资产负债表有关项目的增减额后编制的预计资产负债情况如表 9.12 所示。

表 9.11 资产负债表

2015 年度　　　　　　　　　　　　　　　　　　　　　　　　元

资产	期末数	负债及股东权益	期末数
流动资产		流动负债	
库存现金	100 000	应付账款	120 000
应收账款	280 000	应付职工薪酬	100 000
原材料（840 千克）	42 000	其他应付款	100 000
产成品（200 件）	32 000	流动负债合计	320 000
流动资产合计	454 000	股东权益	
固定资产股本	160 000		
土地	80 000	未分配利润	94 000
房屋及设备原值	120 000	股东权益合计	254 000
减：累计折旧	80 000		
房屋及设备净值	40 000		
固定资产合计	120 000		
资产总计	574 000	负债及股东权益合计	574 000

表 9.12 资产负债表

2016 年度　　　　　　　　　　　　　　　　　　　　　　　　元

资产	期末数	负债及股东权益	期末数
流动资产		流动负债	
库存现金	(1) 66 175	应付账款	(8) 140 100
应收账款	(2) 540 000	应付职工薪酬	(9) 100 000
原材料（840 千克）	(3) 45 000	其他应付款	(10) 100 000
产成品（200 件）	(4) 38 400	流动负债合计	340 100
流动资产合计	689 575	股东权益	
固定资产股本	(11) 160 000		
土地	(5) 80 000	未分配利润	(12) 645 475
房屋及设备原值	(6) 520 000	股东权益合计	805 475
减：累计折旧	(7) 144 000		
房屋及设备净值	376 000		
固定资产合计	456 000		
资产总计	1 145 575	负债及股东权益合计	1 145 575

表 9.12 中有关项目数字填列说明如下。

（1）为表 9.9 中的期末现金余额

（2）为表 9.2 中的第四季度销售收入-第四季度收回现金数额
=900 000-360 000=540 000（元）

（3）为表 9.4 中的期末存货数量×材料单价=900×50=45 000（元）

（4）为表 9.7 中的期末存货成本

（5）为表 9.11 中的土地金额

（6）为表 9.11 中的房屋及设备原值+表 9.9 中的设备增加额
=120 000+（80 000+320 000）=520 000（元）

（7）为表 9.11 中的累计折旧+表 9.6 中的折旧=80 000+64 000=144 000（元）

（8）为表 9.4 中的第四季度采购材料金额-第四季度采购材料付款金额
=280 200-140 100=140 100（元）

（9）为表 9.11 中的应付福利费金额

（10）为表 9.11 中的其他应付款金额

（11）为表 9.11 中的固定资产股本金额

（12）为表 9.11 中的未分配利润+表 9.10 中的税后利润-表 9.9 中的股利
=94 000+751 475-200 000=645 475（元）

预计资产负债表揭示了预算期末的财务状况，如果通过对它的分析发现某些财务比率不佳，可修改有关预算，以改善财务状况。

情境任务 9.2 财务控制

9.2.1 财务控制的含义与种类

1. 财务控制的含义

财务控制是指企业里的各级管理机构和管理人员，采用特定的财务方法和措施，对企业的财务收支活动进行约束、监督和调节，使企业的财务收支活动能按照事先确定的范围发生，以实现企业经营目标的一种管理活动。

一个企业完整的财务管理工作包括财务预测、财务决策、财务计划（预算）和财务控制等几个关键环节。财务计划是确定目标及控制的前提和依据；财务控制是保证财务计划完成的重要手段。企业的财务收支活动是极其复杂的，如果不对其实际运行情况进行控制，它就会偏离计划，达不到预定的经营目标。因此，企业的财务计划编制好以后，还必须对企业日常的供应、生产和销售财务收支活动进行控制，按照计划的目标和确定的标准，对其进行约束、监督，及时发现差异，找出原因，采取措施，消除不利差异，扩大有利差异，只有这样，才能保证企业经营目标的实现。

2. 财务控制的种类

财务控制可以从不同的角度加以考察，从而有不同的分类。一般来讲，财务控制有以下几种分类。

（1）按控制的时间分类，分为事前财务控制、事中财务控制和事后财务控制

事前财务控制是指在财务收支活动尚未发生之前，对财务收支活动所进行的控制，如财务收支活动发生之前的申报审批制度、产品设计成本的规划等。

事中财务控制是指在财务收支活动发生过程中，对财务收支活动所进行的控制，如按财务预算要求监督预算的执行过程，对各项收入的去向和支出用途进行监督，对产品生产过程中发生的成本进行约束等。

事后财务控制是指在财务收支活动发生以后，对财务收支活动的结果所进行的考核及其相应的奖罚，如按财务预算的要求对各责任中心财务收支结果进行评价，并以此作为实施奖罚的标准；在产品成本形成之后进行综合分析与考核，以确定各类责任中心和企业的成本责任，等等。

（2）按控制的主体分类，分为出资者财务控制、经营者财务控制和财务部门财务控制

出资者财务控制是指出资者为了实现其资本保全和资本增值目标而对经营者的财务收支活动进行的控制，如对成本开支范围及其标准的规定等。

经营者财务控制是指经营者为了实现财务预算目标而对企业及各责任中心的财务收支活动所进行的控制，这种控制是通过经营者制定财务决策目标来实现的，如企业的筹资、投资、资产运用、成本支出决策及其执行等。

财务部门控制是指财务部门为了有效地组织现金流动，通过编制现金预算，执行现金预算，对企业日常财务收支活动所进行的控制，如对各项货币资金用途的审查等。

通常认为，出资者的财务控制是外部控制，而经营者和财务部门的财务控制是内部控制。

（3）按控制的依据分类，分为预算控制和制度控制

预算控制是指以财务预算为依据，对预算执行主体的财务收支活动进行监督和调整的一种控制形式。预算表明了其执行主体的责任和奋斗目标，规定了预算执行主体的行为。

制度控制是指通过制定企业内部规章制度，并以此为依据约束企业和各责任中心财务收支活动的一种控制形式。

制度控制通常规定只能做什么，不能做什么，它与预算控制相比具有防护性的特征，而预算控制主要具有激励性的特征。

（4）按控制的对象分类，分为收支控制和现金控制

收支控制是指对企业和各责任中心的财务收入活动和财务支出活动所进行的控制。控制财务收入活动,旨在达到收入的目标;控制财务支出活动,旨在降低成本,减少支出。

现金控制是指对企业和各责任中心的现金流入和现金流出活动所进行的控制。由于企业财务会计采用权责发生制,导致利润与现金净流入不相等,因此,对现金有必要单独控制,并且由于日常财务活动主要是现金流动,因此,现金控制十分重要。现金控制应力求实现现金流入和流出的基本平衡,既要防止因现金短缺而可能出现的支付危机,也要防止因现金沉淀而可能出现的机会成本增加。

9.2.2 责任控制

企业为了能够进行有效的控制及内部协调,通常按统一领导、分组管理的原则,在其内部合理划分责任单位,也称责任中心。明确各责任单位承担的经济责任,享有的权利和利益,从而使责任单位各尽其职、各负其责。根据企业内部责任单位的权限范围及业务活动的特点不同,责任单位可分为成本中心、利润中心和投资中心三大类。

1. 成本中心

(1) 成本中心的含义

一个责任单位,如果不形成或不考核其收入,而着重考核其所发生的成本和费用,这类责任中心即称为成本中心。成本中心一般包括企业产品的生产部门、业务提供部门和管理部门。

成本中心的范围广泛,任何发生成本的责任领域,都可以确定为成本中心。例如,从企业工厂到车间、班组都可成为成本中心。成本中心由于其层次规模不同,其控制和考核的内容也不尽相同,但基本上是逐级控制的。其职责就是用一定的成本去完成规定的具体任务。

(2) 成本中心的类型

成本中心的类型有两种:标准成本中心和费用中心。

标准成本中心,是指所生产的产品稳定而明确,并且已经知道单位产品所需要投入量的责任中心。通常,标准成本中心的典型代表是制造业工厂、车间、工段和班组等。这类责任中心每种产品有明确的原材料、人工费用及各种间接费用的数量标准与价格标准。

费用中心是指产出物不能用财务指标来衡量,或投入和产出之间没有密切关系的责任单位。这些单位包括行政管理部门、研究开发部门和销售部门等。费用中心所发生的费用主要是为企业提供一定的专业服务,通常采用预算总额审批的控制方法,是一种以直接控制经营管理费用总量为主的成本中心。

(3) 成本中心的特征

① 成本中心考核成本费用。成本中心没有经营权和销售权,其工作不会形成用货币量化的收入。例如,一个生产车间,它的产品或半成品并不由自己出售,没有销售职能,没有货币收入。有的成本中心尽管有少量收入,但不属于主要的考核内容。对于大多数生产单位,只能提供成本费用信息,而无法提供收入信息。因此成本中心衡量的不是货币形式

的收入。

②　成本中心只对可控成本负责。成本中心能够控制的各种耗费，称为可控成本，不能控制的称为不可控成本。成本可控与否是相对而言的，它与成本中心所处的层次、权限的大小及控制范围直接相关。例如，从一个企业来看，几乎所有的成本都可称为可控成本，而对企业内部的各部门来说，则既有可控成本，也有不可控成本。通常，较低层次的成本中心的可控成本一定是所属较高层次责任中心的可控成本。而较高层次的成本中心的可控成本不一定是较低层次成本中心的可控成本。

③　成本中心控制和考核的是责任成本。责任成本是以具体的责任单位为对象，以其承担的责任为范围所归集的成本，也就是责任中心的全部可控成本。对成本中心工作业绩的考核，主要是将实际责任成本与预算责任成本进行比较，从而正确评价该中心的工作业绩。应当注意的是，责任成本与产品成本不同，这是由于成本计算的目的和用途不同所造成的。责任成本是以责任中心为对象搜集的生产经营耗费，搜集原则是谁负责谁承担；产品成本是以产品为对象搜集的生产耗费，搜集的原则是谁受益谁承担。

（4）成本中心的考核指标

成本中心的考核主要是将成本中心发生的实际责任成本同预算责任成本进行比较，从而判断成本中心业绩的好坏。考核指标主要包括成本（费用）降低额和降低率。

2．利润中心

（1）利润中心的含义

一个责任中心，如果能同时控制生产和销售，既要对成本负责又要对收入负责，但没有责任或权力决定该中心的资产投资水平，就可以根据其利润的多少来评价该中心的业绩，这类中心就可以称为利润中心。

（2）利润中心类型

利润中心可分为自然利润中心和人为利润中心。自然利润中心可以直接向企业外部销售产品，在市场上进行购销业务。它是企业内部的一个部门，但功能和独立企业类似，能独立控制成本，取得收入。人为利润中心可以在企业内部按照内部转移价格出售产品，从而取得内部销售收入，人为利润中心一般也具有独立经营权，与其他责任中心一起确定合理的转移价格，以实现利润中心的功能与责任。

（3）利润中心的考核指标

在评价利润中心业绩时，可以有4种选择，即边际贡献、可控边际贡献、部门边际贡献和税前部门利润。以边际贡献作为考核指标不够全面，可能导致部门管理尽可能多地支出固定成本以减少变动成本的支出。这样虽然边际贡献变大，但会增加总成本；以可控制边际贡献来评价业绩可能是最好的，它反映了部门经理在其权限和控制范围内有效使用银行存款的能力；以部门边际贡献率评价业绩，更适合评价该部门对企业利润和管理费用的贡献，但不适合于对部门经理的评价，因为有一部分固定成本是部门经理很难改变的；以税前部门利润来评价业绩通常是不合适的，因为企业的管理费用是部门经理无法控制的成本。

3. 投资中心

（1）投资中心的含义

如果一个责任中心，既要对成本和利润负责，又要对投资效果负责，则该责任中心称为投资中心。由于投资的目的是获得利润，因而投资中心同时也是利润中心，但投资中心与利润中心又有所不同。投资中心有决策权，处于责任中心的最高层次，具有最大决策权，同时承担的责任也最大。

（2）投资中心的考核指标

① 投资利润率，它是投资中心所获得的利润与投资额之间的比率。

用投资利润率来评价投资中心业绩有许多优点：它是根据现有会计资料计算得到的比较客观，可用于部门之间及不同行业之间的比较；用它来评价每个部门业绩，有助于提高整个企业的投资报酬率；对其可以进一步分解为投资周转率和销售利润率两者的乘积，从而对整个部门经营状况作出评价。

但是，这个指标也有明显的不足：部门经理可能放弃高于资本成本而低于目前部门投资报酬率的机会，或者减少现有的投资报酬率较低但高于资金成本的某些资产，使部门的业绩获得较好的评价，但却损害了企业整体的利益。

② 剩余收益，它是指投资中心获得利润扣减其最低投资收益后的余额。

用剩余收益来评价投资中心业绩可以克服投资利润率的缺陷，它可以把业绩评价与企业的目标协调一致，只要投资利润率大于预期的最低收益率，该项目就是可行的。但该指标是绝对数指标，不便于不同部门之间的比较。

③ 现金回收率，它是营业现金流量与总资产的比率。

营业现金流量是年现金收入与现金支出的差额，总资产是部门资产历史平均值。用现金回收率来评价投资中心的业绩，可以减少在计算利润过程中间接费用分配方法选择的影响，可以检验投资评估指标的实际执行结果。

思考与练习

一、单项选择题

1. 下列各项中，没有直接在现金预算中得到反映的是（　　）。
   A．期初期末现金余额　　　　B．现金筹措及运用
   C．预算期产量和销量　　　　D．预算期现金余缺

2. 以下不属于财务预算的是（　　）。
   A．生产成本预算　　　　　　B．现金预算
   C．预计现金流量表　　　　　D．预计资产负债表

3. 作为编制全面预算的出发点和日常业务预算基础的是（　　）。
   A．销售预算　　　　　　　　B．生产预算
   C．直接材料预算　　　　　　D．预计利润表

4．下列各项中，不能在销售预算中找到的内容是（　　）。
　　A．销售单价　　　　　　　　B．生产数量
　　C．销售数量　　　　　　　　D．回收应收账款
5．直接材料预算的主要编制基础是（　　）。
　　A．销售预算　　　　　　　　B．现金预算
　　C．生产预算　　　　　　　　D．产品成本预算

二、多项选择题

1．下列属于现金预算必须反映的内容是（　　）。
　　A．期初期末现金余额　　　　B．现金筹措及使用情况
　　C．预算期产量和销量　　　　D．现金收支情况
2．在下列各项中，被纳入现金预算的有（　　）。
　　A．缴纳税金　　　　　　　　B．经营性现金支出
　　C．资本性现金支出　　　　　D．股利与利息支出
3．在财务预算中财务报表包括（　　）。
　　A．预计收入表　　　　　　　B．预计现金流量表
　　C．预计利润表　　　　　　　D．预计资产负债表
4．以下属于财务预算的是（　　）。
　　A．现金预算　　　　　　　　B．生产成本预算
　　C．预计现金流量表　　　　　D．制造费用预算
5．下列各项，能够在销售预算中找到的内容有（　　）。
　　A．销售收入　　　　　　　　B．销售单价
　　C．销售数量　　　　　　　　D．应收账款

三、计算题

腾飞公司生产海鸟牌电视机，预计下一年度4个季度的销售情况分别为100台、150台、200台、180台，销售单价为3 000元。如果在每季度的销售收入中，本季度收回现金60%，下季度收回40%，不考虑坏账损失等因素，请编制销售预算并预计现金收入。

实务训练

四通公司现着手编制2017年6月份的现金收支计划。预计2017年6月初现金余额为8 000元；月初应收账款为4 000元，预计月内可收回80%；本月销货50 000元，预计月内收款比例为50%；本月采购材料为8 000元，预计月内付款70%；月初应付账款余额5 000元需在月内全部付清；月内以现金支付工资8 400元；本月制造费用等间接费用付现16 000元；其他经营性现金支出900元；购买设备支付现金10 000元。企业现金不足时，可向银

行借款，借款金额为 1 000 元的倍数；现金多余时可购买有价证券。要求月末现金余额不低于 5 000 元。

要求：

（1）计算经营现金收入。

（2）计算经营现金支出。

（3）计算现金余缺。

（4）确定最佳资金筹措或运用数额。

（5）确定现金月末余额。

学习情境 10

企业财务分析

学习目标

了解企业的基本财务报表；掌握常用的财务比率的计算方法并用其对企业的经营业绩和财务状况进行分析；能够利用杜邦分析法评价企业业绩。

引导案例

振声电子公司创立于 2000 年 5 月，是一家以计算机行业发展为主的产业化、多元化的小型高科技产业公司。公司主要经营中西文系列终端、计算机及其软件、打印机、POS 终端等产品，初步形成了以电子信息技术为主体，计算机硬件业、软件和信息服务业、消费电子业三大行业携手发展的产业格局。经过近 10 年的发展，该公司坚持"建立现代企业制度，充分发挥人才、资本与经营机制的优势，以计算机信息产业为基础，发展高新技术为先导"的经营宗旨，经营业绩不断上升，连续多年各项指标均居于同行业领先地位。2016 年该公司利润总额达到 1 735 万元，实现净利润 1 180 万元，与 2015 年相比有较大幅度的增长。通过对公司当年偿债能力、营运能力及获利能力的分析，公司 2016 年的财务状况较上年有所好转，但与同行业先进企业相比还存在一定差距。公司 2016 年销售收入中 80%为赊销收入，同行业财务状况平均水平为：股东权益报酬率 64%，资产报酬率 32%，权益乘数 2，销售净利率 15.24%，总资产周转率 2.1。相比同行业平均水平，振声电子公司经营状况如何呢？所给出的财务比率又反映了什么呢？

情境任务 10.1　财务分析概述

10.1.1　财务分析的概念和内容

1. 财务分析的概念

财务分析是以财务报表和其他资料为依据和起点，采用专门的方法，系统分析和评价企业过去和现在的经营成果、财务状况及其变动情况，目的是了解过去、评价现在、预测未来，帮助相关利益团体或个人作出理性决策。财务分析的基本功能，是将大量的报表数据转换成对特定决策有用的信息，以利于决策。

财务分析的起点是财务报告，分析使用的数据大部分来源于公开发布的财务报表，因此正确理解财务报表是进行财务分析的前提。

财务分析是一个过程，是把研究对象分解成较简单的组成部分，找出这些部分的本质属性和彼此之间的联系，以达到认识对象本质的目的。财务分析是把多个财务报表的数据及其他相关数据，分成不同的指标体系，并找出有关指标的关系，以达到认识企业偿债能力、盈利能力、营运能力和发展能力的目的。

2. 财务分析的内容

一般来说，财务报告的使用者主要有企业的股东、债权人、经营者、职工、潜在投资者及政府机构等。不同的使用者与企业有着不同的利益关系，对企业财务信息关心的侧重点不一样，因此，财务分析的内容也有所不同。

（1）企业的股东

股东既是企业的所有者，又是企业的投资者。他们不直接参与企业的经营管理，主要通过企业提供的财务报告获得有关信息，据此分析企业的经营成果、资本结构、资本保值增值、利润分配和现金流转的情况，测算其投资报酬率能达到多少，以及达到这个报酬率的可能性、所遇到的风险程度有多大等。通过分析来评估投资收益与风险程度，以便作出是增加投资还是保持原有投资额，是放弃投资机会还是转让股权等投资决策。

（2）企业的债权人

企业债权人包括向企业提供信贷资金的银行和企业债券持有者等。债权人关心的是企业到期能否偿还债务，因而需要通过财务分析了解企业举债经营、资产抵押、偿债基金准备、资本结构、资产的流动性和现金流量等情况。债权人要判断企业的偿债能力，对企业进行信用评级，方可作出继续放款或收回贷款的信贷决策。

（3）企业的经营者

企业的经营者通过财务分析，可以发现经营、理财上的问题，调整经营方针与投资策略，不断提高管理水平。财务分析也是考核企业本期财务计划的完成情况，对经营者完成受托责任作出一个合理评价的依据,同时,也可作为正确制定下期财务计划的依据,有利于经营者作出正确的经营决策。

(4)政府及有关管理部门

政府通常以社会管理者的身份对企业进行财务分析,了解其对宏观经济政策的管理和制定等有用的信息。例如,了解资源配置的状况与效益,评估企业的财务状况与经营成果对所在行业产生的影响;了解企业纳税申报的执行情况,据此监督企业依法纳税,确保国家税收的及时性;了解企业遵守政府法规和市场秩序的情况,以便加强宏观经济政策的制定和管理。

(5)中介机构

注册会计师通过财务分析可确定审计的重点,有利于客观、公正地提供审计报告。其他咨询机构可以根据需要进行财务分析,以提供信息使用者所需要的财务信息。

10.1.2 财务分析的常用方法

财务分析的方法很多,其常用的基本方法主要有对比分析法、比率分析法和趋势分析法等。

1. 对比分析法

对比分析法也称比较分析法,是将实际指标与选定的基准指标进行对比,从而确定差异和分析差异形成原因的一种方法。运用这一方法时要注意可比性,要求相互比较的指标必须性质(或类别)相同,并且所包含的内容、计价标准、时间长度和计算方法都应保持一致,以保证比较结果的正确性。

对比分析法的比较形式主要有以下几点。

① 实际指标与计划指标对比。对比的差异可以分析和检查计划的完成情况。

② 本期实际指标与历史实际指标(上期或上年同期或历史先进水平)对比。对比的差异可以分析有关指标的发展变动情况。

③ 本企业的实际指标与同行业相同指标的平均水平或先进水平对比。对比的差异可以分析企业的现有水平与同行业的差距,有利于促进企业之间的相互竞争。

2. 比率分析法

比率分析法是利用两个指标的某种关联关系,通过计算比率来考察、计量和评价财务活动状况的一种分析方法。

比率分析法在财务分析中的应用十分广泛,利用报表资料计算的比率指标有多种形式,有的由资产负债表上的相关项目构成,有的由利润表上的相关项目构成,有的则由资产负债表和利润表上的相关项目构成。

3. 趋势分析法

趋势分析法是根据企业连续几年的财务报表来比较各项目在前后期间的增减变动方向

和幅度，分析其经营成果和财务状况的变化趋势的一种方法。

趋势分析法可以采用图示方法，即做成统计图表，以观察其变化趋势。但财务分析通常采用的方法是编制比较财务报表，将前后两期或连续多期的同一类报表并列在一起加以比较，从中得出带有规律性的发展趋势，借以分析判断有关指标的变化情况，以便作出准确的预测和决策。

趋势分析法可应用资产负债表或利润表进行横向比较分析和纵向比较分析。

对连续数年的利润表、资产负债表进行比较，分析各期有关项目金额的增减变化及其变动趋势，以判断企业的发展前景。可以比较同一项目连续数年的金额，也可以用百分比进行比较。下面以万利企业2012—2016年利润表中的主营业务收入和净利润两项加以说明，如表10.1所示。

表10.1 利润　　　　　　　　　　　　　　　　　　　万元

年度 项目	2012年	2013年	2014年	2015年	2016年
主营业务收入	140 000	120 000	168 000	210 000	250 000
净利润	18 000	18 000	27 000	29 000	30 000

通过表10.1比较，不难看出，万利企业5年来的主营业务收入和净利润都有增长趋势。但如果要精确地知道增长幅度，则需要计算趋势百分比。现以2012年为基年，趋势百分比计算如表10.2所示。

表10.2 利润趋势分析　　　　　　　　　　　　　　　　%

年度 项目	2012年	2013年	2014年	2015年	2016年
主营业务收入	100	85.71	120.00	150.00	178.57
净利润	100	90.00	135.00	145.00	150.00

通过上述计算，我们可以看出，2013年主营业务收入和净利润都有所下降，但净利润下降的幅度比主营业务收入下降的幅度小；2014年，净利润增长的幅度高于主营业务收入增长的幅度；而其余各年，净利润的增长幅度都小于主营业务收入的增长幅度。

由于计算趋势百分比时，所有的百分数均和基数相联系，因此，基年的选择要有代表性，否则，可比性不强，易产生误解。

4. 因素分析法

因素分析法也称连环替代法。它是用来确定相互联系的因素对综合财务指标影响程度的一种分析方法。

例 10.1 宇达企业2016年主营业务收入、销售量、单价的计划数及实际数如表10.3所示。运用因素分析法分析销售量和单价对主营业务收入的影响程度。

表10.3　主营业务收入变动的因素分析

项　目	单　位	计　划　数	实　际　数	差　异
销售量	万件	3 000	4 000	+1 000
单价	元/件	6	5	-1
主营业务收入	万元	18 000	20 000	+2 000

根据表10.3可知，主营业务收入实际数比计划数增加2 000元，这就是分析对象。显然，主营业务收入的变动受销售量与单价这两个因素变动的影响。运用连环替代法，可以计算各因素变动对主营业务收入变动的影响程度。

计划指标：3 000×6=18 000（万元）　　　　①

第一次替代：4 000×6=24 000（万元）　　　②

第二次替代：4 000×5=20 000（万元）　　　③

②-①=24 000-18 000=+6 000（万元）

这说明由于销售量实际超过计划1 000（4 000-3 000）万件，使主营业务收入增加了6 000万元。

③-②=20 000-24 000=-4 000（万元）

这说明由于价格实际比计划下降了1元，使主营业务收入下降了4 000万元。

二者综合影响：+6 000+（-4 000）=+2 000（万元）

最后必须指出，财务分析不能作为评价和预测企业经营成果和财务状况的唯一依据，因为财务分析是以财务报表的数据为依据的，而财务报表的数据本身受多种因素的影响，诸如，假设币值不变，以历史成本报告资产，按照稳健性原则的要求确认收益等可能影响真实反映企业当前的资产价格和盈亏情况；另外，财务分析对一些不能用货币计量的因素也是无能为力的。因此，在进行财务分析时不能仅仅局限于财务报表提供的数字，还要广泛搜集其他有关资料并与财务报表资料相结合来进行分析和评价。也就是说，财务报表的分析还必须结合本企业的经济与技术发展情况，以及社会经济现状及其发展趋势等有关情况来进行，通过综合的分析才能对企业财务状况作出比较可靠的判断，保证决策的正确性。

情境任务 10.2　基本财务比率分析

通常，分析和评价企业财务状况与经营成果的指标包括偿债能力指标、营运能力指标、盈利能力指标和发展能力指标。现将所需的万利企业资产负债表（表10.4）和利润表（表10.5）列示如下。

表 10.4　资产负债表

2016 年 12 月 31 日　　　　　　　　　　　　　　　　　　　　　　　万元

资　产		负债与股东权益	
流动资产：		流动负债：	
库存现金	200	短期借款	400
交易性金融资产	300	应付票据	2 000
应收账款（净额）	3 300	应付账款	1 200
存货	3 200	流动负债合计	3 600
流动资产合计	7 000	长期负债	
长期投资	5 000	长期借款	1 800
固定资产		应付债券	6 000
固定资产原值	12 000	长期负债合计	7 800
减：累计折旧	2 000	负债合计	11 400
固定资产净值	10 000	股本	
		普通股（面值 1 元）	10 000
		（外发 10 000 万股）	
		留存收益	600
		股东权益合计	10 600
资产总计	22 000	负债与股东权益总计	22 000

表 10.5　利润表

2016 年 12 月 31 日　　　　　　　　　　　　　　　　　　　　　　　万元

项　目	金　额
营业收入（只有主营业务收入净额）	20 000
减：营业成本（只有主营业务成本）	16 000
营业费用	200
管理费用	800
财务费用（利息）	500
利润总额	2 500
减：所得税（税率 25%）	625
净利润	1 875

说明：当年分配现金股利 500 万元。

10.2.1　偿债能力分析

偿债能力是指企业偿还债务（本金和利息）的能力。通过偿债能力的分析，能揭示一个企业财务风险的大小。偿债能力的分析应从短期负债的支付能力、企业负债状况和债务保障程度等方面进行分析。

1. 短期偿债能力分析

对于短期债权人来说，他们关心的是企业是否有足够的现金和其他能够在短期内变为现金的资产，以支付即将到期的债务。短期偿债能力体现在企业流动资产与流动负债的对比关系中，反映流动资产对偿付流动负债的保障程度。考核企业短期偿债能力的基本指标主要有流动比率和速动比率。

（1）流动比率

流动比率是流动资产与流动负债之比，表示企业用它的流动资产偿还其流动负债的能力。其计算公式为：

$$流动比率 = \frac{流动资产}{流动负债}$$

根据万利企业 2016 年末的资产负债表，可知该企业的流动比率为：

$$流动比率 = \frac{7\,000}{3\,600} = 1.94$$

这表明该企业每 1 元的流动负债有 1.94 元的流动资产作为偿付保证。

一般来说，流动比率较高，企业短期偿债能力也较强，但流动比率过高，说明企业有较多的资金滞留在流动资产上，从而影响其营运能力。因此，流动比率应保持一定的幅度，根据国际惯例，流动比率等于 2 的时候较合适。

（2）速动比率

速动比率是衡量企业流动资产中可以立即用于偿付流动负债的能力，它是速动资产与流动负债的比率。所谓速动资产，是指流动资产中变现能力较强的项目，主要包括现金、短期投资、应收票据和应收账款等，在实务中一般用流动资产扣除存货后的余额来表示。速动比率的计算公式为：

$$速动比率 = \frac{速动资产}{流动负债} = \frac{流动资产 - 存货}{流动负债}$$

根据万利企业 2016 年末的资产负债表，可知该企业速动比率为：

$$速动比率 = \frac{7\,000 - 3\,200}{3\,600} = 1.06$$

这说明该企业的短期偿付能力较强，每 1 元的流动负债有 1.06 元的速动资产作为偿还保证。

在企业的流动资产中，存货的变现周期较长，而且可能发生损耗和出现滞销积压，流动性较差。把存货从流动资产总额中减去后计算出的速动比率，反映的短期偿债能力更加令人可信。

通常认为速动比率应保持在 1 左右才算具有良好的财务状况和较强的短期偿债能力。但是，这仅是一般的看法，没有统一的标准，行业不同，速动比率会有很大的差别。例如，采用大量现金销售的商店，几乎没有应收账款，小于 1 的速动比率则是比较合理的；相反，一些应收账款较多的企业，速动比率可能要大于 1 才会被认为是合理的。

对企业短期偿债能力的分析，应将速动比率与流动比率结合起来进行评价。当速动比率较高、流动比率较低时，企业的短期偿债能力仍然较强；反之，当速动比率较低，而流动比率较高时，关键要看存货的变现能力，如果存货的变现能力较强，其短期的偿债能力也不弱；只有两个比率都较低，且大大低于标准时，才表现出企业短期偿债能力弱。

（3）现金比率

现金比率是指企业现金与流动负债的比率。虽然流动比率、速动比率能够反映资产的流动性或偿债能力，但这种反映具有一定的局限性，因为真正能用于偿还短期债务的是现金，有利润的年份不一定有足够的现金来偿还债务，所以利用现金和流动负债之比可以更好地反映偿债能力。现金比率的计算公式为：

$$现金比率 = \frac{现金}{流动负债} \times 100\%$$

根据万利企业2016年末的资产负债表，可知该企业的现金比率为：

$$现金比率 = \frac{200}{3\,600} = 5.6\%$$

利用该指标评价企业偿债能力将更为谨慎。一般该比率越大，说明企业现金流动性越好，短期偿债能力越强。而从企业资金的合理使用角度看，比率过高意味着企业拥有闲置资金过多，资金使用效率差。因此，企业应根据行业实际情况确定最佳比率。

2. 长期偿债能力分析

对于长期债权人来说，他们是从长远的观点来评价企业的偿债能力的。企业的长期偿债能力与企业的获利能力、资本结构有着十分密切的关系。

（1）资产负债率

资产负债率是从总体上反映企业的债务状况、负债能力和债权保障程度的一个综合指标，它是负债总额与资产总额的比率。其计算公式为：

$$资产负债率 = \frac{负债总额}{资产总额} \times 100\%$$

根据万利企业2016年末的资产负债表，可知该企业的资产负债率为：

$$资产负债率 = \frac{11\,400}{22\,000} \times 100\% = 52\%$$

这表明该企业每52元的债务有100元的资产作为偿还保证。

注意对于该指标，应从不同角度进行分析。若站在债权人的立场，资产负债率应以低为好。对所有者来说，他们主要关心的是投资收益率的高低，如果负债的利息率低于总资产收益率，则它希望高的资产负债率。从企业经营者的角度看，必须将资产负债率控制在一个合理的水平。资产负债率低，财务风险较小，但过低的资产负债率使企业无法充分获取借入资金利息率小于总资产收益率时所带来的财务杠杆利益，影响企业获利能力的提高，从而削弱企业的长期偿债能力；反之，资产负债率越高，企业扩大生产经营的能力及增加盈利的可能性就越大，但财务风险也随之增大，一旦发生经营不利的情况，将难以承受沉重的债务负担,甚至可能因出现资不抵债而导致企业破产。

资产负债率的合理水平,一般应在50%左右。如果企业经营前景较乐观,可以适当提高资产负债率,以增加获利的机会;倘若前景不佳,则应减少负债经营,降低资产负债率,以减轻债务负担。总之,对企业资产负债率的评价,应结合企业的获利能力进行综合考察。

（2）产权比率

产权比率也是衡量企业长期偿债能力的指标之一,它是负债总额与股东权益总额之比,这一比率可用来衡量主权资本对借入资本的保障程度。其计算公式为:

$$产权比率 = \frac{负债总额}{股东权益} \times 100\%$$

根据万利企业2016年末的资产负债表,可知该企业的产权比率为:

$$产权比率 = \frac{11\,400}{10\,600} \times 100\% = 108\%$$

该项指标反映由债权人提供的资本与股东提供的资本的相对关系,反映企业基本财务结构是否合理。产权比率高,是高风险、高报酬的财务结构;产权比率低,是低风险、低报酬的财务结构。企业应对收益与风险进行权衡,力求保持合理、适度的财务结构,以便既能提高获利能力,又能保障债权人的利益,从这个意义上说,产权比率一般应小于100%,即借入资本小于股东资本较好。

（3）利息保障倍数

利息保障倍数是息税前利润与利息费用的比率,它反映了企业经营业务收益支付债务利息的能力,其计算公式为:

$$利息保障倍数 = \frac{息税前利润}{利息费用}$$

根据万利企业2016年的利润表,可知该企业的利息保障倍数为:

$$利息保障倍数 = \frac{2\,500 + 500}{500} = 6(倍)$$

一般来说,利息保障倍数越高越好,这个指标较高,说明企业有足够的能力偿还债务的利息,长期偿债能力较强。

10.2.2　营运能力分析

1. 应收账款周转率

应收账款周转率是利用赊销收入净额与应收账款平均占用额进行对比所确定的一个指标,有周转次数和周转天数两种表示方法。其有关计算公式为:

$$应收账款周转次数 = \frac{赊销收入净额}{应收账款平均占用额}$$

$$应收账款周转天数 = \frac{360天}{应收账款周转次数} = \frac{应收账款平均占用额 \times 360天}{赊销收入净额}$$

赊销收入净额=主营业务收入-现销收入-（销售退回+销售折让+销售折扣）

应收账款平均占用额=（期初应收账款+期末应收账款）÷2

一定时期内应收账款的周转次数越多，说明应收账款周转越快，应收账款的利用效果越好。应收账款周转天数又称应收账款占用天数，是反映应收账款周转情况的另一个重要指标。周转天数越少，说明应收账款周转越快，利用效果越好。

假设万利企业2016年的主营业务收入中有80%是赊销，年初应收账款余额为3 100万元，则

$$应收账款周转次数 = \frac{20\,000 \times 80\%}{(3\,100+3\,300)\div 2} = 5（次）$$

$$应收账款周转天数 = \frac{(3\,100+3\,300)\div 2 \times 360}{20\,000 \times 80\%} = 72（天）$$

2. 存货周转率

存货周转率是由销货成本和存货平均占用额进行对比所确定的指标，有存货周转次数和周转天数两种表示方法。其计算公式为：

$$存货周转次数 = \frac{销货成本}{存货平均占用额}$$

$$存货周转天数 = \frac{360天}{存货周转次数}$$

$$= \frac{存货平均占用额 \times 360天}{主营业务成本}$$

存货平均占用额=（期初存货数额+期末存货数额）÷2

一定时期内存货周转次数越多，说明存货周转越快，存货利用效果越好；存货周转天数越少，说明存货周转越快，存货利用效果越好。

假设万利企业2016年初存货余额为4 800万元，其存货周转情况为：

$$存货周转次数 = \frac{16\,000}{(4\,800+3\,200)\div 2} = 4（次）$$

$$存货周转天数 = \frac{(4\,800+3\,200)\div 2 \times 360}{16\,000} = 90（天）$$

3. 流动资产周转率

流动资产周转率是根据主营业务收入和流动资产平均占用额进行对比所确定的一个比率，有周转次数和周转天数两种表示方法。其计算公式为：

$$流动资产周转次数 = \frac{主营业务收入净额}{流动资产平均占用额}$$

$$流动资产周转天数 = \frac{360 天}{流动资产周转次数}$$

$$= \frac{流动资产平均占用额 \times 360 天}{主营业务收入净额}$$

流动资产平均占用额 =（流动资产期初余额 + 流动资产期末余额）÷ 2

假设万利企业 2016 年期初流动资产余额为 9 000 万元，则其流动资产周转率为：

$$流动资产周转次数 = \frac{20\,000}{(9\,000 + 7\,000) \div 2} = 2.5（次）$$

$$流动资产周转天数 = \frac{(9\,000 + 7\,000) \div 2 \times 360}{20\,000} = 144（天）$$

一定时期内流动资产周转次数越多，说明流动资产周转得越快，利用效果越好。

4. 固定资产周转率

固定资产周转率是企业的主营业务收入与固定资产净值总额进行对比所确定的一个比率。其计算公式为：

$$固定资产周转率 = \frac{主营业务收入净额}{固定资产平均净值}$$

假设万利企业期初固定资产净额与期末相同，结合 2016 年的利润表，该企业的固定资产周转率为：

$$固定资产周转率 = \frac{20\,000}{10\,000} = 2（次）$$

如果万利企业所属行业的固定资产平均周转率为 3 次，说明企业固定资产利用情况不是很好。这也要结合具体情况进行分析，如果企业生产能力已饱和，要再扩大销售就需对固定资产进行投资。对此，财务经理要有充分的认识。

5. 总资产周转率

总资产周转率是主营业务收入与资产总额进行对比所确定的一个比率。其计算公式为：

$$总资产周转率 = \frac{主营业务收入净额}{平均资产总额}$$

假设万利企业期初总资产为 21 800 万元，结合 2016 年的资产负债表和利润表，该企业的总资产周转率为：

$$总资产周转率 = \frac{20\,000}{(22\,000 + 21\,800) \div 2} = 0.91（次）$$

这说明企业运用其资产获得了不到资产 1 倍的主营业务收入，说明总资产营运能力较差。要判断这个指标是否合理，需要同历史水平及行业平均水平进行对比。

10.2.3 盈利能力分析

盈利能力是指企业通过生产经营活动获取利润的能力。这是企业经营的目标和方向，是评价企业经营业绩的基本标准。因此，盈利能力分析是财务分析的重点。

反映企业获利能力的指标很多，通常有销售毛利率、销售净利率、总资产报酬率、净资产收益率和资本保值增值率等。

1. 销售毛利率

销售毛利率是销售毛利与主营业务收入净额之比。其计算公式为：

$$销售毛利率 = \frac{销售毛利}{主营业务收入净额} \times 100\%$$

式中，销售毛利是主营业务收入净额与销售成本的差额；主营业务收入净额是指主营业务收入扣除销售退回、销售折让与折扣之后的余额。

根据万利企业 2016 年的利润表，可知该企业的销售毛利率为：

$$销售毛利率 = \frac{4\,000}{20\,000} \times 100\% = 20\%$$

这表明每 100 元的销售额能为企业带来 20 元毛利。

销售毛利率反映了企业产品或商品销售的初始获利能力。从企业营销策略来看，没有足够大的毛利率便不能形成较大的盈利。由于销售毛利率是一个相对数，分析时要与销售毛利额相结合，才能评价企业对管理费用、销售费用和财务费用等期间费用的承受能力。

通常来说，毛利率随着行业的不同而高低各异，但同一行业的毛利率一般相差不大。与同行业的平均毛利率比较，可以揭示企业在定价政策、商品销售、产品生产或成本控制方面的问题。

2. 销售净利率

销售净利率是指净利润占主营业务收入净额的百分比。其计算公式为：

$$销售净利率 = \frac{净利润}{主营业务收入净额} \times 100\%$$

根据万利企业 2016 年的利润表，可知该企业的销售净利率为：

$$销售净利率 = \frac{1\,875}{20\,000} \times 100\% = 9.38\%$$

这表明每 100 元的销售额可最终获利 9.38 元。

销售净利率是企业销售的最终获利能力指标，比率越高，说明企业的获利能力越强。该指标除了和销售毛利率一样受行业特点、价格高低和成本水平等因素影响外，还会受到诸如期间费用、其他业务利润、投资收益、营业外收支和所得税率等因素的影响，故在分析时应多加注意。

3. 总资产报酬率

总资产报酬率反映了企业利用全部经济资源的获利能力。其计算公式为：

$$总资产报酬率 = \frac{息税前利润}{平均资产总额} \times 100\%$$

式中，平均资产总额=（期初资产总额+期末资产总额）÷2

假设万利企业期初资产总额为 21 800 万元，结合 2016 年的资产负债表和利润表，该企业的总资产报酬率为：

$$总资产报酬率 = \frac{2\,500 + 500}{(21\,800 + 22\,000) \div 2} \times 100\% = 13.7\%$$

这表明每 100 元资产能够为企业带来 13.7 元收益。这一收益水平的好坏，应当与同行业的平均收益水平相比，才能作出正确判断。

总资产报酬率是从总体上反映企业投入与产出，所用与所得对比关系的一项经济效益指标，总资产报酬率越高，说明企业获利能力越强。这项指标是企业理财中的一个重要指标，也是总企业对分企业下达经营目标、进行内部考核的主要指标。它对综合评价企业的经济效益和正确进行投资决策，都具有十分重要的作用。

4. 净资产收益率

净资产收益率又称股东权益报酬率，它是净利润与平均股东权益的比率。其基本公式为：

$$净资产收益率 = \frac{净利润}{(期初所有者权益+期末所有者权益) \div 2} \times 100\% \qquad (1)$$

上市企业的净资产收益率可按下列公式计算。

$$净资产收益率 = \frac{净利润}{年度末股东权益} \times 100\% \qquad (2)$$

上述公式（1）具有普遍性，适用于一般企业和企业净资产收益率的计算；公式（2）只适用于上市企业净资产收益率的计算。

公式（2）中的分母不需平均计算，其理由是：一方面，由于上市企业增加股份时新股东要超面值缴入股本并获得同股同利的地位，与老股东对本年利润拥有同等的权利；另一方面，这样计算可以和每股收益、每股净资产指标的分母都按"年末股数"的计算口径保持一致。

现按公式（2）计算万利企业的净资产收益率为：

$$净资产收益率 = \frac{1\,875}{10\,600} \times 100\% = 17.69\%$$

这表明股东拥有企业每 100 元净资产能获得 17.69 元的收益。该指标越高，投资者投入资本所获得的收益就越高，对投资者的吸引力越大；反之亦然。

5. 资本保值增值率

资本保值增值率反映投资者投入企业资本的保全性和增值性，它是期末所有者权益总额与期初所有者权益总额的比率。其计算公式为：

$$资本保值增值率 = \frac{期末所有者权益}{期初所有者权益} \times 100\%$$

假设万利企业的期初所有者权益为10 000万元，结合企业2016年的资产负债表，可知该企业资本保值增值率为：

$$资本保值增值率 = \frac{10\,600}{10\,000} = 106\%$$

这表明该企业在经营过程中不仅能够做到资本保全，而且还能增值，所有者权益得到了保障。当然，具体分析时还必须分清期末所有者权益的增加是由于所有者增加投入资本，还是由于企业保留盈余所致；同时，还要考虑货币时间价值和通货膨胀因素的影响。

6. 盈余现金保障倍数

盈余现金保障倍数是指企业一定时期的经营现金净流量同企业净利润的比率。其计算公式为：

$$盈余现金保障倍数 = \frac{经营现金净流量}{净利润}$$

该指标从现金流入和流出的动态角度，对企业收益的质量进行评价，对企业的实际收益能力进行再次修正。由于经营现金净流量的计算建立在收付实现制基础之上，充分反映出企业当期净收益中有多少是有现金保障的，挤掉了收益中的水分，体现出企业当期收益的质量状况，同时减少了权责发生制对收益的影响。一般而言，若企业当期净利润大于0时，该指标应大于1。该指标越大，表明企业经营活动产生的净利润对现金的贡献越大。但是，由于经营现金净流量变动较大，致使该指标的数值变动也较大，实际中应根据实际收益状况作针对性的分析。

假设万利企业当年经营现金净流量为2 000万元，结合企业2016年的利润表，可知该企业年盈余现金保障倍数为：

$$盈余现金保障倍数 = \frac{2\,000}{1\,875} = 1.07$$

这表明万利企业经营活动产生的净利润对现金的贡献较大，当期收益质量较好。

10.2.4 发展能力分析

发展能力是企业在生存的基础上，扩大规模、壮大实力的潜在能力。

1. 销售（营业）增长率

销售（营业）增长率是指企业本年主营业务收入增长额同上年主营业务收入总额的比率。

其计算公式为：

$$销售（营业）增长率 = \frac{本年主营业务收入增长额}{上年主营业务收入总额} \times 100\%$$

该指标是衡量企业经营状况和市场占有能力、预测企业经营业务拓展趋势的重要标志，也是企业扩张资本的重要前提。不断增加的销售（营业）收入，是企业生存的基础和发展的条件。该指标若大于0，表示企业本年的主营业务收入有所增长，指标值越高，表明增长速度越快，企业市场前景越好；若该指标小于0，则说明产品或服务销售不畅。该指标在实际操作中，应结合企业历年的主营业务收入水平、企业市场占有情况、行业未来发展及其他影响企业发展的潜在因素进行前瞻性预测，或结合企业前3年的销售（营业）增长率作出趋势性分析判断。

假设万利企业2015年的主营业务收入为18 000万元，结合企业2016年的资产负债表可知该企业销售（营业）增长率为：

$$销售(营业)增长率 = \frac{20\,000 - 8\,000}{18\,000} \times 100\% = 11.11\%$$

这表明万利企业本年的主营业务收入有所增长，该指标值越高，表明增长速度越快，企业市场前景越好。

2. 资本积累率

资本积累率是指企业本年所有者权益增长额与年初所有者权益总额的比率。其计算公式为：

$$资本积累率 = \frac{本年所有者权益增长额}{年初所有者权益总额} \times 100\%$$

显然

$$资本积累率 = 资本保值增值率 - 1$$

该指标反映企业资本的积累情况，是企业发展的标志，也是企业扩大再生产的源泉，展示了企业的发展潜力。该指标越高，表明企业的资本积累越多，企业资本保全性越强，应付风险、持续发展的能力越大；若该指标小于0，则表明企业资本受到侵蚀，所有者利益受到损害，应予以充分重视，查找原因，解决问题。

假设万利企业2015年的所有者权益为10 000万元，结合企业2016年的利润表可知该企业资本积累率为：

$$资本积累率 = \frac{10\,600 - 10\,000}{10\,000} \times 100\% = 6\%$$

或

$$资本积累率 = 资本保值增值率 - 1 = 106\% - 1 = 6\%$$

10.2.5 上市股份公司相关比率分析

上市公司市场价值的比率分析指标包括每股收益、市盈率、股利支付率、股利与市价比率、每股净资产、净资产倍率等。

1. 每股收益

每股收益又称每股盈利或每股净利，仅指普通股每股享有的利润额。其计算公式为：

$$每股收益 = \frac{净利润 - 应付优先股股利}{流通在外普通股平均股数}$$

上式中，分子净利润要扣除应付优先股股利，是因为优先股股东享有优先分配股利的权利，企业股利分配应该先分配优先股股利之后才是普通股股东的收益。

为了与公式分子中当年获得的净利润保持一致，公式中的分母必须按当年流通在外的普通股加权平均计算。计算时应考虑当年流通在外普通股股数发生的变化：发行新的普通股，分配股票股利。

假设万利企业本年度流通在外的普通股股数没有发生变化，则该企业每股收益计算为：

$$每股收益 = \frac{1\,875}{10\,000} \approx 0.19(元)$$

每股收益是衡量上市企业获利能力的主要指标，也是影响股票市场价格的一个重要财务指标，在其他因素不变的情况下，普通股每股收益越大，表明企业获利能力越强，股票市价也会越高。

2. 市盈率

市盈率是指普通股每股市价与每股收益的比率。其计算公式为：

$$市盈率 = \frac{普通股每股市价}{普通股每股收益}$$

假定万利企业的普通股每股市价为4.5元，则市盈率可计算如下。

$$市盈率 = \frac{4.5}{0.19} \approx 23.68（倍）$$

市盈率是投资者用来判断股票价格是否合理的重要指标。一般来说，市盈率高，表明企业获利能力强，对投资者的吸引力大，但股票的风险也较大；反之，市盈率低的股票，股价上升有潜力，但也要结合企业经营情况和影响股票价格的其他因素作进一步分析。如果企业经营情况不佳，市盈率低，购买股票是不可取的。市盈率既是投资者判断某一股票是否有吸引力的指标，又是上市企业测算新股票发行价格的参考依据。

3. 股利支付率

股利支付率是反映每股收益中实际支付现金股利的水平，它是每股现金股利与每股收益的比率。其计算公式为：

$$股利支付率 = \frac{每股现金股利}{每股收益} \times 100\%$$

根据万利企业的有关资料，股利支付率可计算如下。

$$股利支付率 = \frac{500 \div 10\,000}{0.19} \times 100\% \approx 26.32\%$$

股利支付率是分析企业股利政策的重要指标,它反映企业分派股利的倾向和水平。股利支付率的高低,一般由董事会根据企业所执行的股利政策和企业当前的经营状况、市场环境、股东的要求和企业现金流量等具体情况来决定。在企业经营的不同阶段,股利支付率会有所不同。

4. 股利与市价比率

股利与市价比率是每股股利与每股市价之比,它可以用来衡量投资风险。其计算公式为:

$$股利与市价比率 = \frac{每股股利}{每股市价}$$

或

$$= \frac{股利支付率}{市盈率}$$

根据万利企业的有关资料,股利与市价比率可计算如下。

$$股利与市价比率 = \frac{500 \div 10\,000}{4.5} \times 100\% \approx 1.11\%$$

或

$$= \frac{26.32\%}{23.68} \approx 1.11\%$$

企业每年实现的净利润并不全部作为股利分派给股东,而常常需要在企业内保留一部分盈余。股东权益的增加,一般会促使股票市价的上升,但对股利感兴趣的投资者,主要目的是希望能定期获得较多的现金股利,他们可以通过分析比较各种普通股股利对市价的比率,来确定自己的投资方案。

5. 每股净资产

每股净资产又称每股账面价值或每股权益,该指标是将属于普通股股东的净资产(或股东权益)与普通股股数进行对比。其计算公式为

$$每股净资产 = \frac{股东权益 - 优先股股东权益}{普通股股数}$$

上式中,分子中优先股股东权益是指归属优先股的股票清算价值和优先股股利等。

根据万利企业的有关资料,每股净资产可计算如下。

$$每股净资产 = \frac{10\,600}{10\,000} = 1.06(元)$$

每股净资产与股票市价进行对比,可以用来判断以当前的投资代价换取该股票既定的账面价值是否值得;另外,在企业兼并时,该指标与公允市价往往都是兼并方需要考虑的指标。

6. 净资产倍率

净资产倍率反映的是每股市价与每股净资产的倍数关系,可作为投资者衡量其投资风险的指标。其计算公式为:

$$净资产倍率 = \frac{每股市价}{普通股每股净资产}$$

根据万利企业的有关资料，净资产倍率可计算如下。

$$净资产倍率 = \frac{4.5}{1.06} \approx 4.25（倍）$$

一般来说，净资产倍率越低，表明该种股票越有投资价值。不过，这个指标具有与市盈率相似的缺陷，分析时应加以考虑。

投资者只有对以上用来评估上市企业市场价值的财务指标进行全面分析之后，才能从总体上把握一家企业的经营成果、财务状况和市场价值，从而作出正确的投资选择。

情境任务 10.3　综合财务分析

10.3.1　杜邦财务分析

要全面了解企业经营理财的状况，并据此对企业的经济效益作出系统的、合理的评价，依据前面介绍的财务比率中任何一项财务指标，都是很难达到的。要想对企业的财务状况和经营成果有一个综合判断，就必须对这些指标进行综合分析，即将企业的营运能力、偿债能力、盈利能力和发展能力指标纳入一个有机整体进行分析，只有这样，才能对企业的经营绩效作出科学、客观的评价。

杜邦财务分析就是根据某些财务比率之间的内在联系来综合分析企业理财状况的一种方法。其目的就是找出影响企业经营理财的各方面原因，从而总结经验教训，进一步加强管理。因其最初由美国杜邦企业创立并成功运用而得名。其分解公式为：

净资产收益率 = 总资产净利率 × 权益乘数

= 主营业务收入净利率 × 总资产周转率 × 权益乘数

净资产收益率是一个综合性最强的财务比率，是杜邦财务分析体系的核心。其他各项指标都是围绕这一核心，通过研究彼此间的依存关系来揭示企业的获利能力及其前因后果的。

净资产收益率的高低取决于总资产净利率与权益乘数。总资产净利率也是一个重要的财务比率，综合性也较强。它是主营业务收入净利率与总资产周转率的乘积。因此要进一步分析企业的销售成果及资产运营情况。

权益乘数即权益总资产率，是指资产总额与股东权益的比率。它反映总资产与所有者权益之间的倍数关系，由股东权益融资的资产比例越大，权益乘数越小。其计算公式为：

权益乘数 = 资产 ÷ 所有者权益 = 1 ÷（1 - 资产负债率）

显然，在资产一定的情况下，适当举债，相对减少所有者权益所占的份额，可以提高权益乘数，这样可为企业带来较大的财务杠杆收益，但同时企业也要承受较大的财务风险。

杜邦财务分析体系的基本结构如图 10.1 所示（图中数据依据表 10.4、表 10.5 及其补充资料计算所得）。

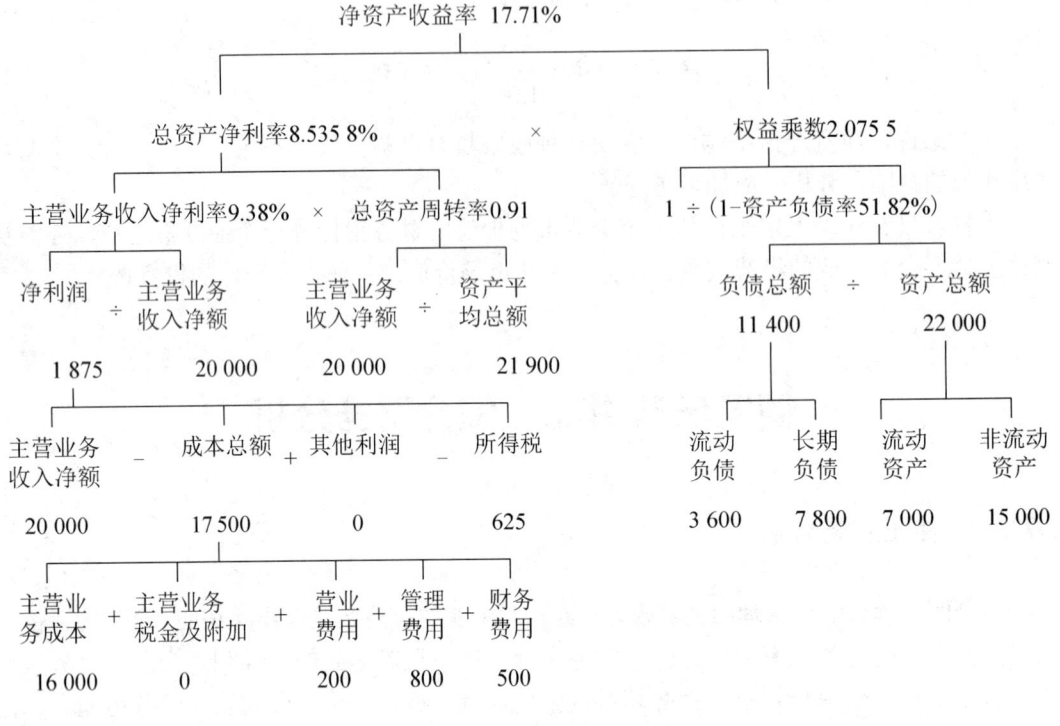

```
                          净资产收益率 17.71%
              ┌─────────────────────┴─────────────────────┐
     总资产净利率8.535 8%            ×            权益乘数2.075 5
       ┌──────┴──────┐                          1÷(1-资产负债率51.82%)
主营业务收入净利率9.38%  ×  总资产周转率0.91              │
   ┌────┴────┐           ┌────┴────┐        ┌─────────┴─────────┐
 净利润  主营业务        主营业务  资产平      负债总额  ÷  资产总额
   ÷    收入净额          收入净额 ÷ 均总额      11 400       22 000
 1 875   20 000          20 000    21 900
   ┌──────┬──────┬──────┐                  ┌────┬────┐   ┌────┬────┐
主营业务  成本总额 其他利润 所得税           流动  长期    流动  非流动
收入净额   －     ＋       －                负债  负债    资产   资产
 20 000  17 500    0      625              3 600 7 800  7 000  15 000
   ┌──────┬──────┬──────┬──────┐
 主营业  主营业务  营业   管理   财务
 务成本  税金及附加 费用   费用   费用
   ＋      ＋       ＋     ＋
 16 000    0      200    800    500
```

图 10.1 杜邦财务分析体系

通过杜邦财务分析体系自上而下的分析，不仅可以揭示出企业各项财务指标间的结构关系，查明各项主要指标变动的影响因素，而且可以为决策者优化经营理财状况、提高企业经营效益提供了思路。提高净资产收益率的根本途径在于扩大销售、节约成本、优化投资配置、加速资金周转、优化资金结构和确立风险意识等。

10.3.2 综合财务分析

为了进行综合的财务分析，可以编制财务比率汇总表，将反映偿债能力、营运能力、获利能力和发展能力的比率进行分类，得出各方面的情况。综合分析法常采用的一种方法称为指数法。运用指数法编制综合分析表的步骤如下。

1）选定评价企业财务状况的比率。通常是选择能够说明问题的比率，即从各类比率中选取具有代表性的比率。

2）根据各项比率的重要程度，确定重要性系数，各比率的系数之和应等于 1。重要程度的判断，需根据企业经营财务状况、发展趋势及企业所有者、债权人和管理人员的态度等具体情况确定。

3）确立各项比率的标准值，所谓标准值就是理想值或最优值。

4）计算企业在一定时期各项代表指标的实际值。

5）计算各项代表指标实际值与标准值的比率，即关系比率。

6）计算各代表指标的综合指数及其合计数。各项指标的综合指数按下式计算。

综合指数＝关系比率×重要性系数

其合计数作为评价企业财务状况的一个依据。一般而言，综合指数合计数如果为 1 或接近于 1，则表明企业的财务状况基本上达到标准要求；如果综合指数合计数与 1 有较大差距，则财务状况偏离标准要求较远。在此基础上，应进一步分析具体原因。

依据表 10.4、表 10.5 计算的指标编制万利企业 2016 年度财务比率综合分析表，如表 10.6 所示。

表 10.6　万利企业财务比率综合分析

指标类型	具体指标	实际值	标准值	重要性系数 ①	关系比率 ②	指　数 ③=①×②
偿债能力	流动比率	1.94	2	0.06	0.97	0.058 2
	速动比率	1.06	1	0.05	1.06	0.053 0
	资产负债率	52%	40%	0.06	1.30	0.078 0
	已获利息倍数	6	8	0.05	0.75	0.037 5
盈利能力	净资产收益率	17.69%	13%	0.20	1.36	0.272 0
	总资产报酬率	13.7%	12%	0.05	1.14	0.057 0
	资本保值增值率	106%	110%	0.08	0.96	0.076 8
	盈余现金保障倍数	1.33	1.5	0.09	0.89	0.080 1
营运能力	流动资产周转率	2.5次	3次	0.09	0.83	0.074 7
	总资产周转率	0.91次	1.5次	0.09	0.61	0.054 9
发展能力	销售（营业）增长率	11.11%	15%	0.09	0.94	0.084 6
	资本积累率	6%	10%	0.09	0.60	0.054 0
合计		—	—	1	—	0.980 8

从表 10.6 中可以看出，万利企业 2016 年度财务指标的综合指数为 0.980 8，接近于 1，说明该企业的财务状况基本上达到标准要求，但还有需要改进的地方。

思考与练习

一、单项选择题

1．企业财务报表的使用人中，需要详尽了解和掌握企业经营理财的全面信息的是（　　）。

　　A．企业投资者　　B．企业债权人　　C．企业经营者　　D．政府机构

2. 杜邦财务分析体系的核心指标是（　　）。
   A．总资产报酬率　　　　　　　B．净资产收益率
   C．权益乘数　　　　　　　　　D．销售利润率
3. 计算总资产报酬率指标时的利润指的是（　　）。
   A．利润总额　　B．息税前利润　　C．税后利润　　D．息后税前利润
4. 计算净资产收益率指标时的利润指的是（　　）。
   A．利润总额　　B．息税前利润　　C．税后利润　　D．息后税前利润
5. 权益乘数表示企业负债程度，权益乘数越低，企业的负债程度（　　）。
   A．越高　　　　B．越低　　　　C．不确定　　　　D．为 0
6. 权益乘数是指（　　）。
   A．1÷（1-产权比率）　　　　　B．1÷（1-资产负债率）
   C．产权比率÷（1-产权比率）　　D．资产负债率÷（1-资产负债率）
7. 净资产收益率=（　　）×资产周转率×权益乘数。
   A．资产净利率　　B．销售毛利率　　C．营业净利率　　D．成本利润率

二、多项选择题

1. 下列属于营运能力分析指标的有（　　）。
   A．劳动生产率　　　　　　　　B．总资产周转率
   C．流动资产周转率　　　　　　D．固定资产周转率
2. 下列各项指标中，可用于分析企业长期偿债能力的有（　　）。
   A．产权比率　　B．流动比率　　C．资产负债率　　D．速动比率
3. 存货周转率中，（　　）。
   A．存货周转次数多，表明存货周转慢
   B．存货周转次数少，表明存货周转慢
   C．存货周转天数多，表明存货周转慢
   D．存货周转天数少，表明存货周转慢
4. 应收账款周转率的提高意味着（　　）。
   A．短期偿债能力增加　　　　　B．收账费用减少
   C．收账迅速，账龄较短　　　　D．销售成本降低
5. 从杜邦财务分析体系中可知，提高净资产收益率的途径在于（　　）。
   A．加强负债管理，降低负债比率
   B．加强成本管理，降低成本费用
   C．加强销售管理，提高营业净利率
   D．加强资产管理，提高资产周转率

三、计算题

1. 某商业企业 2016 年度赊销售收入为 2 000 万元，销售成本为 1 600 万元；年初、年末应收账款余额分别为 200 万元和 400 万元；年初、年末存货余额分别为 200 万元和 600

万元；年末速动比率为 1.2，年末现金比率为 0.7。假定该企业流动资产由速动资产和存货组成，速动资产由应收账款和现金类资产组成，一年按 360 天计算。

要求：

（1）计算 2016 年应收账款周转天数。

（2）计算 2016 年存货周转天数。

（3）计算 2016 年末流动负债余额和速动资产余额。

（4）计算 2016 年末流动比率。

2．某公司 2016 年的财务资料如下：主营业务收入为 200 万元，流动比率为 2.2，速动比率为 1.2，销售利润率为 5%，净资产收益率为 25%，产权比率为 80%，流动负债与股东权益之比为 1∶2，应收账款与销售额之比为 1∶10。

要求：根据以上资料，编制简化的资产负债表，格式如表 10.7 所示。

表 10.7　资产负债表

资　产	金额/元	负债与所有者权益	金额/元
现金		流动负债	
应收账款		长期负债	
存货			
固定资产净值		股东权益	
总计		总计	

实务训练

同方公司 2016 年有关财务资料如下：年末流动比率为 2.1，年末速动比率为 1.2，存货周转率为 5 次。年末资产总额 160 万元（年初 160 万元），年末流动负债 14 万元，年末长期负债 42 万元，年初存货成本 15 万元。2016 年主营业务收入 128 万元，管理费用 9 万元，利息费用 10 万元。企业所得税税率为 25%。

要求：

（1）计算同方公司 2016 年末流动资产总额、年末资产负债率、权益乘数和总资产周转率，分析其财务状况。

（2）计算同方公司 2016 年末存货成本、主营业务成本、净利润、主营业务净利率和净资产收益率，分析其经营状况。

附录 A 复利终值系数表

n \ i(%)	1	2	3	4	5	6	7	8	9	10	11	12	13	14
1	1.010	1.020	1.030	1.040	1.050	1.060	1.070	1.080	1.090	1.100	1.110	1.120	1.130	1.140
2	1.020	1.040	1.061	1.082	1.103	1.124	1.145	1.166	1.188	1.210	1.232	1.254	1.277	1.300
3	1.030	1.061	1.093	1.125	1.158	1.191	1.225	1.260	1.295	1.331	1.368	1.405	1.443	1.482
4	1.041	1.082	1.126	1.170	1.216	1.262	1.311	1.360	1.412	1.464	1.518	1.574	1.630	1.689
5	1.051	1.104	1.159	1.217	1.276	1.338	1.403	1.469	1.539	1.611	1.685	1.762	1.842	1.925
6	1.062	1.126	1.194	1.265	1.340	1.419	1.501	1.587	1.677	1.772	1.870	1.974	2.082	2.195
7	1.072	1.149	1.230	1.316	1.407	1.504	1.606	1.714	1.828	1.949	2.076	2.211	2.353	2.502
8	1.083	1.172	1.267	1.369	1.477	1.594	1.718	1.851	1.993	2.144	2.305	2.476	2.658	2.853
9	1.094	1.195	1.305	1.423	1.551	1.689	1.838	1.999	2.172	2.358	2.558	2.773	3.004	3.252
10	1.105	1.219	1.344	1.480	1.629	1.791	1.967	2.159	2.367	2.594	2.839	3.106	3.395	3.707
11	1.116	1.243	1.384	1.539	1.710	1.898	2.105	2.332	2.580	2.835	3.152	3.479	3.836	4.226
12	1.127	1.268	1.426	1.601	1.796	2.012	2.252	2.518	2.813	3.138	3.498	3.896	4.335	4.818
13	1.138	1.294	1.469	1.665	1.886	2.133	2.410	2.720	3.066	3.452	3.883	4.363	4.898	5.492
14	1.149	1.319	1.513	1.732	1.980	2.261	2.579	2.937	3.342	3.797	4.310	4.887	5.535	6.216
15	1.161	1.346	1.558	1.801	2.079	2.397	2.759	3.172	3.642	4.177	4.785	5.474	6.254	7.138
16	1.173	1.373	1.605	1.873	2.183	2.540	2.952	3.426	3.970	4.595	5.311	6.130	7.067	8.137
17	1.184	1.400	1.653	1.948	2.292	2.693	3.159	3.700	4.328	5.054	5.895	6.866	7.986	9.276
18	1.196	1.428	1.702	2.206	2.407	2.854	3.380	3.996	4.717	5.560	6.544	7.690	9.024	10.575
19	1.208	1.457	1.754	2.107	2.527	3.026	3.617	4.316	5.142	6.116	7.263	8.613	10.197	12.056
20	1.220	1.486	1.806	2.191	2.653	3.207	3.870	4.661	5.604	6.727	8.062	9.646	11.523	13.743
25	1.282	1.641	2.094	2.666	3.386	4.292	5.427	6.848	8.623	10.835	13.585	17.000	21.231	24.462
30	1.348	1.811	2.427	3.243	4.322	5.743	10.063	13.268	17.449	22.892	29.960	39.116	50.950	
40	1.489	2.208	3.262	4.801	7.040	10.286	14.974	21.725	31.409	45.259	65.001	93.051	132.78	188.88
50	1.645	2.692	4.384	7.107	11.467	18.420	29.457	46.902	74.358	117.39	184.57	289.00	450.47	700.23

附录 B 复利现值系数表

n \ i(%)	1	2	3	4	5	6	7	8	9	10	11	12	13	14	15	16	17	18
1	0.990	0.980	0.971	0.962	0.952	0.943	0.935	0.926	0.917	0.909	0.901	0.893	0.885	0.877	0.870	0.862	0.855	0.847
2	0.980	0.961	0.943	0.925	0.907	0.890	0.873	0.857	0.842	0.826	0.812	0.797	0.783	0.769	0.756	0.743	0.730	0.718
3	0.971	0.942	0.915	0.889	0.864	0.840	0.816	0.794	0.772	0.751	0.731	0.712	0.693	0.675	0.658	0.641	0.624	0.609
4	0.961	0.924	0.888	0.855	0.823	0.792	0.763	0.735	0.708	0.683	0.659	0.636	0.613	0.592	0.572	0.552	0.534	0.516
5	0.951	0.906	0.863	0.822	0.784	0.747	0.731	0.681	0.650	0.621	0.593	0.567	0.543	0.519	0.497	0.476	0.456	0.437
6	0.942	0.888	0.837	0.790	0.746	0.705	0.666	0.630	0.596	0.564	0.535	0.507	0.480	0.456	0.432	0.410	0.390	0.370
7	0.933	0.871	0.813	0.760	0.711	0.665	0.623	0.583	0.547	0.513	0.482	0.452	0.425	0.400	0.376	0.354	0.333	0.314
8	0.923	0.853	0.789	0.731	0.677	0.627	0.582	0.540	0.502	0.467	0.434	0.404	0.376	0.351	0.327	0.305	0.285	0.266
9	0.914	0.837	0.766	0.703	0.645	0.592	0.544	0.500	0.460	0.424	0.391	0.361	0.333	0.300	0.284	0.263	0.243	0.225
10	0.905	0.820	0.744	0.676	0.614	0.558	0.508	0.463	0.422	0.386	0.352	0.322	0.295	0.270	0.247	0.227	0.208	0.191
11	0.896	0.804	0.722	0.650	0.585	0.527	0.475	0.429	0.388	0.350	0.317	0.287	0.261	0.237	0.215	0.195	0.178	0.162
12	0.887	0.788	0.701	0.625	0.557	0.497	0.444	0.397	0.356	0.319	0.286	0.257	0.231	0.208	0.187	0.168	0.152	0.137
13	0.879	0.773	0.671	0.601	0.530	0.469	0.415	0.368	0.326	0.290	0.258	0.229	0.204	0.182	0.163	0.145	0.130	0.116
14	0.870	0.758	0.661	0.577	0.505	0.442	0.388	0.340	0.299	0.263	0.232	0.205	0.181	0.160	0.141	0.125	0.111	0.099
15	0.861	0.743	0.642	0.555	0.481	0.417	0.362	0.315	0.275	0.239	0.209	0.183	0.160	0.140	0.123	0.108	0.095	0.084
16	0.853	0.728	0.623	0.534	0.458	0.394	0.339	0.292	0.252	0.218	0.188	0.163	0.141	0.123	0.107	0.093	0.081	0.071
17	0.844	0.714	0.605	0.513	0.436	0.371	0.317	0.270	0.231	0.198	0.170	0.146	0.125	0.108	0.093	0.080	0.069	0.060
18	0.836	0.700	0.587	0.494	0.416	0.350	0.296	0.250	0.212	0.180	0.153	0.130	0.111	0.095	0.081	0.069	0.059	0.051
19	0.828	0.686	0.570	0.475	0.396	0.331	0.277	0.232	0.194	0.164	0.138	0.116	0.098	0.083	0.070	0.060	0.051	0.043
20	0.820	0.673	0.554	0.456	0.377	0.312	0.258	0.215	0.178	0.149	0.124	0.104	0.087	0.073	0.061	0.051	0.043	0.037
25	0.780	0.610	0.478	0.375	0.295	0.233	0.184	0.146	0.116	0.092	0.074	0.059	0.047	0.038	0.030	0.024	0.020	0.016
30	0.742	0.552	0.412	0.308	0.231	0.174	0.131	0.099	0.075	0.057	0.044	0.033	0.026	0.020	0.015	0.012	0.009	0.007
40	0.672	0.453	0.307	0.208	0.142	0.097	0.067	0.046	0.032	0.022	0.015	0.011	0.008	0.005	0.004	0.003	0.002	0.001
50	0.608	0.372	0.228	0.141	0.087	0.054	0.034	0.021	0.013	0.009	0.005	0.003	0.002	0.001	0.001	0.001	0	0

附录C 年金终值系数表

n \ i/(%)	1	2	3	4	5	6	7	8	9	10	11	12	13	14	15
1	1.000	1.000	1.000	1.000	1.000	1.000	1.000	1.000	1.000	1.000	1.000	1.000	1.000	1.000	1.000
2	2.010	2.020	2.030	2.040	2.050	2.060	2.070	2.080	2.090	2.100	2.110	2.120	2.130	2.140	2.150
3	3.030	3.060	3.091	3.122	3.153	3.184	3.215	3.246	3.278	3.310	3.342	3.374	3.407	3.440	3.473
4	4.060	4.122	4.184	4.246	4.310	4.375	4.440	4.506	4.573	4.641	4.710	4.779	4.850	4.921	4.993
5	5.101	5.204	5.309	5.416	5.526	5.637	5.751	5.867	5.985	6.105	6.288	6.353	6.480	6.610	6.742
6	6.152	6.308	6.468	6.633	6.802	6.975	7.153	7.336	7.523	7.716	7.913	8.115	8.323	8.536	8.754
7	7.214	7.434	7.662	7.898	8.142	8.394	8.654	8.923	9.200	9.487	9.783	11.089	10.405	10.730	11.067
8	8.286	8.583	8.892	9.214	9.549	9.897	10.260	10.637	11.028	11.436	11.859	12.300	12.757	13.233	13.727
9	9.369	9.755	10.159	10.583	11.027	11.491	11.978	12.488	13.021	13.579	14.164	14.776	15.416	16.085	16.786
10	10.462	10.950	11.464	12.006	12.578	13.181	13.816	14.487	15.193	15.937	16.722	17.549	18.420	19.377	20.304
11	11.567	12.169	12.808	13.486	14.207	14.972	15.784	16.645	17.560	18.531	19.561	20.655	21.814	23.045	23.349
12	12.683	13.412	14.192	15.026	15.917	16.870	17.888	18.977	20.141	21.384	22.713	24.133	25.650	27.271	29.002
13	13.809	14.680	15.618	16.627	17.713	18.882	20.141	21.495	22.953	24.523	26.212	28.029	29.985	32.089	34.352
14	14.947	15.974	17.086	18.292	19.599	21.015	22.550	24.215	26.019	27.975	30.095	32.393	34.883	37.581	40.505
15	16.097	17.293	18.599	20.024	21.579	23.276	25.129	27.152	29.361	31.772	34.405	37.280	40.417	43.842	47.580
16	17.258	18.639	20.157	21.825	23.657	25.673	27.888	30.324	33.003	35.950	39.190	42.753	46.672	50.980	55.717
17	18.430	20.012	21.762	23.698	25.840	28.213	30.840	33.750	36.974	40.545	44.501	48.884	53.739	59.118	65.075
18	19.615	21.412	23.414	25.645	28.132	30.906	33.999	37.450	41.301	45.599	50.396	55.750	61.725	68.394	75.836
19	20.811	22.841	25.117	27.671	30.539	33.760	37.379	41.446	46.018	51.159	56.939	63.440	70.749	78.969	88.212
20	22.019	24.297	26.870	29.778	33.066	36.786	40.995	45.762	51.160	57.275	64.203	75.052	80.947	91.025	102.44
25	28.243	32.030	36.459	41.646	47.727	54.865	63.249	73.106	84.701	98.347	114.41	133.33	155.62	181.87	212.79
30	34.785	40.588	47.575	56.085	66.439	79.058	94.461	113.28	136.31	164.49	199.02	241.33	293.20	356.79	434.75
40	48.886	60.402	75.401	95.026	120.80	154.76	199.64	259.06	337.89	442.59	581.83	767.09	1013.7	1342.0	1779.1
50	64.463	84.579	112.80	152.67	209.35	290.34	406.53	573.77	815.08	1163.9	1668.8	2400.0	3459.5	4994.5	7217.7

附录 D 年金现值系数表

n \ i(%)	1	2	3	4	5	6	7	8	9	10	11	12	13	14	15	16	17
1	0.990	0.980	0.971	0.962	0.952	0.943	0.935	0.926	0.909	0.901	0.893	0.885	0.877	0.870	0.862	0.855	0.847
2	1.970	1.942	1.913	1.886	1.859	1.833	1.808	1.783	1.759	1.736	1.690	1.668	1.647	1.626	1.605	1.585	1.566
3	2.941	2.884	2.829	2.775	2.723	2.673	2.624	2.577	2.487	2.444	2.402	2.361	2.322	2.283	2.246	2.210	2.174
4	3.902	3.808	3.717	3.630	3.546	3.465	3.387	3.312	3.170	3.102	3.037	2.974	2.914	2.855	2.798	2.743	2.690
5	4.853	4.713	4.580	4.452	4.329	4.212	4.100	3.993	3.791	3.696	3.605	3.517	3.433	3.352	3.274	3.199	3.127
6	5.795	5.601	5.417	5.242	5.076	4.917	4.767	4.623	4.355	4.231	4.111	3.998	3.889	3.784	3.685	3.589	3.498
7	6.728	6.472	6.230	6.002	5.786	5.582	5.389	5.206	4.868	4.712	4.564	4.423	4.288	4.160	4.039	3.922	3.812
8	7.652	7.325	7.020	6.733	6.463	6.210	5.971	5.747	5.335	5.146	4.968	4.799	4.639	4.487	4.344	4.207	4.078
9	8.566	8.162	7.786	7.435	7.108	6.802	6.515	6.247	5.759	5.537	5.328	5.132	4.946	4.772	4.607	4.451	4.303
10	9.471	8.983	8.530	8.111	7.722	7.360	7.024	6.710	6.145	5.889	5.650	5.426	5.216	5.019	4.833	4.659	4.494
11	10.368	9.787	9.253	8.760	8.306	7.887	7.449	7.139	6.495	6.207	5.938	5.687	5.453	5.234	5.209	4.836	4.656
12	11.255	10.575	9.954	9.385	8.863	8.384	7.943	7.536	6.814	6.492	6.194	5.918	5.660	5.421	5.197	4.988	4.793
13	12.134	11.348	10.635	9.986	9.394	8.853	8.358	7.904	7.103	6.750	6.424	6.122	5.842	5.583	5.342	5.118	4.910
14	13.004	12.106	11.296	10.563	9.899	9.295	8.745	8.244	7.367	6.982	6.628	6.302	6.002	5.724	5.468	5.229	5.008
15	13.865	12.849	11.938	11.118	10.380	9.712	9.108	8.559	7.606	7.191	6.811	6.462	6.142	5.847	5.575	5.324	5.092
16	14.718	13.578	12.561	11.625	10.838	10.106	9.447	8.851	7.824	7.379	6.974	6.604	6.265	5.954	5.668	5.405	5.162
17	15.562	14.292	13.166	12.166	11.274	10.477	9.763	9.122	8.022	7.549	7.102	6.729	6.373	6.047	5.749	5.475	5.222
18	16.398	14.992	13.754	12.659	11.690	10.828	10.059	9.372	8.201	7.702	7.250	6.840	6.467	6.128	5.818	5.534	5.273
19	17.226	15.678	14.324	13.134	12.085	11.158	10.336	9.604	8.365	7.839	7.366	6.938	6.550	6.198	5.877	5.584	5.316
20	18.046	16.351	14.877	13.950	12.462	11.470	10.594	9.818	8.514	7.963	7.496	7.025	6.623	6.259	5.929	5.628	5.353
25	22.023	19.523	17.413	15.622	14.094	12.783	11.654	10.675	9.077	8.422	7.843	7.330	6.873	6.464	6.097	5.766	5.467
30	25.808	22.396	19.600	17.292	15.372	13.765	12.409	11.258	9.427	8.694	8.055	7.496	7.003	6.566	6.177	5.829	5.517
40	32.835	27.355	23.115	19.793	17.159	15.046	13.332	11.925	9.779	8.951	8.244	7.634	7.105	6.642	6.233	5.871	5.548
50	39.196	31.424	25.730	21.482	18.256	15.762	13.801	12.233	9.915	9.042	8.304	7.675	7.133	6.661	6.246	5.880	5.554

参 考 文 献

[1] 财政部会计资格评价中心. 财务管理[M]. 北京：中国财政经济出版社，2016.
[2] 周夏飞. 公司理财[M]. 北京：机械工业出版社，2011.
[3] 王化成. 财务管理教学案例[M]. 北京：中国人民大学出版社，2001.
[4] 李海波，蒋瑛. 财务管理[M]. 9版. 上海：立信会计出版社，2015.
[5] 郭静坦. 公司理财原理与实务[M]. 2版. 北京：中国人民大学出版社，2011.
[6] 孔德兰. 财务管理[M]. 2版. 北京：中国人民出版社，2015.
[7] 崔毅，杨丽萍. 公司财务管理[M]. 北京：中国人民大学出版社，2004.
[8] 谢剑平. 财务管理[M]. 北京：中国人民大学出版社，2004.
[9] 汤谷良. 公司财务管理案例评析[M]. 北京：北京大学出版社，2008.
[10] 张良财. 企业理财案例分析实训[M]. 北京：中国财富出版社，2007.
[11] 斯蒂芬 A.罗斯，伦道夫 W.威斯特菲尔德，布拉德福德 D.乔丹. 公司理财（精要版）[M]. 10版. 北京：机械工业出版社，2014.
[12] 布里格姆，埃尔霍尔特. 财务管理理论与实践[M]. 10版. 狄瑞鹏，胡谨颖，侯宇，译. 北京：清华大学出版社，2005.
[13] 郑雄伟，卢侠巍. 财务管理案例教程, 国际财务管理师资格考试中国指导教材[M]. 北京：经济科学出版社，2004.

尊敬的老师：

您好！

请您认真、完整地填写以下表格的内容(务必填写每一项)，索取相关图书的教学资源。

教学资源索取表

书　名			作者名	
姓　名		所在学校		
职　称		职　务		讲授课程
联系方式	电话：		E-mail：	
地址(含邮编)				
贵校已购本教材的数量(本)				
所需教学资源				
系/院主任姓名				

系/院主任：_____（签字）

（系/院办公室公章）

20_____年_____月_____日

注意：

① 本配套教学资源仅向购买了相关教材的学校老师免费提供。

② 请任课老师认真填写以上信息，并**请系/院加盖公章**,然后传真到(010)88252319 或(010)80115555 转 735253 索取配套教学资源。也可将加盖公章的文件扫描后，发送到 fservice@126.com 索取教学资源。

电子工业出版社

PUBLISHING HOUSE OF ELECTRONICS INDUSTRY

http://www.hxedu.com.cn
http://www.phei.com.cn

反侵权盗版声明

电子工业出版社依法对本作品享有专有出版权。任何未经权利人书面许可，复制、销售或通过信息网络传播本作品的行为；歪曲、篡改、剽窃本作品的行为，均违反《中华人民共和国著作权法》，其行为人应承担相应的民事责任和行政责任，构成犯罪的，将被依法追究刑事责任。

为了维护市场秩序，保护权利人的合法权益，我社将依法查处和打击侵权盗版的单位和个人。欢迎各界人士积极举报侵权盗版行为，本社将奖励举报有功人员，并保证举报人的信息不被泄露。

举报电话：（010）88254396；（010）88258888
传　　真：（010）88254397
E-mail：dbqq@phei.com.cn
通信地址：北京市万寿路173信箱
　　　　　电子工业出版社总编办公室
邮　　编：100036